Соломон Вайнштейн

В татарской столице, в Казани

Издание 2-е, уточнённое и дополненное
Кёльн.2015

60-е — 70-е годы прошлого столетия.
Столица Советской Татарии — Казань.
Казанский государственный институт усовершенствования врачей (ГИДУв) им. В. И. Ленина, кафедра терапии №2 этого института.
Казанский государственный медицинский институт им. С. В. Курашова.
Дорожная больница №2 ст. Казань Горьковской железной дороги.
Санаторий «Казанский» Татарского территориального совета по управлению курортами профсоюзов.

Вот временные рамки и основные места событий, свидетелем и (или) участником которых был автор этих мемуаров.

Воспоминания автора уникальны как по содержанию, так и по форме изложения. Они — памятник тому времени, так называемой «эпохе застоя», предшествовавшей недолгому «периоду перестройки» - фактической агонии «первого в мире рабоче-крестьянского государства».

Herstellung und Verlag:
BoD - Books on Demand, Norderstedt
ISBN 978-3-7392-2340-7

MIX
Papier aus verantwortungsvollen Quellen
Paper from responsible sources
FSC® C105338

Разрозненные воспоминания
о Казанском ГИДУВе им. В. И. Ленина,
о городе, о людях 1963-1979-х годов,
написанные по случаю 50-летия
моего «взятия Казани».

О том, чего уже нет и не будет,
как определил историю
Поль Валери (1871-1945).

В татарской столице, в Казани

… подали не много ему на длани.

Но - как это не чудно' -
лишь в силу
внутренней мотивации
сварганил он за десятилетье одно
пару книг
и две диссертации.

По партийно-национальной шкале
выпало место где-то в самом низу
Татарстана «приёмному сыну» —
пришлось спровадить туда его башкале,
где пэчэ'ню едят вместо азу,
в Галицию, на Украину.

Не удостоила и Москва «хохла»
особым вниманием.
Но встретила, не пожалев тепла,
объединившаяся Германия.

В ней досталось ему «поделом»:
получил он гражданство,
немецкий врачебный диплом
и, легко преодолев формальности,
прямо таки «обнаглев» совсем,

даже стал — нет, не угадаете, кем —
стал он
...немцем по национальности.

Однако и после трети века
по миру блужданий,
после того, как дал себе
казанского воздержанья обет,
мечтает о том он,
как прилетит в Казань
на свидание,
чтобы ещё хоть разок встретить
на Волге рассвет.

Ведь, несмотря на фактическое изгнание,
на то,
что был вытеснен там он в кювет,
хранит он о ней
«ЛЮБОВНЕЙШЕЕ ВОСПОМИНАНИЕ»,
как писал по другому поводу
побывавший в Казани трибун-поэт.

СОДЕРЖАНИЕ.

ВВЕДЕНИЕ. Нужны ли воспоминания? Концепция написания. Почему я решил это написать? Какие имелись трудности в работе над воспоминаниями.

1. КАК И КАКИМ Я ПОПАЛ В КАЗАНЬ. Условия работы в Белгороде. Стремление попасть в аспирантуру. Завкадрами ГИДУВа Г. И. Степанова. Сложный процесс зачисления в аспирантуру.

2. ТРИ ГОДА — И Я КАНДИДАТ МЕДИЦИНСКИХ НАУК. Бытовые условия. Главбух ГИДУВа доцент И. А. Гороховер. Мои представления о Казани (до приезда туда). Первое представление о кафедре терапии №2. Профессор О. С. Радбиль - мой научный руководитель — первые впечатления. Начало моего перевоспитания в Казани. Ассистент кафедры терапии Ф. Р. Нугманова. Поиски и

выбор темы диссертации. Главный врач ж/д больницы В. Г. Колчин. Аспирант И. П. Арлеевский. Доцент А. З. Давлеткильдеева. Аспирантские шуточки. Диссертация созревает. Первый - шестой и восьмой ректоры ГИДУВа — что у них общего? Профессора - ветераны ГИДУВа. Профессор-ортопед Л. И. Шулутко. Хирург О. С. Кочнев. Хирург В. Е. Волков. Профессор-биохимик Д. М. Зубаиров. Доцент-патолог Н. И. Вылегжанин. Академик АМН СССР профессор-патофизиолог А. Д. Адо. Мой (как аспиранта) рабочий день. Санаторий «Казанский», заместители главного врача Д. Х. Максудова и М. И. Пивикова. Работа в ЦНИЛе медицинского института. Профессор-патологоанатом Г. Г. Непряхин. Патологоанатом, писатель, поэт доцент Ю. Г. Забусов. Моя работа в комсомоле. «Главный технолог» парткома ГИДУВа Л. И. Кринкин. Начальник военной кафедры доцент полковник И. А. Келин. Лаборант кафедры рентгенологии М. К. Михайлов. Моя «концертная деятельность» - эпизод первый. Неразрешимые нравственные проблемы взаимоотношения с властью. Ассистент кафедры терапии А. Х. Михайлова. Я как учёный шут. Профессор - электрокардиолог Э. А. Озол. Кандидатская диссертация — последний рывок. О публикациях результатов научных исследований и о «братских могилах». Об авторстве научных публикаций. Защита кандидатской диссертации. Ассистент кафедры терапии Н. И. Ионова. Ассистент кафедры терапии Л. В. Дановский. Минздрав СССР — ЦК КПСС — Минздрав СССР — полставки ассистента. Железнодорожная больница и её врачебные кадры. Академик АМН СССР профессор-терапевт и гематолог И. А. Кассирский. Профессор О. С. Радбиль - мой шеф — дальнейшие впечатления. Мои первые публикации не по теме диссертации. Мои нестандартные диагнозы, приведшие к излечению. Аспирантка кафедры Г. Г. Назарова. Доцент С. В. Сенкевич. Клинический ординатор, ассистент кафедры Н. А. Климова. Судебный медицинский эксперт Р. А. Климов.

3. ЕЩЁ СЕМЬ ЛЕТ — И Я ПОДАЮ К ЗАЩИТЕ ДОКТОРСКУЮ ДИССЕРТАЦИЮ. Книга «Кора надпочечников и язвенная болезнь». Сочи — первый выездной цикл кафедры. Я и Сталин. «Хождение по бабам» с Л. В. Дановским. Прочие сочинские приключения. Я – «полноставский» ассистент! Виталик-радист. Моё первое небольшое ОТКРЫТИЕ. Врач-хирург А. А. Агафонов. Профессор-радиолог Г. И. Володина. Совместная работа с А. А. Агафоновым. Совместное свободное времяпровождение с А. А. Агафоновым. Защита диссертации Ф. Р. Нугмановой. Её попытка выйти в доценты. Врач Д. У. Рахматуллина. Диссертация врача Казанского аэропорта А. В. Чумаковой. Некоторые штрихи научной деятельности в то время. Диссертация Н. А. Климовой. Диссертация Э. Г. Волковой. Профессор-гистолог Э. Г. Улумбеков. Профессор О. С. Радбиль и я — вне Казани. Празднование 50-летия ГИДУВа им.

В. И. Ленина. Профессор-хирург и онколог М. З. Сигал. Защита докторской диссертации А. А. Агафоновым. Защита моей докторской диссертации. Три загадки профессора-терапевта и кардиолога Л. М. Рахлина. Доцент-терапевт В. Н. Смирнов. Свободное время: с врачами-курсантами, с детьми, с семьёй.

4. ШЕСТЬ ЛЕТ ПОСЛЕ ЗАЩИТЫ ДОКТОРСКОЙ ДИССЕРТАЦИИ. Утверждение докторской диссертации. Трезвый взгляд на мою докторскую диссертацию спустя 40 лет после её защиты. Достижения в санатории «Казанский». История пособия «Современные классификации заболеваний внутренних органов человека». Мои газетные публикации. Внутренняя защита докторской диссертации Л. В. Дановского. Академик АН СССР А. М. Уголёв. Демарш тандема Володина-Агафонов. Ректор медицинского института профессор Х. С. Хамитов. Передвижение с помощью личного автомобиля в годы всеобщего застоя. Профессор А. А. Агафонов. Успехи социалистического интернационального воспитания. Ректор ГИДУВА доцент М. Ш. Билялов. Моя «концертная деятельность» — эпизод второй. «Дважды отблагодаренный» ударник коммунистического труда, победитель социалистического соревнования. Интервью Ф. А. Табеева. Время Великого Взяточничества. Я как взяткодатель и взяткополучатель. Заработки «на стороне». Встречи с КГБ: железнодорожная больница, больница завода им. Куйбышева, Чёрное озеро. Доцент А. Ф. Агеев. Доцент В. И. Таняшин. Академик общественной РАЕН профессор Р. И. Хамидуллин. «Сделка века»: заслуженный деятель науки ТАССР профессор О. С. Радбиль — завершающие впечатления.

5. ПРОЩАЙ, КАЗАНЬ! Уроки Казани. Моё (автора) мнение об этих воспоминаниях.

ВВЕДЕНИЕ.

Для меня, честно говоря, остаётся непонятным неиссякаемый интерес к «Моей Виннице». Что — это?

Проявление тоски по невозвратной молодости, по городу детства, юности, учёбы, первой любви?
Одна из возможностей хотя бы мысленно возвратиться в город, который был покинут навсегда?
Любознательность молодых по отношению ко времени их матерей-отцов и родителей последних?

Желание заглянуть через щёлку во времена, о которых сейчас существуют прямо-таки противоположные мнения, о которых так по-разному вспоминают, пишут?

Наконец — всё это и многое другое, помноженное на занимательный стиль изложения (это я льщу себе)?

Ответа — нет. Потому что основные читатели — «неизвестные читатели», ни местожительство которых, ни возраст, ни, ни, ни... автору никогда не узнать. А откликов — единицы (приблизительно, один на 1000 прочтений), что не может явиться, как говорят в науке, репрезентативным для аргументированных выводов. Может быть, когда читателей будет за миллион — тогда...

Лишь одно остаётся для меня теперь неоспоримым: такие воспоминания будут всегда интересными, нужными, наконец, ценными, даже если они не могут быть полностью правдоподобными, объективными, и т. п. (о причинах сего я упоминал во введении к «Моей Виннице»). Благодаря интернету, породившему миллионы писателей-любителей, наше и последующие времена будут — в совокупности — представлены для потомков весьма подробно и многогранно.

Отпадёт необходимость в таких великих историках, как, например, Иосиф Флавий, без трудов которого мы бы несравненно меньше знали о древнем мире. Хотя, может быть, историки всё же понадобятся, но только для ОСМЫСЛИВАНИЯ того, что было...

*

Назвать эти воспоминания «Моей Казанью» мне не позволяет то, что родился и вырос я вдалеке от Волги, что не выучил татарский язык, что меня в Казани подкосили на взлёте, что был там в последний раз ровно 33 года тому назад... Подобное название своим воспоминаниям («Моя Волга») дал мой близкий приятель — профессор Алексей Андреевич Агафонов. По полному праву. Казанец, волгарь — до мозга костей.

Я попытаюсь по возможности правдиво и не предвзято поведать о том, что происходило со мной с 1963-го по 1979-й год, когда я проживал и работал в Казани. Конечно, это выполнимо лишь при одновременном рассказе о городе, его руководителях и просто казанцах, из которых многие были и некоторые остались, несмотря на разделяющие нас сейчас тысячи километров, до сих пор моими друзьями. Не обойтись тут и без подробного описания ГИДУВа —

Государственного института для усовершенствования врачей им. В. И Ленина — того времени.

Мой рассказ будет далеко не комплиментарным, несмотря на пожизненную благодарность Казани за то, что я там получил, чему научился, чего достиг. В Казани произошло моё формирование как личности, как врача, как учёного. Всё, что изменилось во мне в послеказанский период жизни — только коррективы. Заложенный в Казани фундамент и возведённые там же несущие стены остались навсегда... Крыша (крышка) всё ещё не готова (не захлопнулась), но за неё и последний гвоздь ответственен уже не я...

И всё же я не могу придать «припудренное» изображение ничему: ни людям, ни порядкам и нравам, ни САМОМУ СЕБЕ. Последнее обстоятельство, возможно, несколько смягчит критику, которая, несомненно, появится. И приверженцы той, покойной уже, к счастью, власти, и родственники и близкие друзья покойных уже, к сожалению, лиц, и ныне здравствующие как герои моего повествования, так и просто свидетели того времени — все они, ознакомившись с моими воспоминаниями, конечно, будут со многими приведенными мной фактами или их трактовкой не согласны. Не исключено, что даже возмутятся написанным. Но это — мой взгляд, моя точка зрения, моё мнение, а не истина в последней инстанции. И я придерживаюсь несколько отличного от широко распространённого взгляда, посему считаю: «De mortuis — veritas!» (О мертвых — правду!). Только правду — какой бы она горькой для их близких не была. Иначе следующие за нами поколения ничему не научатся.

Мой взгляд однако — и это прошу учесть — двойственный. Это — и заинтересованный взгляд оттуда «близорукого» современника, это — и несколько отстранённый взгляд из Германии «дальнозоркого» свидетеля тех событий. Помните, у Сергея Есенина: «Лицом к лицу лица не увидать. Большое видится на расстоянии». Отсюда — и нередкое переосмысливание моих прежних суждений о тех или иных событиях и их непосредственных участниках, включая меня самого.
И, надо подчеркнуть, отсюда же — также сама возможность писать сейчас о том, о чём тогда и в той стране писать было не принято, не допустимо. Здесь, на Западе другие «правила игры» в мемуары — и я им следовал как в «Моей Виннице», так и «В татарской столице, в Казани...». Я ведь уже давно — здешний. Более двух десятилетий.

Возражать — пожалуйста, но не голословно, а доказательно. Будем совместно искать правду или хотя бы приближаться к таковой.

*

И ещё об одном. Я не собирался писать о моей жизни в Казани. Впервые мысль сделать это подал мне мой казанский приятель профессор Эрнст Галимович Улумбеков. Мы с ним переговаривались по Skype: он в целом позитивно оценил «Мою Винницу», я сетовал на отсутствие редакторской правки воспоминаний А. А. Агафонова. Текст его книги мне переслал по интернету профессор Игорь Владимирович Фёдоров, работающий сейчас в ГИДУВе (использую, по привычке, это старое название нынешней академии). Я покритиковал (в разговоре с Э. Г.) А. А. Агафонова за его выглядевшее (в «Моей Волге»!) странным восхищение Президентом Татарии с сыновьями. И не потому, что я имел о них другое мнение (вообще, никакого не имел, так как их не знал), а за то, что такой восторженности настоящим и его руководителями — не место в ВОСПОМИНАНИЯХ. Не понравилась мне, на мой взгляд, полуправда в описании некоторых событий, свидетелем которых был и я.

«Вот и напишите об этом времени сами!», «Чего бы Вам самому об этом не рассказать?» - мотивировал («подбивал») меня Эрнст Галимович.
«Нет, мои воспоминания будут не совсем объективны: я покинул Казань обиженным и обида эта всё ещё не растворилась полностью, без следа в последующих событиях моей тернопольско-московско-германской жизни...»
Словом, идея написать о Казани (ГИДУВе) 60-70-х годов прошлого столетия, казалось мне, зачахла навсегда, не успев даже прорасти. А состоялся этот разговор года три тому назад.

Благодаря интернету, «посещаю» я Казань не редко. И, конечно, каждый раз «забегаю» на сайт бывшего ГИДУВа, именуемого теперь «Казанская государственная медицинская академия» Министерства здравоохранения Российской Федерации. Сайт ГИДУВа был и — после «реконструкции» — остаётся очень плохим, просто никудышным. Неполным, поверхностным, с негодными по качеству фотографиями, с дурацкими, прямо скажу, утверждениями. Чего стоит, к примеру, следующий пассаж:

«Деятельность кафедры терапии № 2 связана с выдающимися учеными-терапевтами.
Соломон Григорьевич Вайнштейн, д.м.н. – докторская диссертация «Материалы по патофизиологии и терапии язвенной болезни».

Далее перечислены ещё ряд фамилий сотрудников кафедры. (http://kgma.info/academy/faculty/kafedra_terapii_i_semejnoj_mediciny/istoriya_kafedry/)

Мой учитель профессор Оскар Самойлович Радбиль не раз предрекал мне: «От скромности Вы не умрёте». Действительно, я любил, хоть и в шутку, «подавать» себя. В самом лучшем, разумеется, но, на самом деле, отсутствующем свете. Однако причисляться к «выдающимися ученым-терапевтам» (!) мне всё же не позволяет пока ещё более-менее сохранившийся разум.

С одной стороны, О. С. Радбиль был, конечно, прав: среди «вязанки диагнозов» (это выражение употреблял красиво писавший научные статьи действительно выдающийся учёный-терапевт академик АМН СССР профессор Евгений Михайлович Тареев), перечисленных в моей карточке у моего домашнего врача, диагноз Morbus pudicitiae (болезнь скромности) отсутствует. Но, с другой стороны, «синдром нескромности», которым я страдаю с детства, всё-таки не настолько сильно выражен, не в такой степени доминантный, чтобы совесть моя не верещала, когда меня совершенно незаслуженно перехваливают, причисляют к выдающимся, и т. п. Посему я года два тому назад связался по интернету с бывшим заведующим кафедрой терапии и семейной медицины доцентом Рустемом Миргалимовичем Газизовым и попросил его убрать мою фамилию из списка «выдающихся». Он пообещал, ходатайствовал, по его словам, перед редакцией этого сайта, но воз и ныне там.

Я также обнаружил неточности здесь: pmarchive.ru/istoricheskie-vexi-kafedry-terapii-i-semejnoj-mediciny/. Само претензионное название «Исторические вехи кафедры терапии и семейной медицины» говорит о многом. ИСТОРИЧЕСКИЕ ВЕХИ — не слабо, а?
Тогда-то и возникла у меня мысль написать небольшой очерк о нашей кафедре тех лет. Возникла и... тут же исчезла: текущие события моей немецкой жизни оказались важнее.

Решающим импульсом к написанию этих воспоминаний послужили встретившиеся мне недавно в Международном интернетовском портале RM интереснейшие воспоминания неродного внука Л. М. Рахлина о деде (www. russianmedik.com/forums/topic/25, последняя редакция — 10 мая 2012 г.). Я могу утверждать, что эти заметки врача Михаила Кисилёва помогают не только немало нового узнать о знаменитом враче и учёном, но и понять нравственную позицию последнего. Статью М. Кисилёва дополняют любовные воспоминания его дочери (dinylya. livejournal.com/225691.html) от 12.04.2013: «Сегодня 19 лет как умер мой прадедушка Леопольд Матвеевич Рахлин...». Рекомендую всем ознакомиться. Но всё же, когда Леопольд Матвеевич ещё работал в ГИДУВе, внук Миша (которого я видел пару раз в ГИДУВе или около него вместе с бабушкой-пенсионеркой) был ещё мальчиком. И многое в его возрасте просто не мог ни понять, ни, тем более, оценить.

О Леопольде Матвеевиче — враче, педагоге, учёном, человеке — не осталось полного (цельного) представления нигде. О таких личностях надо писать книги-исследования. Из числа его ближайших сотрудников, насколько я знаю, воспоминаний никто не оставил. Я, который — в принципе — никогда не был близок к Леопольду Матвеевичу, всё же мог бы рассказать о нём немало. Леопольд Матвеевич был у казанских терапевтов (и не только у них) всегда в мыслях, по нему они сверяли свою врачебную деятельность, своё общение с больными. Ну а сотрудники ГИДУВа, особенно — те же терапевты, старались хоть немного походить на него.
И если мои воспоминания вызовут отклики, благодаря которым личность Л. М. Рахлина будет охарактеризована более разносторонне — уже хорошо. Л. М. Рахлин это заслужил.

*

Короче, писать надо — решил я. В начале мая 2013-го года. В Кёльне. В чужой языковой среде, переход от которой к русскому языку и особенно, наоборот, даётся мне не очень просто. И в силу моего возраста, и в связи с тем, что немецкий язык я начал изучать на 53-м году жизни. С нуля! Если ещё учесть, что у меня не так уж и много свободного времени (продолжаю работать как терапевт в небольшой клинике и — в командировках по всей стране — как производственный врач), то не могу себя не похвалить хотя бы за то, что взялся за это нелёгкое дело! Нет, прав был О. С. Радбиль: от скромности я действительно не умру. Постараюсь не «отбросить концы» по какой-либо иной причине до окончания задуманного труда.

А это весьма возможно:
«Не долюбил, не дописал, не завершил...
Не досказал, не доработал, не дошел...
Всю жизнь куда-то яростно спешил,
Чего-то всё искал и не нашел.» (Александр Майский).

Воспоминания — сами по себе — тяжелейший труд. Надо перенестись в далёкое прошлое, не заблудившись в мечтаниях. Отличить мираж от реальности. Объективно оценить ту жизнь с высоты прожитых после неё десятилетий. Увидеть былое с разных точек, в изменившейся со временем перспективе. Пережить ещё раз обиды, неудачи, боль, утраты — как нелегко!
А радостное вспоминается почему-то как обыденное, как рутина. Потому что радость мимолётна, а печаль — очень даже часто — неизбывна.
Отсюда — тяжёлые сны и бессонные ночи. Из-за оторванности — растерянность, когда сам сомневаешься, а спросить совета не у кого. Рядом — ни души из того времени. А судить будут уже опубликованное слово, которое как воробей... И — строго судить! Потому что мои современники имеют на то право, даже если они сами заблуждаются.

Таков безжалостный основной закон мемуаристики: автор, готовься к самому худшему! К обвинению в тяжких грехах!
По мнению одних — не всё о том или ином сказал, самое важное умолчал. На взгляд других, наоборот, присочинил, оболгал — не было ничего такого.
У каждого своя «кочка зрения»…

Структура моих воспоминаний максимально проста. Проще — некуда. Воспоминания, честно говоря, совсем не структурированы. Названия разделов отражают весьма условно их содержание.

Нельзя воспоминания «перевести» в «Очерк истории Казанского ГИДУВа и его выдающихся учёных-терапевтов в 60-е -70-е годы XX-го столетия». Исчезнут многие личностные оценки, бытовые детали, живые люди. Воспоминания, вообще, никогда не бывают структурированными. Они — поток мыслей. Поэтому и непосредственное переложение их на бумагу будет всегда представлять пёструю картину, с неожиданными переходами, вставками, вкраплениями совсем иного, как бы ничем не связанного с главной темой повествования.

Такое изложение, с одной стороны, затрудняет чтение, требует определённой концентрации внимания читателя. Но, с другой, оно создаёт близкую к реальной картину тех лет, раскрашивает и населяет её - я повторяюсь - живыми людьми, а не их схематическими отображениями. Хотите окунуться с автором воспоминаний в те времена — прочтите всё. От начала до конца. Только тогда и судите об означенном периоде жизни города и ГИДУВа, о тогдашних «действующих лицах», об авторе воспоминаний.

Понимаю, что воспоминания далеко не во всех местах захватывающе интересны. Но и жизнь бывает, согласитесь, временами скучноватой.

1. КАК И КАКИМ Я ПОПАЛ В КАЗАНЬ.

Направили после окончания института меня в распоряжение отдела здравоохранения Белгородского облисполкома. Всё было не просто (об этом — в «Моей Виннице»), но вот мы с Лидой (моей женой, первой получившей после окончания института в соседнем с Белгородом Курске распределение в эту область) беседуем в отделе кадров облздравотдела. Врачи, говорят нам, нужны везде, но жилья для врачей нет нигде. Рекомендуют попытаться в Прохоровке.

Вы, конечно, слышали о крупнейшем в истории Прохоровском бронетанковом сражении? На Курской дуге, в июле 1943-го года. Через 18 лет стоял я на этом поле боя полутора тысяч танков, слушал объяснение случайно встретившегося мне местного жителя. Он рассказывал охотно, видно, уже в тысячный раз. Впечатлило!
«Впечатлило» и показанное мне, по распоряжению главного врача Прохоровской районной больницы, жилье, которое нам могли предоставить. Это был — фактически — утеплённый (с прорехами в стенах и крыше) сарай (или даже хлев), в который провели электричество и встроили подозрительную по виду печь с плитой (топить её надо было углём). Два отсека (комнатами и кухней я их назвать не смог бы) сего убежища были суммарно площадью не более 25 кв. метров. «Удобства» даже не подразумевались.

Устроились мы в Белгороде, в Областной станции переливания крови. Лида — в лаборатории, я — врачом, ответственным за переливание крови на периферии. Ночевали там же, в одном из помещений станции. И так — в течение примерно нескольких недель, пока не удалось снять жильё.
За это время я объездил большую часть области, увидел убожество периферийного здравоохранения. Холодильники, например, были редкостью — и кровь хранили в подвалах, на бочках с квашеной капустой. В Короче, в районной больнице я встретил сокурсника Лиды (и моего — в 1955-1956-х годах). Спросил его, почему в коридорах стационара больницы висят ещё в царские времена приделанные к стенам таблички-предупреждения «На пол не плеватЪ». Ответил: «Потому что и сейчас плюютЪ».

Как только нам удалось найти жилье, я тут же покинул Станцию переливания

крови и перешёл на работу участковым врачом. Огромный участок на окраине города — Крейда. Там в помещении здравпункта мясокомбината я принимал больных, после чего шёл по вызовам на дом.
Если вызовы были в отдалённый на километры от здравпункта Посёлок железнодорожников, то из поликлиники, что размещалась в центре города, мне присылали машину. Не всегда, правда. Но что молодому врачу два-три километра пешком?! А в период эпидемии гриппа — и более (после приёма нескольких десятков больных в здравпункте)…

Когда подходили к концу два года обязательной работы по месту распределения, я начал рассылать в различные места просьбы о приёме в аспирантуру. Как-никак, я занимался в студенческих научных кружках на нескольких кафедрах института — и чувствовал призвание к научной работе. Конечно, я хорошо понимал, что отсутствие партийности и присутствие национальности будут значимым минусом при обсуждении моей кандидатуры. Но, попытка — не пытка. Тем более, что у меня было одно преимущество: сданные ещё весной 1963-го года все так называемые «кандидатские экзамены», без которых к защите кандидатской диссертации никого не допускали. Экзамены я сдавал своим же учителям в Винницком медицинском институте. Это было не очень трудно, так как подразумевало некоторое снисхождение. Профессор-терапевт Михаил Ефимович Милимовка поставил мне «отлично», хотя я и не мог ничего рассказать о симптоме Казем-Бека. (В 1896 г. А. Н. Казем-Бек поставил прижизненный диагноз аневризмы левого желудочка и впервые приметил при ней характерный признак — несоответствие между сильным и поднимающим «соответствующее межреберье» верхушечным толчком и малым «ослабленным пульсом на лучевой артерии». Этот диагностический признак получил название симптома Казем-Бека, и как таковой термин употребляется до сих пор.) Я даже не знал, что Александр Николаевич Казем-Бек (1859-1919) — работал в Казани. И тем более не мог предполагать, что на полтора десятилетия с лишним «зависну» сам в этом городе.

Объявления о конкурсах тогда печатала «Медицинская газета», откуда я и узнавал о конкурсах в аспирантуру по терапии. Посылал документы на конкурс не менее пятнадцати раз.
Эх, как было интересно сейчас ещё раз перечитать ВСЕ полученные мною ответы или посчитать отсутствие таковых! Но у меня сохранились только некоторые из писем, которые я получил из институтов, куда направлял документы на конкурс. И то, сохранились они только потому, что я планировал их собрать вместе, прокомментировать и послать в Москву. Чтобы там

полюбовались на «работу на местах». Но, в конце концов, я в аспирантуру поступил — и гнев мой остыл.

Лишь один ответ был откровенным: «не прошли по конкурсу», а был ли последний формальным (давно подобрали своего кандидата) или нет — для меня не имело значения. Другие — уклончивы: мол, конкурс переносится на следующий год, отменяется. Третьи — откровенно лживы: «конкурс уже состоялся», хотя сопоставление дат позволяло сразу же всё поставить на свои места (коллаж 05.).

И вдруг — письмо из Казанского ГИДУВа: ...пришлите реферат на тему... Я не верил своим глазам! И до сих пор с волнением перечитываю этот листок: потому и храню его уже ПЯТЬДЕСЯТ ЛЕТ. Вместе с конвертом (коллаж 06.).

*

Письмо подписано Галиной Измайловной Степановой — легендарной сотрудницей ГИДУВа (коллаж 37.). В институте, поговаривали, она начинала работать чуть ли не во времена его основания; уже долгие годы заведует отделом кадров. В начале шестидесятых ей было, наверное, уже под семьдесят. Маленькая, сухонькая, сгорбленная, с деформированными суставами пальцев, тугоухая старушка. Со всеми ровна, доброжелательна. Ничего не забывает, все материалы готовит во-время. На работе — допоздна, может быть, даже иногда где-то на работе и ночует. Постучишь в обитую жестью дверь отдела кадров вечером и видишь там Галину Измайловну, сшивающую толстой иглой с суровой ниткой личные дела сотрудников института. Освещение в отделе кадров было слабоватое, Галина Измайлова особой остротой зрения в эти годы уже не отличалась. Посему ровной подшивка личных дел оказывалась редко.

Что такое — перерыв на обед? Принесут с кухни терапевтической клиники супчик с ломтиком хлеба — поест, не принесут — и так сойдёт. Семьи у Галины Измайловны не было, жила вместе с сестрой. Сестра умерла, а вскоре, в середине шестидесятых — и Галина Измайловна. И сразу же в отделе кадров стало больше сотрудников: работали по часам. А Галина Измайловна справлялась со всем лишь с одной помощницей-машинисткой.

Не знаю, сколько осталось людей, помнящих эту героическую труженицу, но уверен — совсем не много. Потому и начал я рассказ о ГИДУВских сотрудниках с неё, чьё письмо стало для меня пунктом отсчёта 25-летнего пребывания в науке.

*

До Харькова от Белгорода совсем недалеко — и железнодорожный билет у меня был бесплатный. Дело в том, что мне надоели проверки моей работы руководством поликлиники. Потому что проводились они довольно странно: во время моего отсутствия (я был на вызовах) проверяющие рылись в медицинских карточках моего участка. После первой такой проверки я высказал своё возмущение, после второй — подал заявление об уходе. И перешёл на работу в железнодорожную поликлинику.

В железнодорожной поликлинике я выполнял работу линейного врача (обслуживание вызовов на дом от железнодорожников, проживающих не далее трёх километров от железнодорожных путей) и немного работал (если не было вызовов или их могли выполнить линейные фельдшера) в стационаре небольшой больнички железнодорожников. Мне был выдан служебный проездной билет (если не ошибаюсь, то «форма 3» или «форма 3а»), который имело только высокое железнодорожное начальство. По этому билету я имел право проезда в мягком вагоне любого поезда от Курска до Харькова (направление север-юг), до Купянска (юго-восточное направление), пр. И — главное: я имел право остановить в любом месте поезд, в котором я ехал, или заказать через дежурного по станции, стрелочника и др., имеющих доступ к телефону, остановку проезжавшего поезда. Это — для высадки меня, для посадки меня с больным, и так далее.

Хотя три километра от железнодорожных путей могли оказаться и пятью, хотя найти это село и домик, в котором проживал заболевший железнодорожник, было подчас нелегко — я был доволен. Время летнее, сухое. Места красивые. Чего ещё?

Нередко со мной ездил один из линейных фельдшеров (часть выездов фельдшера, как уже указывалось, выполняли самостоятельно), который и дорогу указывал, и где на обратном пути в озере поплавать можно было - знал, и перекус в семье заболевшего организовывал. Пировать мы там не пировали, но яичница с салом — типичное угощение для медиков — выставлялась на стол. Один из фельдшеров — тот, что постарше — привозил почти всегда с вызовов гостинцы: у проживающих в деревнях железнодорожников было подсобное хозяйство. Кстати, этот фельдшер при знакомстве со мной первым делом поинтересовался, или я - член партии. Получив отрицательный ответ, успокоился: мол, я для него, партийца, безопасен.

Путевые обходчики, владевшие большими участками земли (включая так называемую полосу отчуждения железной дороги), были особенно зажиточными. Работа у них, правда, была тяжеленная. Нередко всей семьёй не справлялись с очисткой пути от снега, от бурьяна. Однако земли хватало не только на картофель для самих, но и для прочих овощей и фруктов, для того, что скармливалось корове, свинье (свиньям), домашней птице (куры, гуси). Излишки, а их было не мало, продавали на харьковских рынках. Эти «тайны» не скрывались — все знали насколько физически трудна и ответственна работа путевого обходчика, да и домашнее хозяйство — «не сахар».

*

Имея указанный выше билет я не только «гонял» со своим грудничком-сыном из Белгорода в Курск к тестю с тёщей и — обратно. Я ездил в Харьковскую медицинскую библиотеку, где собирал материал для необходимого, по условиям конкурса, реферата. Отослав реферат, я уже не был так безмятежен, как ранее. Что-то, вроде бы, «светило».

И, действительно, довольно быстро пришло ещё одно письмо из Казани: приглашали на собеседование. Дело было в конце августа — билетов на поезд не достать (возвращались к месту учёбы студенты, курсанты, пр.). Помогла железная дорога: устроили мне билет на обходной поезд (через Пензу, и т. д.), которым я добирался из Харькова до Казани двое суток.
Денег на поездку, правда, не было, но я позвонил матери — и она обещала расходы компенсировать (а пока, мол, займи).

С вокзала в Казани — в отдел кадров ГИДУВа, оттуда — в общежитие. А на следующее утро — в рядом с общежитием расположенную железнодорожную больницу для беседы с профессором.

Профессор Оскар Самойлович Радбиль — мой будущий учитель и соавтор — произвёл на меня в своём довольно скромном кабинете очень хорошее впечатление. Я — на него — по крайней мере, не отрицательное. Он был, по его словам, не против моей кандидатуры. Но не преминул заметить, что на два места в очную и три или четыре (? - точно не помню) в заочную аспирантуру по терапии имеется 15 кандидатов. И что всё решает проректор по научной и учебной работе доцент Николай Иванович Вылегжанин (коллаж 37.), с которым мне надо будет встретиться после полудня.

Николай Иванович был приветлив, даже благожелателен. Расспрашивал меня более подробно, чем профессор. И упомянул, что хорошо знает и уважает моего учителя по Виннице профессора-патофизиолога Якова Мироновича Бритвана. Сам же Николай Иванович заведовал с 1953 г. кафедрой общей патологии и являлся как патологоанатомом, так и патофизиологом.

Я побежал на телефонную станцию, позвонил маме и попросил её связаться по телефону с проф. Бритваном (они, разумеется, знали друг о друге, но близко знакомы не были). Я ведь занимался у него в студенческом кружке — и меня-то он помнил хорошо: с того времени прошло лишь несколько лет. (На следующий день Н. И. Вылегжанин, как бы между прочим, сказал мне, что ему звонил Яков Миронович.)

Решение приёмной комиссии приехали (пришли) выслушать не все кандидаты. Из членов приёмной комиссии, кроме Н. И. Вылегжанина, я точно помню, присутствовал профессор Леопольд Матвеевич Рахлин. Я его увидел тогда впервые. Высокий, стройный, с красноватым, тщательно выбритым лицом. (Ему в то время было 65 лет.) Когда он появился, все тихо заговорили «Рахлин, Рахлин». Я понял: этот тут — один из главных. Появление (44-летнего) О. С. Радбиля прошло мало замеченным. Других не вспомню, как и результаты конкурса по другим кафедрам.

На кафедру терапии №1 (заведующий — профессор Л. М. Рахлин) в очную аспирантуру был зачислен Игорь Петрович (по паспорту — Перецевич) Арлеевский, заместитель главного врача по медицинской части одной из больниц нефтяного района на юго-востоке Татарии (г. Лениногорск) , на кафедру терапии №2 (заведующий — профессор О. С. Радбиль) — Эмма Георгиевна Волкова, заместитель главного врача по поликлинической части больницы расположенного там же, среди нефтяных месторождений г. Альметьевска. И. П. Арлеевский был на 7 лет старше меня, Э. Г. Волкова — на шесть лет. В заочную — к О. С. Радбилю — довольно немолодой врач из Воронежа, и так далее... Но сие было мне уже не интересно: заочная аспирантура меня не прельщала: какая диссертация у линейного врача?! Было ясно, что мне и в Казани ничего не светит...

Однако произошло чудо. Сначала возмутился один из претендентов из Литвы. Фамилия его была, как мне кажется, Якубовский: если, мол, уж в столице

Татарии татарам ходу нет, то где же тогда ещё ему искать место в аспирантуре?! Николай Иванович заглянул в папку кандидата в аспиранты и, к своему ужасу, обнаружил, что Якубовский по национальности — татарин. Кстати, абсолютно ничего азиатского в его лице не было, что и, вероятно, подвело проректора. Забегая вперёд, сообщу, что вернувшийся из отпуска ректор института доцент Хамза Закирович Ахунзянов устроил Николаю Ивановичу по поводу его «кадровой политики» головомойку. В то время как раз разворачивалась волна укрепления ведущих кадров лицами коренной (или, как писали, титульной) национальности, инициатором чего была, как всегда, партия - «наш рулевой» в лице избранного (чего лукавить? — назначенного Москвой) в 1960-м году 1-м секретарём Татарского обкома КПСС 32 (!!!) - летнего Фикрята Ахмеджановича Табеева. Тут же Николай Иванович поехал в Москву и в Минздраве СССР, которому тогда подчинялись ВСЕ институты усовершенствования врачей (где бы, в какой бы союзной республике они не находились), «выбил» дополнительное место очного аспиранта для литовского татарина. Якубовский, надо сказать — внешне весьма импозантный молодой человек, прибыл снова в Казань, покрутился пару месяцев на кафедре терапии №1 и … исчез. Будто бы, «перевёлся» в аспирантуру в Каунас. Больше мы о нём не слышали...

Вернёмся в кабинет проректора по научной и учебной работе. Э. Г. Волкова, поблагодарив, как говорится, за доверие, неожиданно для всех заявила, что её семья (муж) против очной аспирантуры — и она просит изменить соответствующим образом решение комиссии. Здесь следует отметить следующее: Э. Г. Волкова внешне выглядела татаркой если не на 100, то минимум на 200 процентов! Внешностью она во многом походила на отца, с которым — пенсионером, бывшим директором меховой фабрики — я позже познакомился. Но и Георгий Захарович не был татарином, фамилия его была Афанасьев (что, правда, не много значит при наличии большого количества, как говорили, крещённых татар). Ну, а мать Э. Г. - Елена Васильевна — русская и по внешности, и по паспорту. Родители жили в Казани — и я бывал у них несколько раз.

Итак, Н. И. Вылегжанину в этот день было не позавидовать. Тут же вместо Э. Г. Волковой в очную аспирантуру на кафедру терапии №2 был зачислен я, в заочную — на ту же кафедру — взяли Э. Г. Волкову. Верите мне или нет, но я до сих пор считаю себя обязанным Эмме Георгиевне Волковой, хотя она, собственно говоря, ничем для меня не пожертвовала. И всё же, кто знает, как бы сложилась моя научная карьера (и сложилась ли бы, вообще), если бы я не получил — из-за её отказа от него — место очного аспиранта.

Для тех, кто мне не поверил, сообщу, что до сего времени — ровно ПЯТЬДЕСЯТ ЛЕТ — поддерживаю дружеский контакт с Эммой Георгиевной, мы обмениваемся письмами, я звоню ей из Германии. Приглашал её не раз в гости, но она не решается выбраться из Альметьевска в «такую даль».

Чувствую, что всё-таки не все мне поверили, что я такой благодарный. Тогда добавлю следующее. Я — об этом напишу подробнее дальше — довольно быстро набрал материал, написал диссертацию, защитил её и к сроку окончания трёхгодичной аспирантуры уже имел на руках диплом кандидата медицинских наук. Первый ученик-кандидат наук у О. С. Радбиля, заведовавшего кафедрой с 1957-го года!

К этому времени — концу 1966-го года — диссертация Э. Г. Волковой всё ещё не сдвинулась с мёртвой точки. Работа на полторы ставки, двое детей — где тут найти время для научной работы? А на О. С. Радбиля начальство напирало: министерство, мол, интересуется, когда будет защита диссертации заочной аспиранткой Волковой. И тогда О. С. Радбиль решился на эксперимент, который потом, уже не как эксперимент, а как надёжный метод, повторялся не раз. Не всегда, правда, я числился в научных руководителях диссертаций, которые без меня, по всей вероятности, не состоялись бы. Но диссертация Э. Г. Волковой имела официально двух научных руководителей — О. С. и меня. Как это свершилось — ниже. А сейчас просто добавлю, что звание кандидата медицинских наук (защитилась в 1974 г.), ценившееся в провинции намного больше, чем в столице, открыло для Э. Г. Волковой путь в члены бюро горкома партии, в депутаты... А поликлиникой заведовала она до выхода на пенсию.

Я затянул уже рассказ о приёме в аспирантуру, но как не рассказать о том, что вместе со мной претендовал на место и Изя Израйлевич (он себя называл Игорь, за что я его обзывал Игорем Ивановичем) Трийгер из молдавского города Бельцы. Он был старше меня, возраста Э. Г. Волковой. Владел довольно хорошо немецким и румынским языками. Николай Иванович зачислил его в заочную аспирантуру (к О. С. Радбилю), но через год — после неожиданного отбытия Якубовского в Литву — оставшиеся «от Якубовского» два года очной аспирантуры предложил Трийгеру. Последний приехал, выполнял диссертацию практически на кафедре физиологии медицинского института у профессора Ирины Николаевны Волковой, ставшей его вторым научным руководителем. За два года довести дело до конца не успел. Но через пару лет всё-таки диссертацию дописал (будучи ассистентом в Благовещенском медицинском институте), защитил её в Казани, стал доцентом...

2. ТРИ ГОДА — И Я КАНДИДАТ МЕДИЦИНСКИХ НАУК.

С 1-го октября 1963 г. я стал аспирантом, казанцем.

Примерно месяц жил я ещё один, приводя (сменённую на белгородскую) квартиру в божеский вид. Квартира была полна клопов, основные скопления которых — в электрических розетках (развилках проводки) у потолка. И — тараканов, разбегающихся с типичным шорохом их крылышек по квартире при включении электрического света. Я что-то рассыпал, чем-то брызгал — «квартиранты» моё жилище не покидали. Да, и куда им далее лестничной клетки уходить: на улице уже морозно. Вечером под ногами, когда я поднимался на наш третий этаж, с треском лопались их облечённые в хитиновую оболочку тела. И весь подъезд — в самогонном аромате: из двенадцати квартир на нашей лестничной клетке переработкой сахара в алкоголь не занимались, кажется, только в двух.

Разозлившись на выползавших из всей щелей насекомых, я купил две шашки, по-моему, с ДДТ (для дезинфекции больших сельскохозяйственных складов) и сжёг их в нашей 32 -метровой квартире, предварительно подложив под шашки по листу жести. Убедившись, стоя на улице и глядя на окна квартиры, что дом не загорелся, ушёл на два дня. Ночевал на твёрдых больничных кушетках. Возвратился — увидел толстый слой тараканьих трупов на полу и на треть заполненную ими же сухую ванну. Ощутил себя Кутузовым или Суворовым (кто там побеждал прусаков?), хотя бороться с тараканами, имеющими постоянную прописку в нашем доме, пришлось все шестнадцать лет.

Вскоре ко мне присоединилась семья — жена с 8-ми месячным сыном. Ещё в приближении рождения сына нам выдали на той же окраинной Крейде, прямо напротив «невкусно пахнущего» мясокомбината, двухкомнатную квартиру, которую осенью довольно быстро удалось обменять на такую же квартиру в Казани. Обменявшаяся с нами семья отставного офицера просто переехала в город с хорошим снабжением продуктами питания. В Казани в ту пору уже исчез белый хлеб, в ржаную муку добавляли горох (моя мать высылала для внука белые сухари, кое-что ещё из Винницы), но мясо пока в продаже было. Правда, как характеризовал ситуацию уролог железнодорожной больницы Султан Мухамедович Муталибов: «Вчера был в кино — запах, как в нашем отделении...»

Новая рецептура хлеба была не «по нраву» желудочно-кишечному тракту многих.

Обменял я квартиру «вслепую» - время поджимало. Квартира оказалась рядом с 7-м заводом (ныне ОАО «Завод Элекон»), по улице Короленко. Очень далеко от клинической базы кафедры по улице Николая Ершова. От центра города, от ГИДУВа, от библиотеки медицинского института, от вивария... Пешком — почти 1,5 км до проспекта Декабристов, потом — троллейбусом до Кольца, далее — трамваем до больницы. Всего — примерно одиннадцать километров. Дорога занимала не менее полутора часов.
Сына пока не удавалось пристроить в ясли. А моя аспирантская стипендия — гроши'.

Потом нашли няню. Жена устроилась на работу. Непривычные к таким морозам, к плохому снабжению, к тараканам и пр. первую зиму мы перенесли трудно. Уже к весне я получил разрешение на дежурство в больнице (как правило больничное руководство позволяло кафедральным работникам, в основном это были клинические ординаторы, брать дежурства лишь спустя год после начала работы в больнице). Бывали периоды, особенно в отпускную пору, когда я дежурил по два, а то и по три дня подряд. Кроме того, прошу прощения за то, что пишу и об этом (мне не стыдно): дежурный врач ДОЛЖЕН был «снимать пробу», то есть мог законно столоваться в больнице три раза в день. Нередко и дежурившие больничные врачи-терапевты просили меня «снять пробу» за них: невкусная больничная еда никак не прельщала её даже только пробовать перед уходом домой, где их ждало что-то существенно лучшее. Меня же, сидевшего в больнице до позднего вечера, устраивала любая больничная еда, избавлявшая от необходимости стоять в очереди в столовке, просиживать час и более в ресторане.

Второй и все последующие годы (в том числе, зимы) мы встречали уже опытными и закалёнными. А первый год — не забыть, особенно в периоды болезни сына. Я — моя стипендия всё равно шла — оставался тогда дома. Пытался хоть что-то сделать по диссертации, но не тут-то было: сын требовал постоянного внимания.
Хорошо хоть, что он не помнит, как я пытался его отвлечь...

*

Со стипендией произошло следующее. По существующему тогда положению, она должна была быть приравненной к окладу по последнему, перед поступлением в аспирантуру, месту работы. Тем же, кто был зачислен в аспирантуру непосредственно после окончания института, назначалась стипендия в размере, если не ошибаюсь, 80-ти рублей в месяц. По идее — вроде бы, минимальная из всех возможных вариантов. Увы, только по идее: моя месячная зарплата линейного врача была всего 74 рубля — её я и получал в течение трёх лет аспирантуры. Николай Иванович пытался решить этот парадокс в мою пользу, но главный бухгалтер института оставался непреклонным.

О главном бухгалтере института как раз на этом месте и замолвим слово. И. А. Гороховер (если я не указываю имя-отчество полностью, то не из-за неуважения, а просто из-за опасения написать его неверно вследствие провалов в памяти) был не только главным бухгалтером, но и — одновременно! — доцентом кафедры организации здравоохранения в том же ГИДУВе. Как мне объясняли, подобное совместительство было противозаконным. Но кто знал финансирование медицинских учреждений лучше И. А. Гороховера, книги которого по этой тематике издавались и в Казани, и в Москве? Кстати, до сих пор (!) труды И. А. Гороховера (например, этот: Гороховер И. А. Планирование и финансирование больницы и поликлиники. - М.: Медицина, 1967. - 252 с.) цитируются во всех диссертациях по подобной тематике.

Невысокий, грузный, подслеповатый, слегка картавящий и говорящий с лёгким еврейским акцентом, главный бухгалтер-доцент был специалистом высокого класса. Я в этом убедился лет примерно через пять-шесть, когда явился в бухгалтерию за помощью особого рода. Один из моих «левых» пациентов — какая-то «шишка» на авиационном заводе — спросил, чем он меня может отблагодарить. Я ответил, что институт наш бедноватый, а мне бы хотелось иметь в учебной комнате негатоскоп для просматривания рентгеновских снимков. Стоит он недорого — сумма для завода смехотворная. Через неделю мне был доставлен подарок авиационного завода, а ещё через несколько месяцев я получил оттуда письмо с просьбой перевести (оформить) негатоскоп на баланс ГИДУВа. Позвонил в бухгалтерию завода: мне объяснили, что для передачи на баланс требуется согласие не только их министерства, но и Минздрава СССР. Я уже не рад был подарку — пошёл искать совета у И. А. Гороховера. Тот, войдя в курс дела, позвонил в бухгалтерию завода и медленно, как он обычно разговаривал, объяснил тамошним финансистам способ, позволяющий обойти переписку с министерствами. Те, видимо, ему в чём-то возражали. Тогда доцент-главбух несколько по-другому, причём говоря ещё медленней, растолковал несмышлёнышам короткий путь передачи на баланс. Потом всё было провернуто даже без моего участия.

Но тот же И. А. Гороховер сделал для меня ещё одно «доброе дело». Так как я защитил кандидатскую диссертацию во время прохождения аспирантуры (срок её подходил к концу в сентябре, защита состоялась в мае 1966-го года), с подачи И. А. Гороховера ректор (не от великой любви, а сейчас поймёте — почему) «наградил» меня дополнительным месячным отпуском. Использовать я его не мог, так как начались занятия. В результате я, уже ведущий группу врачей ассистент (хоть и на полставки — об этом позже), получил в «награду» ещё один — 37-й — месяц 74 рубля вместо примерно 170-ти.
И. А. Гороховер умел считать и свои деньги — и, я уверен, делал всё возможное, чтобы начислить себе премию за экономию по фонду заработной платы. Когда он тяжело заболел (у него была опухоль кишечника), главным бухгалтером стала его заместительница. Тоже «экономящая каждую копейку», о чём не раз говорилось и что ставилось в пример другим на общеинститутских собраниях. Причём, делала это она оригинально: «сэкономленные» суммы оседали на её личной сберкнижке. Судили, дали не мало лет. Но вскоре случилась амнистия женщинам — и её выпустили на свободу.

*

Вернёмся, однако, назад: ко времени смены моей белгородской прописки на казанскую. Итак, я живу в городе, овеянном для меня какой-то дымкой загадочности. Причиной того был роман Константина Васильевича Лебедева (1921-2002) «Люди и степени». Роман был напечатан в 1956-м году, если не ошибаюсь, в журнале «Новый мир». О нём на лекциях по нормальной физиологии рассказывал в Винницком медицинском институте профессор Николай Карлович Витте. Н. К. был настолько восхищён романом, что мне захотелось немедленно самому этот роман прочесть. Конечно, я, в отличие от Н. К. Витте, не только не знал никого из описываемых там лиц (пусть под другими именами), но и не понимал того духа соперничества, который всегда присутствует на больших институтских кафедрах, причин той неприязни, которая скрыто или явно обнаруживается при анализе взаимоотношений сотрудников кафедры. Возможно, как раз эта загадочная для меня жизнь научных коллективов, Учёных советов, мира учёных, в целом, породили тот ореол, в котором для меня существовала Казань с её старинным университетом, Академией наук — в военные годы, с Волгой, с каковой в России связано так много...

Ещё совсем малость об ассистенте кандидате медицинских наук К. В. Лебедеве — и мы возвратимся к началу моей аспирантуры. Я видел К. В. на кафедре нормальной физиологии лишь однажды, мельком. Какой-то особой внешностью

К. В., как он мне увиделся, не отличался, может быть, лишь откровенной простотой внешности. Но, судя по роману, обладал незаурядным умом и писательским талантом. Увы, «Люди и степени» - второе и последнее крупное произведение, написанное К. В. Лебедевым. Читал я, правда, в газете «Советская Татария», что ли, рассказ К. В. на военную тему. А. А. Агафонов уверял меня, что К. В. работает над большим роман, в котором будут изложены натуралистично, не приукрашено военные будни. Кто знает, возможно, рукопись этого романа существует и когда-то роман будет опубликован. Кто, кроме самых близких друзей патологоанатома и судебного медика, кандидата наук Юрия Георгиевича Забусова (о нём — ниже), прежде знал об его увлечении литературным творчеством? А теперь мы с удовольствием читаем его прозу и стихи...

*

При написании реферата для поступления в аспирантуру я обратил внимание на большой обзор о влиянии гормонов коры надпочечников на желудок, опубликованный относительно недавно перед тем в, если не ошибаюсь, «Клинической медицине». Авторами обзора были О. С. Радбиль и Ф. Р. Валеева. Почему-то я решил, что Ф. Р. Валеева — «правая рука» профессора в том, что касается научных исследований на кафедре. И заранее боялся её строгого контроля. Как я ошибался! Фарида Рашидовна (коллажи 01. - 04.) оказалась милой женщиной по фамилии уже Нугманова (вышла вторично замуж), к научным исследованиям на кафедре не имеющая никакого отношения. Исключая свои собственные исследования, которые непомерно затянулись.

Более того, ни-ка-кие другие научные исследования на кафедре не проводились. Пару лет перед моим зачислением на кафедру окончили аспирантуру Диляра Хафизовна Максудова и Маргарита Ивановна Пивикова, изучавшие влияние Ижевской минеральной воды на систему пищеварения. Однако до завершения их диссертаций было далеко.
Исследования ассистентки кафедры Фариды Рашидовны по теме научного обзора (см. выше), в связи с беременностью, рождением второго сына, тоже застопорились — и окончание их (защита диссертации) лишь смутно виделось в неблизкой перспективе.

Правда, широко рекламировал всем свои научные разработки (описторхоз — рак печени) ассистент Рагиб Ибрагимович Хамидуллин (коллажи 01. - 04.), но они проводились (в опытах на крысах) на кафедре Николая Ивановича Вылегжанина и под научным руководством последнего. Доцент кафедры Ашраф Закировна

Давлиткильдеева и ассистентка Надежда Ивановна Ионова, как я понял, к научным изысканиям не стремились и профессором к этому не принуждались.

И доцент, и ассистенты (коллаж 01.) приняли меня радушно, но помощи, научного совета от них ожидать не приходилось. Вся надежда была на профессора. Посему расскажу подробнее сначала о нём.

*

Оскар Самойлович Радбиль (коллажи 01. и 02.), 1919-го года рождения, перед войной учился в Киевском медицинском институте и (одновременно) на биологическом факультете Киевского университета. Последний он не закончил, но «биологическую жилку» в его рассуждениях я замечал неоднократно. С институтской скамьи попал врачом на фронт, там заболел (почки) и был демобилизован. Работал в Институте питания АМН СССР в Москве. С 1957-го года заведовал кафедрой в ГИДУве. В Казани, с военного времени, проживали его родители-пенсионеры. Мать ранее заведовала кафедрой иностранных языков, я с ней познакомился, будучи в доме О. С. Отец был уже с явными признаками старческого слабоумия, лежал пару дней у нас в отделении, был переведен в психиатрическую больницу, где вскоре умер.

Жил О. С. недалеко от железнодорожной больницы - базы нашей кафедры, в капитальном доме с чудесными квартирами. Его трёхкомнатная квартира могла считаться по тому времени шикарной. Поселился он в ней в результате съезда с родителями. Их небольшую квартирку и свою, полученную для семьи трёхкомнатную квартиру в доме новой застройки, он обменял на эту квартиру. Жена его и дочь, конечно, перебираться из Москвы и не собирались. (Возможно, был к этому времени с первой женой уже разведен). А одному жить ему оказалось трудно, так как в бытовом плане О. С., на мой взгляд, был прямо-таки беспомощен. Один раз (всего один раз) засиделся я у него (готовили первую совместную книгу) до времени ужина (в другие разы он назначал мне встречи в очень позднее время, не думая о том, как я буду добираться домой). Мать О. С. пригласила к столу и меня. И я увидел, что престарелая мать не только намазывает масло на хлеб сыну, кладёт сахар в его стакан с чаем, но и размешивает чай ложечкой! А О. С. спокойно и терпеливо ожидает завершения «подготовительных работ» к его трапезе. Через пару лет мать внезапно умерла в вагоне поезда, когда она с О. С. ехали в Москву. Для О. С. это было не лишь утратой матери, но и — заботливой хозяйки в его доме, а также — помощницы в работе.

Дело в том, что О. С. не только много писал, но и переводил с иностранных языков (для издательств). Я не был свидетелем сего, но уверен в том, что он в основном редактировал сделанные матерью переводы — материал-то был из медицины, в которой мать не очень разбиралась. Сам О. С. владел английским, немецким и французским языками (в какой степени — не знаю: а как я, лишь весьма посредственно знавший английский язык, мог это оценить? к тому же я НИ РАЗУ не слышал его, разговаривающего на этих языках!). По слухам, разбирался О. С. также немного в испанском и итальянском языках. И, конечно, О. С. понимал по-украински и — меньше — по-польски; по поводу качества этого понимания я бы мог высказаться, но как-то случая не представилось...

Я практически никогда не обращался к нему в связи с переводом той или иной публикации в заграничном журнале. Находил другие возможности, понимая, что переводы — не дело научного руководителя. Но всё же пару раз как СОАВТОР готовящейся совместной печатной работы (статьи или книги) просил разъяснить СМЫСЛ переведенного мною.

Знание иностранных языков позволяло О. С. писать обзорные статьи — основной (и практически единственный!) вид его публикаций. Благодаря этим же знаниям его изредка приглашали на приёмы, устраиваемые властями Татарской республики в честь иностранных делегаций. Там О. С. произносил тосты на языке гостей, что гостеприимным хозяевам было недоступно. [Ф. А. Табеев, знаю, интенсивно обучался, уже будучи Первым, английскому языку. Странно, но краткое время я брал уроки английского у той же самой учительницы (преподавательницы химико-технологического института)]. Наконец, знание им иностранных языков, вероятно, перевесило чашу весов в его пользу во время конкурса на заведование отделом во Всесоюзном институте медицинской и медико-технической информации. Туда О. С. перешёл на работу весной 1973 г., там, так сказать, «расписался» во всю душу, публикуя обзоры на самые различные темы. Там, в его миниатюрном кабинетике, мы с ним обсуждали то да сё — и я почувствовал, что эта его должность — также, увы, совсем не та, какую он желал. Правда, та, какую он желал, при его стиле работы мне представлялась для него недостижимой. Но я забежал в своём рассказе почти на полтора десятилетия вперёд — надо вернуться в год 1963-й.

Отличался О. С. и высокой общей культурой. Будучи в Москве (часто и подолгу), посещал театры. Следил за новинками литературы. Его речь, далеко не бытовая, слегка формализованная, богатая научными терминами и словами иностранного происхождения, лилась плавно (за словом он «в карман не лез»). Дикция, однако, была не совершенная (нечёткие «л» и «р»), но она, с одной стороны, совсем не коробила слух собеседников и слушателей, с другой, придавала его голосу мгновенную узнаваемость.

Комплекции О. С. был, мягко говоря, не спортивной. Спорт, во всех отношениях, был для него понятием чуждым. За исключением, наверное, шахмат (если считать их спортом, в смысле — физической культурой). Невысокого роста, с уже тогда небольшим животиком, с совершенно не мускулистыми руками. Широкие пальцы, заусеницы с которых он просто сгрызал. Венчала приземистое тело крупная голова с красивыми, волнистыми, местами седыми волосами. Изредка он подёргивал головой в сторону, что, как я заметил, было свойственно некоторым косоглазым людям. Но О. С. явно не косил; глаза были у него только близорукими — и он приподнимал очки на лоб, чтобы лучше рассмотреть какую-нибудь деталь, мелкий текст, пр. Непроизвольное судорожное подёргивание мышц шеи было, вероятно, проявлением какого-то нервного заболевания (тика).

Проживал О. С., как я уже писал, недалеко от больницы («половина трамвайной остановки»), в транспорте не нуждался — и не опаздывал. Но придя в клинику, тут же (или же сразу после прочитанной лекции, не частого случавшегося обхода больных в палате, осмотра одного-двух больных в своём кабинете, словом, совершенно обязательных иногда дел) стремился её покинуть. Нередко звонил, что вообще не появится, так как... Причины были самые разнообразные — и никто не собирался их проверять. Просто старшая сестра, сидящая у телефона, сообщала об этом заведующей отделением и доценту кафедры. А те уже, в свою очередь, отменяли обходы профессора, переносили решение каких-либо кафедральных дел на другой день.

Лишь один раз в неделю О. С. охотнее посещал больных. Больных эндокринологического отделения. Вернее, не больных, а само отделение, расположенное на первом этаже пристройки к главному зданию больницы. Там также находилось радиологическое отделение. А на втором этаже пристройки были помещения больничной лаборатории. И одну комнатку занимали лаборанты нашей кафедры.

Заведовала отделением весьма красивая, стройная и очень приятная в обхождении Нинель Михайловна Жуковская. Больные в этом небольшом отделении на 17, если не ошибаюсь, коек (в терапевтических отделениях находилось до 60-65 больных в каждом) представляли как бы одну большую семью, так как постоянно встречались там и хорошо знали друг друга. В основном это были пациенты с сахарным диабетом, в значительно меньшем числе — с нарушением функции щитовидной железы, остальные единичные — с редкими или неясными заболеваниями желёз внутренней секреции. Например, по нескольку раз в году и подолгу там находилась больная с тяжёлой формой несахарного диабета.

Нинель Михайловна знала своих постоянных подопечных досконально, вопросов у неё к профессору было мало, а нередко — никаких. Но какому пациенту не хотелось, чтобы его «показали профессору»? Обход завершался очень кратким обсуждением больных в ординаторской (спорных вопросов не было, опыт Н. М. имел приоритет) и, назовём это так, вторым завтраком. Н. М. имела где принять профессора (это была ординаторская только для неё одной), ей помогала в приёме гостей весьма скромная, необычной красоты старшая сестра Ира, а в холодильнике имелось что' закусить. Во время второго завтрака (полдника) профессор и начальник отделения мило беседовали. Обо всём. После такого перекуса О. С. мог отправляться «на заработки».

(Вы спросите, зачем я об этом пишу. Кому это, мол, нужно? Никому — согласен. Но как мне убедить читателя в том, что профессор почти все годы — он пробыл в Казани, как и я, 16 лет — был в бытовом отношении настолько не устроен, что это просто не могло не сказаться на его работе и всём, так или иначе связанном с нею.)

*

Наиболее частой причиной неприхода или быстрого ухода профессора были консультации «на стороне». Здесь, если уж я решил писать (почти) обо всём, придётся коснуться скользкой темы — денег. Сколько получал аспирант, я сообщил выше. Врачи стационара (и о них пойдёт речь) получали, в зависимости от стажа работы, примерно вдвое больше. Ассистенты кафедры получали зарплату, состоящую из трёх компонентов: педагогической ставки, половины лечебной ставки (и то, и другое — в зависимости от стажа, педагогического и врачебного), добавки за научную степень (кандидата ли, доктора ли наук — одинаково, если не ошибаюсь, 60 рублей). Кстати, врачи больниц и поликлиник, не занимавшиеся педагогической работой, после получения научной степени получали дополнительно лишь 10 руб. в месяц. В сумме выходило у ассистентов с большим стажем почти до 400 рублей, у молодых — около 300 рублей (как-никак в два раза больше, чем у немолодого врача стационара, что, по сути, лежало в основе постоянных стычек между руководством больниц и расположенных на их базе кафедр клинического профиля — об этом, на примере нашей кафедры, подробней — ниже). Доценты получали за звание плюс половину лечебной ставки — выходило до 450 рублей. Примерно такой же была зарплата у профессоров кафедр, а заведующие кафедрами-профессора получали 500 рублей. Вне зависимости от того, кафедра ли это ботаники или неотложной хирургии. [Профессор Пётр Васильевич Кравченко (о нём ещё будет рассказано) — заведующий кафедрой хирургии на базе нашей же железнодорожной больницы — возмущался в беседе со мной тем, что он и профессор Николай Николаевич Спасский (замечу, интеллигентнейший человек был!) — заведующий кафедрой эпидемиологии — получают равные оклады. Хирургическую деятельность П. В. считал основной причиной случившегося у него инфаркта миокарда, «забыв», что он весьма тучен, много курит, а Н. Н. Спасский — нормального веса и табаком не балуется. Разговор сей происходил в палате, в которой находился П. В, а я в тот день дежурил по больнице.]

500 рублей, казалось бы, немало (минимальная заработная плата в СССР тогда была примерно в 10 раз меньше; или вспомните мизерность аспирантской стипендии ВРАЧА).
Налог был всего 13%, 3% - партийные взносы (много, считал О. С.), 1% - профсоюзные взносы. Итого, чистыми (на руки) — 415 рублей. Казалось бы, совсем не мало. Но у О. С. Радбиля сложилась к тому времени непростая, так сказать, семейная-околосемейная ситуация, о которой будет рассказано ниже. Упомяну пока лишь о второй жене (возможно, в то время ещё — гражданской; её никто не видел), живущей, как и первая с дочерью О. С., в Москве.

*

По сравнению с человеком высокой культуры я выглядел к началу аспирантуры «местечковым евреем». Именно этим уничижительным, по его мнению, определением не раз пригвождал меня О. С. в периоды гнева, когда пытался обидеть за то, что я поступал не так, как ему этого бы хотелось. А я воспринимал «местечкового еврея» просто как констатацию факта, потому что и сам видел, насколько я уступаю в общей культуре и ему, и большинству врачей больницы.

Прежде всего, вызывал немалое удивление казанцев мой винницкий выговор: «протягивание» слов, неправильные ударения. К сему добавлялись остатки тяжёлого заикания в детстве, нечёткое выговаривание буквы «р». И частое нарушение в беседах со старшими по возрасту и по положению принятого

этикета.
Я почти не знал новинок литературы, не был силён в классике.

За моё воспитание взялись дамы. Врачи нашего первого терапевтического отделения (терапевтических отделений было два, но я «базировался» как бы в ординаторской 1-го, не имея, правда, там ни стула, ни ящичка в письменном столе; единственное: выданный мне сестрой-хозяйкой медицинский халат я имел право оставлять в шкафу, стоящем в ординаторской этого отделения). Моими воспитателями, в первую очередь, стали Таисия Ивановна Шангина (лет на двенадцать-четырнадцать старше меня, коллаж 07.) и Ася Исаевна Аблова (примерно того же возраста). Таисия Ивановна жила вместе с матерью, своей семьи у неё не было. Ася Исаевна (коллаж 07.) была женой заведующего отделением грудной хирургии нашей больницы Абрама Овсеевича Лихтенштейна; у них была дочь-школьница.

Врачи отделения в складчину выписывали литературные журналы и давали их читать мне. Они посещали литературные концерты и «приказывали» мне делать то же самое. Я слышал «живьём», например, Роберта Рождественского, Эдуарда Асадова, великолепного актёра — мастера художественного слова Вячеслава Сомова... Я начал посещать театры. Оркестр Театра оперы и балета им. М. Джалиля в 1968-м году возглавил дирижёр Большого театра СССР Фуат Мансурович Мансуров (1928-2010). Двумя годами ранее в Казань на работу приехал крупнейший дирижёр Натан Григорьевич Рахлин (1906-1979), создал Государственный симфонический оркестр Татарской АССР, возглавил кафедру в консерватории. Помню приезд композитора Радиона Шедрина на исполнение означенным оркестром его «Кармен-сюиты». В новое здание филармонии попасть было нелегко, но наши врачи как-то билеты приобретали.
Не пропускал я и художественные выставки...

Когда сын пошёл в школу, я принялся покупать книжицы из «Школьной библиотеки» издательства «Детская литература». Внешне очень не привлекательные, напечатанные на сероватой, почти газетной бумаге (бумаге №2) они, тем не менее, *украшают* книжные полки моей кёльнской квартиры. Потому что для меня так много значат...
С сыном, картавившим в ранние детские годы, занимался логопедическими упражнениями и — заодно — искоренил до конца собственную картавость.

*

Фарида Рашидовна Нугманова, когда увидела, что по теме её диссертации я обладаю уже немалыми знаниями, нередко заводила со мной беседы не только о лучшем способе приготовления отвара высушенной капусты (стимулятора желудочной секреции) или о чём-то тому подобном, но и о судьбах татарской культуры в послереволюционное время. Её второй муж Мустафа Нугман (в то время он был Мустафой — забыл отчество, но, скорее всего, Нугмановичем — Нугмановым) преподавал в университете персидский язык, писал учебные пособия. Находил, для издания этих педагогических материалов, студентов, умевших красиво выписывать непривычные буквы языка фарси, платил им из собственного кармана. Во второй половине 60-х годов в Москве была издана в переводе на русский язык его поэма «Зори Кокушкино» (о первой ссылке Ленина).

[Об этой поэме сейчас и не упоминают. О селе Ленино-Кокушкино и о музее там — не знаю. К своему стыду, я - бывший комсомольский вожак ГИДУВа, о чём ещё будет сказано подробнее, в Кокушкино так и не побывал. Имел возможность не раз это сделать вместе с врачами-курсантами. Или воспользоваться любезностью лаборантки нашей кафедры Валентины Павловны Ефимовой, подрабатывающей экскурсоводом. Кстати, она рассказывала, как однажды её просто «добила» группа старых большевиков (их возили в Кокушкино в качестве поощрения за длительный партийный стаж), настойчиво интересующихся контактами молодого Ленина с... кокушкинскими большевиками. То, что большевики «возникли» через 15 лет после кокушкинских зорей Ленина, их нисколько не смущало.]

Однако остался Мустафа Нугман в памяти Татарстана, прежде всего, как поэт-песенник:
http://art16.ru/reportage/2012/12/10/mustafa-nugman-100-letie-so-dnya-rozhdeniya.
Ещё в сороковые годы зазвучали песни и романсы композитора и певицы Сары Садыковой (1906-1986) и молодого композитора и пианиста-исполнителя Рустема Яхина (1921-1993) на слова Мустафы Нугмана. Можно послушать часть этих произведений здесь: http://sarasadykova.ru/audio-cir.htm и uzofon.com/search/Рустем Яхин.

Жили поначалу супруги Нугмановы в коммунальной квартире (по случайности) вместе с моим приятелем-винничанином, юристом по образованию Григорием Исааковичем Шкурманом. Потом, с рождением сына Искандера (проживающего сейчас во Франции), они получили отдельную квартиру, в которой я у них бывал. О чете Нугмановых — ещё будет.

*

Ладно, пока закончим рассказ о «фоне». Перейдём к главному действу: я ведь поступил в аспирантуру и должен был, обязан был, причём в срок («Я Вас не подведу!», - почти клятвенно обещал я Николаю Ивановичу Вылегжанину, дерзнувшему зачислить меня в очную аспирантуру) подать к защите кандидатскую диссертацию. Но пока не было даже темы диссертации. А мой научный руководитель то был в Москве, то мотался по консультациям. Когда я однажды всё-таки «захватил» его в кабинете, он предложил мне заняться электрогастрографией. Аппарат, мол, совсем новый (подчеркнул он!) «ждёт меня» в кабинете функциональной диагностики. Заведующий кабинетом Юрий Матвеевич Красновский — был услужлив, всегда готовый помочь, но занимался только электрокардиографией и … ректо-романоскопией (такое комичное сочетание «полей деятельности»: сердце и прямая кишка). Охотно принял от меня Юрий Матвеевич приставку для записи баллистокардиографии (мне подарил её начальник терапевтического отделения винницкого военного госпиталя подполковник, кандидат медицинских наук Гриншпун), какое-то время даже записывал баллистокардиограммы, но потом вернулся к своему обычному репертуару (ЭКГ и РРС). В войну Юрий Матвеевич попал в плен, выжил, так как ему чудом удалось скрыть свою национальность, но был пленом и связанными с пребыванием в плену последующими проблемами навсегда сломлен. И, соответственно, консервативен.

Электрогастрограф, при расположении электродов на передней брюшной стенке пациента, исправно писал замысловатого вида кривые, отражая при этом как бы моторную функцию желудка. Но подобные кривые вырисовывал аппарат и при расположении окисляющихся на воздухе электродов … на стоящем рядом с аппаратом стуле. Я «обрадовал» моего научного руководителя этим «открытием», но О. С. не сдавался. Тут надо заметить, что сам электрогастрограф О. С. никогда в работе не видел и увидеть никакого желания не высказывал. Как и пламенный фотометр, о котором пойдёт речь далее. Его, кроме текстов, ничего не интересовало. Никакими инструментальными методиками он не владел и к этому никогда не стремился. И, вообще, к чему-то новому в исследованиях относился не то что негативно, а просто считал, что это — для других. Ему хватит его общей культуры, красноречия, связей, потому его место заведующего кафедрой останется за ним навсегда. Конкуренции на горизонте не видел. Особенно со стороны сотрудников кафедры. Собственно говоря, так оно и было. Кафедру он сдал по собственному желанию. С «наваром» даже. Но до этого — ещё около 10 лет...

Я узнал, что в Казани электрогастрографией занимается на кафедре хирургии, возглавляемой одним из ведущих профессоров ГИДУВа Юрием Александровичем Ратнером, М. Е. Фишер. Что по диагностике хирургической патологии желудка он уже подготовил кандидатскую диссертацию, в которой данные электрогастрографии занимали не последнее место.

М. Е. Фишера (его за внешность, необычную сдержанность, медленную речь, пр.) называли «маленьким Сигалом», подразумевая некоторое сходство с тогда ещё доцентом Михаилом Семёновичем (по паспорту, Мойше Зельмановичем) Сигалом. Забегая вперёд, скажу, что М. Е. Фишер, уехав в Минск, стал там в НИИ онкологии, да и во всей Белоруссии, не менее знаменитым и почитаемым профессором-онкологом, чем М. З. Сигал в Татарии.

Поговорив с Мишей Фишером и просмотрев записанные им кривые электрогастрограмм, я убедился, что аппарат выделывает «выкрутасы», позволяющие из длинной ленты записи вырезать для истории болезни любой, подходящий по виду, участок с той или иной «характерной» для изучаемого заболевания кривой. Стабильностью — важнейшим качеством для применения в научных исследованиях — электрогастрографические кривые у одного и того же больного во всё время записи как бы моторики желудка не отличались. Желудок пациента после пробного завтрака и электрогастрограммы были, как говорят, каждый сам по себе. Кривые НИЧЕГО не отражали.

О. С., тем не менее, не сдавался. И послал меня в Институт питания АМН СССР к физиологу профессору М. А. Собакину, занимавшемуся в экспериментах на собаках электрогастрографией и «пробившему» серийное производство электрогастрографов для улучшения, по его утверждению, диагностики патологии желудка и (даже) кишечника. М. А. Собакин, конечно, расхваливал методику и рекомендовал мне встретиться с клиницистом-доцентом А. С. Белоусовым, работавшим на кафедре терапии Центрального института усовершенствования врачей (на базе больницы им. С. П. Боткина), возглавляемой известным всем медикам страны профессором Борисом Евгеньевичем Вотчалом. А. С. Белоусов, не тратя на меня много времени, после кратких объяснений посоветовал «выбросить электрогастрограф на помойку» (это — цитата).

Оставлю в стороне сетования о бреше в семейном бюджете, вызванной этой поездкой, о мытарствах с ночлегом в Москве... Прошло уже два месяца, а у меня ни темы, ни плана диссертации всё ещё нет...

Забегая вперёд (я буду и дальше делать это часто), отмечу, что данные по электрогастрографии всё же вошли небольшим разделом в диссертацию. То ли я хотел этим угодить О. С., то ли просто приукрасить работу использованием нового многообещающего (?) метода исследования желудка — не помню уже.

Когда впервые зашла речь о теме диссертации, я предложил О. С. свой вариант. Дело в том, что знакомясь в Харьковской медицинской библиотеке с литературой по теме реферата, который должен был быть отослан мною в ГИДУВ, я обнаружил несколько публикаций польского доктора наук из Лодзи Казимира Бояновича. К. Боянович считал ответственным за возникновение и хронизацию гастро-дуоденальных язв недостаточную функцию у больных той части коры надпочечников, которая продуцировала минералокортикоиды. Исходя из этой концепции, для лечения больных с гастро-дуоденальными язвами К. Боянович рекомендовал минералокортикоидный гормон дезоксикорткостерон-ацетат (ДОКА). Эти исследования, говорил я О. С., будут хорошим дополнением к исследованиям Фариды Рашидовны, касающихся влияния глюкокортикоидов на секреторную функцию желудка. О. С. мою идею не поддержал — и я не напирал... до моего возвращения из Москвы.

Рассказав о моих беседах в Москве, я снова завёл речь о минералокортикоидах. Причём в этот раз уже с конкретными намётками не только общей темы, но и плана диссертации. О. С., как всегда, куда-то спешил — и согласился. Так родилось НАПРАВЛЕНИЕ научных исследований кафедры. Потому что далее были подключены щитовидная и паращитовидные железы, половые железы (у женщин). Была издана книга «Эндокринная система и желудок» - кафедра получила всесоюзную известность.

*

Идея с минералокортикоидами родилась у меня не только потому, что для СССР это могло быть, как говорят на Западе, пионерским исследованием (новизной, новаторством). Я знал: кафедра ранее приобрела пламенный фотометр (для чего только?), которым ещё никто не пользовался. Определение минерального состава крови и мочи с помощью пламенного фотометра было как раз необходимо при изучении минералокортикоидной функции коры надпочечников, при использовании дезоксикортикостерона-ацетата (ДОКА) в экспериментах и в клинике.

Мне удалось добыть недостающие компрессор и баллон с газом (опускаю подробности этих непростых для меня, не имеющего никаких связей, приобретений). Можно было приступать к монтажу установки. Но — где? В лабораторию больницы меня с газовым баллоном не пускали, кафедра свободных помещений не имела. Профессор разводил беспомощно руками.

И тут произошло событие, которое повлияло на моё отношение к Рагибу Ибрагимовичу Хамидуллину в течение всего моего пребывания в Казани. Узнав о сложившейся для аспиранта безвыходной ситуации, он открыл ключом маленькую учебную комнату на шестом этаже, в которой занимался с курсантами, и сказал: «Соломон, после окончания занятий (то есть, с трёх часов дня) комната — в твоём распоряжении!» И разрешил там, хотя места свободного не было, установить пламенный фотометр. Я не верил своим ушам...

Через много лет, когда Р. И. получил вроде бы полагавшуюся мне кафедру, когда, дабы избавиться от в какой-то степени неуютного для него моего присутствия в клинике, не брезговал ничем, включая сочинение «телеги» на меня в КГБ, я его благородство начала 1964-го года всё ещё помнил. И ни разу его не упрекнул «телегой», ни разу не «зарывался» с ним. До сих пор не пойму, почему именно с ним был я таким. Другим я воздавал по заслугам.

Конечно, я и тут в чём-то оставался верен себе. Где-то ещё за год до моего отъезда из Казани я раздобыл бланк Омского медицинского института и напечатал на нём «письмо мне от тамошнего ректора». В поддельном письме ректор сообщал, что я прошёл по конкурсу на должность заведующего кафедрой, что институт принимает меры для выделения мне квартиры. При наличии таковой я смогу приехать. Мало похоже на правду (которой тут совсем не было), но Р. И. этому письму поверил и более ни «телег» на меня не писал, ни других «радикальных» мер по выдворению меня из института не предпринимал. Обстановка разрядилась (для него), но, увы, не для меня, не находящего нигде места заведующего кафедрой.

*

Когда пламенный фотометр заработал, когда набор материала для диссертации понёсся с невообразимой скоростью, о моих играх с газом в неподходящем для этого помещении узнал главный врач больницы. Посещая вечером больницу (он делал это довольно часто) и проходя мимо учебной комнаты Р. И. Хамидуллина, он услышал пыхтение компрессора. Постучал в запертую изнутри дверь. Мне пришлось его впустить. Реакция главного врача была, чего кривить душой, вполне естественной: немедленно прекратить! Рядом с палатами для больных, не соблюдая никаких противопожарных мер, и так далее... Не могу вспомнить, как всё удалось уладить — и пыхтение компрессора в вечернее время было слышно ещё много месяцев.

Главный врач больницы Владислав Георгиевич Колчин был молод, высок, сухощав и внешне производил во всегда хорошо накрахмаленных свежих халате и шапочке вполне приятное впечатление. Единственное, что обращало внимание: всегда повёрнутая одним ухом в сторону собеседника голова. Он был, я думаю, на одну сторону тугоух. Держался В. Г. с персоналом строго официально, но, конечно, имел среди врачей друзей. Первым из них был уже упоминавшийся уролог Султан Мухамедович Муталибов (коллаж 07.), лезгин, когда-то приехавший из далёкого Дагестана в Казань для усовершенствования по хирургии. Влюбился, женился — и остался в Казани до конца жизни.

Во всех больницах, бывших базами институтов, тлело, временами разгораясь и пылая так, что приходилось как минимум райкомам партии вмешиваться, противостояние между руководством кафедр и больниц. Железнодорожная больница в этом отношении не была исключением, хотя хирургическая кафедра, в отличие от нашей, имела лучший контакт с главным врачом-хирургом. В. Г. старался не находиться в этом противостоянии на передовых позициях, его командный пункт располагался за первой линией обороны. На линию огня он посылал Киру Владимировну Соколову (коллаж 07.) - свою заместительницу по лечебной работе, патологоанатома по специальности. Причин для противостояния было немало: помещения, направление на госпитализацию «не застрахованных» (то есть, не железнодорожников), законный (по существовавшему тогда положению) отказ ассистентов кафедры дежурить в выходные и праздничные дни, прочее. Но, по сути, больничные врачи считали несправедливым, что «институтские» получали минимум в два раза больше них.

В моём случае, думаю, главный врач не хотел наживать себе «врагов» (первым делом — О. С.), так как начал тоже набирать материал для диссертации. Научным руководителем у него был заведующий кафедрой инфекционных болезней профессор Александр Ефимович Резник (1916-1979). Какая связь тут с хирургией, которой в свободное от руководства больницей время занимался В. Г. Колчин? Никакой. Просто на кафедре А. Е. Резника изучали окислительно-восстановительные процессы при инфекциях, методики исследований были хорошо налажены. А больничной лабораторией заведовала супруга уважаемого профессора. Так что изучать окислительно-восстановительные процессы у хирургических больных, как говорится, Владиславу Георгиевичу сам бог велел. И диссертация получилась не хуже, чем у других: В. Г. был усидчивым и старательным.

На 1-й кафедре терапии, у профессора Л. М. Рахлина положение было иное. ГИДУВская клиника лишь формально подчинялась горздравотделу. В институте был свой главный врач, тоже Владислав, но Леонидович, Пинягин, подчинявшийся непосредственно ректору института. У заведующей терапевтическим отделением Зари Хайрутдиновны Валеевой — весьма энергичной и темпераментной женщины — муж был долгое время секретарём Татарского обкома КПСС (1966-1984 г. г.) . Посему чувствовала она себя «защищённой», могла пожурить молодых врачей-ординаторов, но, наверное, не более. А сотрудники кафедры находились под крылом самого' Рахлина. К тому же, главный врач институтских клиник В. Л. Пинягин был руководителем, скажем так, не стремящимся к конфликтам. Тут у меня больше предположений — я ведь в клинике Л. М. Рахлина бывал редко.

Это постоянное напряжение в отношениях между руководством больницы и кафедры проявлялось буквально во всём. Например, к моему появлению на кафедре существовала она на базе больницы уже шесть лет. Но у входа в больницу висела только вывеска с названием больницы: на столбе, разделяющем ворота и калитку. Не было вывесок (досок) с названиями ни нашей кафедры, ни кафедры хирургии.

Склонный к «наведению порядка», я обратил внимание О. С. на отсутствие вывески кафедры. Он посмотрел на меня странным взглядом. В нём было удивление («он заметил, но почему ранее — никто из нас?»), и ещё раз удивление («на что' внимание обращает?!»), и, наконец, полностью обескуражившее его удивление («о чём он думает, вместо диссертации??!!»).

Но я решил восстановить «справедливость» и начал что-то твердить о реноме кафедры (и её руководителя). В результате — получил «добро», заказал вывеску, приволок её в больницу.
Однако руководство «Дорожной больницы №2 ст. Казань, Горьковской железной дороги» не позволило прикрепить доску с названием кафедры ниже своей вывески — только на другом столбе ограды, в стороне от входа. Так и висела она

там, никем из входящих в больничные ворота не замечаемая...

*

Остаёмся на время в этой клинике, куда я пришёл поучиться у Игоря Арлеевского работе с пламенным фотометром. Времени у меня — в обрез. Надо ещё столько обегать в этот день. Выкроил часик на учёбу у Игоря, у которого пламенный фотометр уже давно в ходу. Ему профессор помогал и даже, подчеркнул Игорь, из своего кармана заплатил рабочим за монтаж установки.
Аспирант Леопольда Матвеевича не спешит: нарочито тщательно и медленно разводит материал для фотометрии. Десятки пробирок. Когда наступает время включать компрессор и зажигать фотометр, заявляет: «Сейчас у меня перерыв на обед, потом я должен отдохнуть; приходи часа через два.» Я готов был его самого распылить над пламенем фотометра, но он был аспирантом, использую повторно это словосочетание, «самого' Рахлина», то есть, для меня — неприкосновенным. Отмщение пришло позже, причём дважды.

Второй раз (я — сначала об этом отмщении), по-моему, осенью 1964-го года. Игорь Арлеевский, Изя Трийгер и я сидим на защите докторской диссертации проректора медицинского института по научной работе доцента Валентина Ефимовича Анисимова. Тема: что-то по атеросклерозу. Тема кандидатской Арлеевского: натрий, калий, микроэлементы при атеросклерозе. О микроэлементах осмотрительный Игорь особо не распространялся. Во-первых, эти исследования ему выполняли в закрытой лаборатории на заводе в Дербышках (благодаря связям Леопольда Матвеевича). Во-вторых, кто знает: может мы украдём у него эту идею? Так что, то ли медь, цинк, кадмий, золото, то ли молибден, серебро, вольфрам, иридий или ещё что-то ищет он в крови склеротиков — секрет. Но общую тему-то я знал.

Сидим, слушаем выступление Анисимова. Я — с одно края, Арлеевский — с другого, между нами — Трийгер. Меня исследования Анисимова не интересуют. Любопытен сам процесс защиты: когда-то и мне придётся вот так париться на сцене перед большой аудиторией. Временами заглядываю в книжицу «Английский юмор». Улучшаю свой английский. Арлеевский несколько раз спрашивает меня, какую книжку я читаю. Отвечаю, что ему она не интересна: это, мол, сборник статей по микроэлементам при атеросклерозе. Стул под Арлеевским начинает нагреваться. Его просьбы взглянуть на книгу становятся всё настойчивей. Наконец, сжалившись, закрываю книгу, обёрнутую в самодельную защитную обложку, и передаю её через Изю Игорю. Тот открывает книгу и видит карикатуру: на скамейке — целующаяся парочка, с запрокинутой головы мужчины, обнажая лысину, слетает фуражка.

Английского Арлеевский не знал, но сразу всё понял. И, отшвырнув книгу, издал вопль, наградив меня нелестным словом. Кому оно предназначалось, аудитория не поняла. Но на Арлеевского все оглянулись. Он тут же покинул аудиторию. Пожаловаться на меня было формально не за что ни в партком, ни в профком, ни даже в кассу взаимопомощи, а то бы он это сделал. Посему — только своему научному руководителю. Но Л. М. Рахлин и без этой дополнительной информации уже хорошо знал, кого О. С. Радбиль вынужден был терпеть на своей кафедре.

Ранее, весной того же года мы встретились с Арлеевским в научной библиотеке медицинского института, куда Игорь ходил довольно редко. Поговорили о том, о сём. Причём мы были ещё «на вы». Игорь, как и я, не имел привычку всем, кто моложе его, «тыкать». Он, вообще, был весьма вежлив. Чрезмерно вежлив. Я понимаю, что читателю трудно будет себе представить, как Арлеевский всегда вставал (если сидел), упоминая имя-отчество ректора, никогда, впрочем, не называя доцента Хамзу Закировича Ахунзянова (за глаза!) просто «ректор» (он им был в 1962-1968 г. г.). Потом, когда мы с Игорем стали несколько ближе, когда он уже работал ассистентом, случалось, что он не вставал, говоря о новом ректоре — профессоре Ireke Махмудовиче Рахматуллине (ректор в 1968-1978 г. г.). В этот момент я напоминал ему о необходимости встать... Игорь как бы полностью игнорировал мою «шпильку», но всё же было заметно, что он сердится.

Вернёмся в библиотеку. Игоря больше всего интересовали мои диссертационные дела, но я поначалу уходил от ответа на вопрос. А потом, как бы проговорившись, сообщил, что на днях отнёс профессору уже написанную диссертацию на проверку (шёл ПЕРВЫЙ год нашего пребывания в аспирантуре!). Арлеевский тут же в спешке покинул библиотеку, а на следующее утро я впервые получил взбучку от Радбиля. Оказывается, Арлеевский сообщил потрясшую его новость Рахлину, тот перезвонил Радбилю...

*

О. С. вообще-то был не очень в курсе моих диссертационных дел. Когда я слышал от других, что на той или иной кафедре аспиранты регулярно отчитываются о проделанной работе (некоторые — еженедельно!), я не верил своим ушам. Потом понял, что у Радбиля свой стиль «неработы». Сами себе представлены были не только клинические ординаторы (связь с профессором осуществлялась лишь через посещение его лекций), но и ассистенты (учебные и научные дела). Доцент кафедры — Ашраф Закировна Давлеткильдеева (коллажи 01. и 02.) тоже была далека от общекафедральных забот. О. С. ей ничего, собственно говоря, серьёзного не поручал, понимая, что ничего толкового из этого не выйдет.

Немного отвлекусь от темы, чтобы потом вернуться к ней.
В каком-то — уже не помню — году вхожу я в учебную комнату, чтобы начать занятия на второй «паре». Первой «парой» была лекция О. С. Курсанты в один голос сообщают: только что заходила медсестра и просила их мне передать, что меня срочно требует к себе профессор. Я тут же разворачиваюсь и мчусь с пятого этажа на шестой. Уже на лестнице я вспомнил, что день-то особый — 1-е апреля.

Вообще-то, хорошо помнил я только дни недели, так как с каждым из них у меня были связаны еженедельно повторяющиеся события: посещение библиотеки, того или иного вивария, санатория «Казанский», и так далее. Числа же месяца имели для меня второстепенное значение.

Правда, ещё во время поездки на работу, углубившись в мысли о делах текущего дня, я краем уха слышал затасканные первоапрельские шутки, но как-то это не осознал. Там, на больничной лестнице всплыли они, однако, в памяти. Я притормозил в пролёте между этажами и, уже поняв положение, в которое влип, начал раздумывать.
Прежде всего, я «напомнил себе», что никогда О. С. меня «срочно» не искал. Если ему надо было что-то мне сообщить в тот же день, то он делал это перед лекцией или в перерыве между половинками таковой. А после лекции он всегда спешил покинуть больницу.
Потом я обмозговал варианты «реванша» за моё простодушное заглатывание крючка с такой явно неправдоподобной наживкой. Далее, для полной убеждённости в моих сомнениях, зашёл в ординаторскую, прошёлся по сестринским постам, показался старшей сестре — никто не спрашивал у меня, или я уже был у профессора. Всё стало ясно. И времени прошло достаточно — можно было возвращаться в учебную комнату.

Ну почему я не играю в покер: изменять выражение лица в нужном направлении мне удаётся до сих пор?! В тот раз моё лицо выражало полную растерянность, непонимание, озабоченность, боязнь... (А врачи-курсанты, предполагаю, ожидали

увидеть снисходительно улыбающегося преподавателя). Не дав им возможность как-то отреагировать, с порога начинаю: «И чего-это ему пришло в голову это делать сегодня? Без предупреждения! Придёт через пять минут — зачёт по заболеваниям органов дыхания...» Курсанты молча разинули рты, моё как бы волнение передалось им, но уже без «как бы». Пошли жалобы: мы не знали... мы не готовились... мы ведь сейчас проходим совсем другую тему... И, в завершении этого нытья, кто-то более смелый виновато протянул: «мы пошути-и-или...».
Я как бы зло блеснув на него глазами, мгновенно смяк и с той же интонацией почти пропел: «и я пошути-и-ил...».

Конечно, хохот был неимоверный, напряжение тут же спало. Моя победа была неоспоримой (хотя — я-то это знал — не совсем такой уж бесспорной). И всё же, врачи-курсанты, в отличие от меня, «клюнули» на а б с о л ю т н о нереальную наживку.

О том, что происходило в учебных комнатах, О. С. не имел ни малейшего представления. Никогда он не бывал в группах, никогда не принимал никакие зачёты. Никогда он не присутствовал и на лекциях своих доцентов. Словом, учебный процесс был заведующим кафедрой пущен, можно сказать, на самотёк.

Один раз на кафедре ожидали какую-то комиссию из Москвы. Как раз - по учебным вопросам. Но О. С. не мог сидеть и ждать кого-то, когда «маячили» где-то консультации. Неожиданно для меня — ещё аспиранта, но уже хорошо знавшего «расстановку сил» на кафедре, он просит позвать А. З. и «назначает» её главой встречающих комиссию. А. З. вышла из кабинета профессора гордая тем, что ей доверено такое ответственное дело. Я схватился за голову: «Комиссия из Москвы, то есть, из Минздрава СССР! Как можно так легкомысленно к этому относиться?!». О. С. посмотрел на меня с какой-то жалостью («*Так* ничего не понимать!») и сказал (подчёркиваю, он не был циником): «В комиссии, уверяю Вас — ещё большие дураки...». И тут же умотал по свои делам... А когда явилась, в сопровождении кого-то из деканата, комиссия и начала задавать сотрудникам кафедры идиотские вопросы, мне стало ясно, что О. С. как в воду глядел...

Участница войны, член партии, татарка — Ашраф Закировна (коллаж 37.) была ученицей Л. М. Рахлина. Защитив диссертацию по внутривенной холецистографии, она стала как бы гастроэнтерологом (кафедра терапии №1 имела кардиологический уклон). И поэтому с созданием кафедры терапии №2 была придана О. С. Радбилю, чьи научные интересы лежали в сфере болезней органов пищеварения. Научными исследованиями А. З. более никогда не

занималась. Читала весьма уныло лекции по заболеваниям печени и желчевыводящих путей, не забывая каждый раз уверять врачей-курсантов, что преподносит им «новейшие данные мировой науки». На обходах её «коньком» был обмен репликами с больными, говорящими по-татарски, на их родном языке. Она, кстати, была, возможно, единственной на кафедре, владеющей татарским как родным языком.
Р. И. Хамидуллин был из пермяков — и в татарском, как мне представлялось, силён не был. Фариду Рашидовну, говорящую по-татарски, я тоже вроде бы никогда не слышал. Хотя не могу себе представить, что с таким мужем — татарским поэтом — она татарским языком не владела.

По натуре Ашраф Закировна была незлоблива, почти никогда не выходила из себя. Во время совместных с врачами больницы посиделок, после рюмочки-другой вина могла закурить, рассказать какой-нибудь эпизод из её военной жизни. В другое время сидела и просматривала молча медицинскую литературу. Война искорежила её жизнь: она не смогла создать семью и единственной её отрадой была милая племянница — дочь брата.

Ашраф Закировна понимала, что до достижения ею пенсионного возраста её никто не тронет. И О. С. понимал, что его доцент — доцент его навсегда. И они весьма мирно сосуществовали в совершенно разных кафедральных сферах. Его это даже устраивало: никакой конкуренции. А Ашраф Закировна всегда добавляла, что пенсионный возраст будет иметь значение для ухода её на заслуженный отдых только после того, как она получит благоустроенную квартиру. Наконец, все условия были соблюдены — и А. З. с букетом цветов и подарком от месткома покинула ГИДУВ. Поселила А. З. у себя милую племянницу — жить бы да поживать! Но подкосил её инфаркт: пребывание на фронте, неустроенная личная жизнь, папиросы — так называемых «факторов риска» коронарной болезни у неё хватало. Лежала после инфаркта миокарда А. З. в железнодорожной больнице, в единственной маленькой палате. Я, дежуривший довольно часто, подолгу беседовал с ней о войне, о ветеранах ГИДУВа. Она, не избалованная жизнью, искала общения. А мне просто было интересно услышать что-то из уст очевидца событий.

*

Нить своего повествования я не потерял, поэтому возвращаемся в кабинет О. С. Радбиля, задающего мне головомойку. Тогда-то и заклеймил он меня первый раз «местечковым евреем». Справедливо, повторяю. Незадолго перед тем я вылез на трибуну заседания терапевтического общества и поучал кого-то, ссылаясь на недавно вышедшую книгу — как я дополнил, решив показать своё знание иностранной медицинской литературы: «переведенную с австрийского» (автор был из Вены, но австрийского языка-то нет!). В тот раз О. С. просто съязвил по поводу моего филологического «открытия», не более того. В случае же с якобы подготовленной в течение года диссертацией было по-иному. То ли Рахлин ему «выдал» — и он «делил» это со мной, то ли был он в тот день не в духе — и решил на мне разрядиться.

Вообще же О. С., как я уже упоминал, был по происхождению киевлянином и, полагаю, соскучился по тамошнему юмору. [Через несколько месяцев после опубликования этих воспоминаний, во время поиска материалов о дореволюционной Виннице - городе моего рождения - я наткнулся на материалы, которые дают мне основание утверждать, что отец О. С. - Самуил Радбиль тоже был родом из Винницы!] От других сотрудников кафедры киевского «жарту» (шуток) ожидать не приходилось... Поэтому он прощал мне многие «подколки». Ну, например, такую.

После окончания цикла усовершенствования курсанты часто устраивали в ресторане банкет, на который приглашали преподавателей кафедры. Всегда дарили ассистентам, доценту и профессору подарки. Одним из таких подарков Оскару Самойловичу был довольно большой бюст Ленина из матированной стали (по идее: ГИДУВ-то имени В. И. Ленина). На одной из сторон четырёхгранного цоколя бюста было выгравировано «Коллективу кафедры терапии №2 от...». О. С. дотащил этот бюст Ленина от аудитории, где проходило расставание с курсантами, до своего кабинета (метров двадцать пять) и с облегчением опустил его на письменный стол, на котором стоял пластмассовый письменный прибор (тоже — подарок от врачей-курсантов). И более — ничего, если не считать стекла, под который я подкладывал ему фотографии, самодельные фотоколлажи и тому подобное. Чаще всего, он их не замечал. Или не хотел воспринять заложенный в них (под)смысл (а я рассчитывал... - коллаж 32.).

А пока возвратимся к бюсту Ленина серебристо-матового цвета. Гравировка была неглубокой, посему я без особого труда зашлифовал «Коллективу» и вместо этого нацарапал «Аспиранту». Недели две презент «Аспиранту кафедры...» стоял перед лицом О. С., но тот изменённого адресата не замечал. Тогда я, после одного из разговоров с О. С, как бы между прочим, заметил: «Бюст я могу уже забрать?». О. С. окинул меня недоумевающим взглядом. «Ведь это же подарок мне!» —

объяснял я ему словно ребёнку. О. С. сдвинул очки на лоб, развернул бюст — гравировкой на цоколе — к себе, прочитал выцарапанное мной — конечно, отличающееся по исполнению от остальной надписи — слово и, не зная, как на это внешне реагировать (надеюсь, что в душе он улыбнулся), махнул рукой. Мол, детские выходки. Правда, так безобидно для меня кончалось не всегда, особенно в последние годы пребывания О. С. в Казани.

Но случались ситуации, когда О. С. даже терял дар речи.
Так как мой винницкий приятель (бывший сосед четы Нугмановых) работал на комбинате ОРГСИНТЕЗ, то довольно часто приходили оттуда на консультацию его друзья по службе. Среди них был молодой инженер, что-то познававший, по заданию завода, в течение нескольких месяцев в Японии. Как и все советские граждане, находившиеся в загранкомандировках, он весьма сдержанно тратился на еду, чтобы скопить валюту на покупку чего-то особенного (к примеру, магнитофончика). Ещё в Японии у него возникли проблемы с пищеварением, советы врача советского посольства не очень помогли. Единственное, что успокаивало боли — порошок, продававшийся в Японии в небольших пакетиках (у нас тогда продавали в подобной упаковке шампунь на одну «головомойку»). Вскрыл пакетик, высыпал его содержимое в рот, запил несколькими глотками воды — и боль на какое-то время проходила. Такой пакетик он мне принёс показать, сообщив, что у него осталось их всего два. Не вспомню состав этого порошка, но, скорее всего, основным ингредиентом его было связывающее соляную кислоту желудочного сока вещество. Я забрал у пациента и второй пакетик, объяснив ему, что всё дело — в несвоевременном желчеотделении (дискинезии), которую мы ликвидируем «в два счёта». Так оно, по сообщению моего приятеля из ОРГСИНТЕЗА, и произошло. А пакетики остались лежать в моём портфеле, ожидая «подходящего случая».

Спустя какое-то время, на заседании терапевтического общества кто-то из désinститутских докладывал о прогрессе в гастроэнтерологии. И упомянул как раз о выше описанном методе лечения в Японии. Порошки, мол, действуют быстро, локально (там, где источник болей, изжоги, пр.), не то, что таблетки.
В обсуждении доклада я выразил удивление тому, что докладчик считает этот метод новым: в нашей клинике используют его уже ряд лет. И жестом иллюзиониста вынул я из верхнего (для галстучных платочков) карманчика пиджака предварительно вложенные туда два мешочка с японским средством.
Докладчик оторопел, робко попросил дать ему рассмотреть эти мешочки.
«Берите насовсем», — я был великодушен — «у нас этого добра хватает».
Аудитория зашумела: никто и не представлял, как далеко вперёд клиника

профессора Радбиля оторвалась от других. А сам профессор потерял дар речи. Такими вот «разгрузками» я предотвращал у себя развитие инфаркта...

*

А моя диссертация? Она уже неслась на всех парусах. Я исследовал у больных натрий и калий в крови, желудочном соке и в слюне (последнее — как один из косвенных показателей минералокортикоидной функции коры надпочечников). Другим показателем являлись результаты так называемой водной пробы Робинсона-Пауера-Кеплера: звучит-то как (!), а на самом деле — никаких сложных исследований, кроме определения хлоридов и мочевины в плазме крови и в моче, но зато больные вынуждены были в течении 45 минут выпивать по 20 мл воды на килограмм веса. И, наконец — проба с нагрузкой калием. Кроме того, проводилось лечение страдающих язвенной болезнью дезоксикортикостероном-ацетатом. Об экспериментальных исследованиях — отдельно. О. С. знал об этом весьма приблизительно, что меня даже устраивало, так как глубоко вникать в мою концепцию он, по причине постоянной спешки, всё равно бы не стал, и его советы могли бы быть неверными. Игнорировать же их и потом оправдываться за это перед О. С. было бы неприятным действом (для нас обоих).

Я понимаю, что многие читатели уже давно решили, что я нахал, не уважающий память о своём учителе, что я бахвалюсь, прочее. Однако опыт ВСЕХ других аспирантов (учеников) О. С. показывал, что их ожидание советов от научного руководителя профессора Радбиля затягивало выполнение диссертаций на долгие годы. Я не читал кандидатскую диссертацию самого О. С. Радбиля. Но с докторской его я однажды в Центральной медицинской библиотеке решил ознакомиться. Тогда же я обнаружил, что он её защищал дважды, ибо в первый раз диссертацию не утвердила Высшая аттестационная комиссия (ВАК) СССР. О. С. изучал сочетание язвенной болезни с другими заболеваниями. Много (безосновательно) рассуждал о взаимосвязях. Статистическая обработка материала была примитивной...

Пару слов о статистике. Помню, ещё во время студенческих лет слышал от профессора Б. С. Шкляра (о нём подробно — в «Моей Виннице»), что иностранные учёные-медики не цитируют работы советских авторов, так в этих работах, из-за отсутствия статистической обработки материала, выводы голословны. Постепенно, как раз в середине 60-х годов, наши медицинские журналы начали отказываться от публикации работ, в которых отсутствовала статистическая (математическая) обработка материала. В ГИДУВ приезжал из

Москвы профессор из ЦОЛИУв (Центрального ордена Ленина института усовершенствования врачей Министерства здравоохранения СССР) и прочитал для преподавателей лекцию о статистической обработке материалов медицинских исследований. [Фамилию этого пожилого профессора с академической бородкой я долго не мог вспомнить. Однако в конце июля 2014-го года, уже после подписания этой книги в печать, всё-таки нашел в интернете материалы о нём. Аркадий Михайлович Мерков (1899-1971), окончивший в 1923 г. Харьковский медицинский институт, в 1924-1929 г. г. заведовал Винницким окружным отделом здравоохранения.] Я, прослушав лекцию проф. А. М. Меркова, ничего не понял. Н. И. Вылегжанин уверял меня, что он понял всё. В ГИДУВе открыли специальный кабинет на кафедре эпидемиологии, где стояли поначалу простые арифмометры (!) и оказывалась некоторая техническая помощь в обработке материалов.

Постепенно я познавал азы математической статистики — без неё было уже нельзя. На одной из кафедр биологического факультета Казанского университета (как и для чего я туда попал?) выяснил у тамошнего аспиранта из Дагестана, что его по статистическим методам натаскивает заведующий кафедрой, которому за семьдесят! Ободрённый таким примером, предложил О. С. с ним позаниматься, чтобы хотя бы ввести в курс дела. Он отказался раз, другой — больше не предлагал. Так и не знал он ничего, кроме процентов...

Я осмелюсь заявить, что в целом он был так настроен на переезд в Москву (особенно, после смерти матери), что ни кафедральные, ни институтские, ни казанские дела его не особо «колыхали». Только самое необходимое: консультации высокопоставленных лиц и всё, связанное с приобретением «Волги». Раньше у него была «Победа» («с занавесочками», как не забывали дополнять ревнивые дамы, которых он за занавесочками не скрывал, в отличие от дам иных) … Я сначала поразился, что он мне доверил такое важное дело: представлять его на заседании какой-то важной комиссии по борьбе с алкоголизмом. Случилось это буквально в первые месяцы моего пребывания на кафедре. А потом я понял, что всё, касающееся так называемой общественной деятельности, было не для него. Лучше он в эти часы где-то что-то заработает консультациями. Или просто проведёт время в своё удовольствие.

*

«Ну, что Вы за своего учителя взялись?» - не перестаёте удивляться-возмущаться Вы, мой читатель. А как прикажете оценивать направление «зелёного» аспиранта

на комиссию, состоящую из профессоров и доцентов. Заседание состоялось в здании психиатрической больницы на ул. Волкова. Возглавлял комиссию профессор Михаил Петрович Андреев (заведовавший кафедрой психиатрии в медицинском институте 35 лет, в 1932-1967 г. г.!) - главный психиатр Минздрава Татарии. Рядом с ним сидел ветеран ГИДУВа, заведующий кафедрой неврологии профессор Иосиф Иосифович Русецкий (заведовал кафедрой в 1930-1964 г. г.). И так далее. Как я себя чувствовал, как я ничего не понимал (они называли фамилии, И. О. лиц, о которых я даже не слышал), как поминал я про себя при этом О. С. «незлым, тихим словом» (Тарас Шевченко). И
М. П. Андреев, и особенно И. И. Русецкий были уже «в закате». Но я их, по крайней мере, видел и слышал. Как и многих других «столпов» ГИДУВа (конечно, и мединститута — тоже, но я вспоминаю преимущественно о ГИДУВцах).

Коротко — о них, но перед этим несколько, объясняющих дальнейший текст, слов. В некие времена ГИДУВ, созданный в 1920-м году, называли, в шутку или со злобы — кто как, «жидув». Посудите сами.

Первые десять лет (1920-1930) ректором ГИДУВа был профессор-терапевт Роман Альбертович Лурия (1874-1944). Р. А. Лурия был единственным ИЗБРАННЫМ ректором, все остальные ректоры были НАЗНАЧЕНЫ. Р. А. переехал затем в Москву, где организовал Центральный институт усовершенствования врачей.

[Помню, что на празднование 100-летия со дня рождения Р. А. Лурия (Лурии?) в Казань приезжала его дочь Лидия Романовна (1908-1991). Заседание памяти Р. А. Лурия (Лурии?) проходило в той же аудитории (кафедры терапии №1), где он многие годы читал лекции врачам-курсантам, вёл собрания сотрудников, пр. Я, что скрывать, очень хотел выступить с докладом о развитии идей Р. А. Лурия (Лурии?) в современной медицине (даже набросал тезисы), но от кафедры получил возможность выступить только доц. Р. И. Хамидуллин, не вызвавший своим докладом, мягко говоря, восторга у аудитории.]

Вторым и четвёртым (по очереди) ректором ГИДУВа был профессор Моисей Израилевич Аксянцев (1897-1965): в 1930-1932 г. г., за чем последовала длительная научная командировка за рубеж, и в 1933-1937 г. г.

[В 1937 г., как мне кажется, именно эта заграничная командировка послужила поводом репрессий против М. И. Аксянцева. Вскоре после окончания войны его выпустили из ссылки, а потом снова засадили за решётку. Все эти годы семье М.

И. Аксянцева, как мне рассказывал
О. С. Радбиль, помогал находившийся в родстве с М. И. Аксянцевым профессор-терапевт Залман Израилевич Малкин (1897-1980). Оба они были родом из Белоруссии. З. И. Малкин заведовал кафедрой в медицинском институте с 1932 по 1969 г. г. и был весьма крупным авторитетом, возможно, не уступая ни в чём Л. М. Рахлину.

Цитирую:
«В 1937 г. в ряду первых жертв по «изобличению скрытых троцкистов» М. И. был освобожден от работы, исключен из партии (в рядах которой был с 1919 г.), арестован, обвинен в троцкизме - 58 статья и лишение свободы на 10 лет с поражением в правах на 5 лет. Что было в течение этих 10 лет – неизвестно. В его трудовой книжке есть только одна запись – «1946-1947г.г. – заведующий терапевтическим отделением больницы Индигирского горно-промышленного управления (Хабаровский край)».
После возвращения в Казань М. И. работает в Казанском НИИ травматологии и ортопедии (КНИИТО) под руководством профессора Л. И. Шулутко. В 1949 г. он был вновь освобожден от работы без объяснения причин и сослан в Красноярский край, где в течение 5 лет заведовал терапевтическим и туберкулезным отделениями райбольницы Соврудника поселка Северо-Енисейск. В 1954 г. М. И. был полностью реабилитирован и приказом МЗ СССР направлен научным работником в КНИИТО, где работал до конца жизни; с 1962 г. – руководителем отдела патофизиологии.»
(http://kgmu.kcn.ru/ubi/index.php?option=com_content&view=article&id=48:aksyancev&catid=6:uface&Itemid=45)
Так как в выше указанном отделе занимались экспериментами по изучению действия минералокортикоидов, О. С. посоветовал мне встретиться с М. И. Аксянцевым. Не помню, о чём мы беседовали. Зная о предшествующих страданиях профессора, я — это помнится — так и не смог найти верный тон в нашем разговоре о возможных механизмах действия минералокортикоидного препарата ДОКА.]

Третьим ректором (во время загранкомандировки проф. М. И. Аксянцева) был Ария Яковлевич Плещицер (1932-1933).

Пятым ректором ГИДУВа в 1937-1938 г. г. был профессор Борис Соломонович Гинзбург (1895-1974). Я его видел только на улице (кто-то объяснил, с кем мы случайно встретились). Но хорошо знал его дочь — Ольгу Борисовну Святкину. Мать её — профессор Клавдия Андреевна Святкина (1912-1990) была педиатром

— и Ольга пошла по специальности матери (мать значится в Чувашской энциклопедии, что связано либо с местом её рождения - Алатырь, либо с национальностью, а, возможно, с тем и другим). Позднее О. Б. - весьма пикантная молодая женщина (на пару лет старше меня) переехала в Москву.

Шестым и восьмым ректором ГИДУВа в 1939-1942 и в 1944-1951 г. г. был доцент-терапевт Давид Евсеевич Потехин (1901-1978). Я помню его хорошо, несколько раз встречался с ним, работавшим в медицинском институте, на заседаниях терапевтического общества и в других местах.

На этом список евреев-ректоров (директоров) ГИДУВа завершился. Но в институте заведующими кафедрами, доцентами и ассистентами работало, как тогда говорили, непропорционально много евреев. В 1952-1953 годах — в период позорно-знаменитого «Дела кремлёвских врачей» — кадровый состав преподавателей ГИДУВа подчистили, но всё ещё...Так сложилось: посему преобладание евреев среди упоминаемых ниже лиц — не преднамеренный отбор автора.

Кроме И. И. Русецкого, к корифеям ГИДУВа без сомнения относился профессор рентгенолог-радиолог Дмитрий Ефимович Гольдштейн, заведовавшей кафедрой в 1926-1967 г. г. И профессор —травматолог-ортопед Лазарь Ильич Шулутко, заведовавшей кафедрой в 1937-1971 г. г. И профессор дерматолог-венеролог Яков Давидович (И. О.-?) Печников, заведовавший кафедрой в 1932-1968 г. г. И профессор Леопольд Матвеевич Рахлин (в ГИДУВе — с 1922 г.), заведовавший кафедрой терапии №2 в 1948-1952 г. г. и кафедрой терапии №1 в 1953-1974 г. г. И профессор Юрий Александрович Ратнер, заведовавшей кафедрой онкологии и хирургии с 1946 г. (в ГИДУВе - с 1934 г.).

Кроме них, я ещё застал в ГИДУВе бывшего директора института (1952-1962) профессора Ивана Васильевича Данилова, заведующего кафедрой акушерства и гинекологии в 1952-1971 г. г. А также заведующего другой подобной же кафедрой в 1948-1973 г. г. профессора Н. Е. Сидорова. И многолетнего (1953-1982 г. г.) заведующего кафедрой рентгенологии профессора М. Х. Файзуллина. Вероятно, я кого-то забыл упомянуть.

Одних из перечисленных лиц я знал лишь издалека, с другими контактировал не только зрительно. С Н. Е. Сидоровым ехали однажды в одном купе в Москву. Он мне рассказывал о своих кулинарных предпочтениях (выпечка любого рода). С И. В. Даниловым обменялись несколькими словами по поводу его диабета. Ю. А.

Ратнера я осматривал у него дома в связи с неясной клинической картиной (подозрение на опухоль кардиального отдела желудка). Л. И. Шулутко я напомнил о его работе молодым врачом в Крыму (об этом мне поведал приятель нашей семьи, винницкий хирург Михаил Борисович Островский). О Л. М. Рахлине — далее.

*

Ещё немного, чтобы закончить с «жидув'ской» темой. В ВикипедиИ, в статье «Роман (Рувим) Альбертович Лурия» сказано об одном из основателей ГИДУВа следующее: «В годы Первой мировой войны вместе с адвокатом Блаттом руководил казанским отделением Комитета помощи евреям России под эгидой «Джойнта»» (крупнейшей еврейской благотворительной организации, созданной в 1914 году; штаб-квартира её находится в Нью-Йорке ; «Джойнт» помогает евреям, находящимся в нужде или опасности по всему земному шару вне США). И вспомнилось мне что-то похожее из времён моей жизни в Казани.

В начале 70-х годов прошлого столетия перед евреями СССР, желающими выехать в Израиль, США и прочие страны, соорудили ещё один барьер. «3 августа 1972 года – без какого бы то ни было официального объявления – в ОВИРах были вывешены "ценники" на специалистов – от 4500 рублей за обладателя гуманитарного диплома до 12000 рублей за обладателя диплома университетского. Кандидатам наук предписывалось дополнительно платить 5100 рублей (1700 рублей за каждый год обучения в аспирантуре), а докторам наук – 6400 рублей. Все это, естественно, сверх тех 900 рублей, которые взимались за отказ от гражданства и выездную визу за каждого взрослого члена семьи. Это выглядело как "ценник" коммунистического невольничьего рынка.» (цитата из книги Юлия Кошаровского: kosharovsky.com/книги/том-2/часть-iv-от-брюсселя-до-джексона-веника/глава-26-налог-на-образование-и-поправка/). Вся эта затея и её последствия подробно описаны в приведенной книге — кто заинтересуется, тот может почитать.

Какое отношение всё это имеет к ГИДУВу и Л. И. Шулутко? Объясню, но сначала разъясню относительную величину этих сумм: например, 6400 рублей — больше годового оклада профессора, заведующего кафедрой, а 1700 рублей — более двадцати месячных стипендий аспиранта. Редко-редко у кого были подобные суммы денег на сберкнижке или «в чулке». Поэтому у не уезжающих (пока или — в принципе) евреев, об этом ходили разговоры, собирались деньги на выплату «откупных» для уезжающих. А в Казани, по муссировавшимся тогда слухам, одним из организаторов этих сборов и внесшим крупную сумму был профессор Л. И. Шулутко, который умер в конце 1971-го года. То есть, примерно за год до рождения указанного выше правила. (Правда, все знали ещё с 1970-го года, что такое правило скоро появится, власти ищут только подходящий момент для введения его в силу.) В любом случае, предполагаемая деятельность Л. И. Шулутко мне представляется мало вероятной. А пишу я об этом, чтобы показать, насколько въелся антисемитский душок в, так сказать, общественное сознание того времени.

Умер Л. И. Шулутко в железнодорожной больнице после операции резекции желудка, выполненной М. З. Сигалом. У Шулутко рентгенологически наблюдалась незаживающая, с мозолистыми краями язва желудка. Исключить её малигнизацию не представлялось возможным. Операция технически была выполнена безукоризненно, но во время операции были моменты резкого падения артериального давления. И вот после первых благополучных послеоперационных суток возникла неясная и тревожная ситуация в брюшной полости. Сигал был уверен: «культя держала», но что же случилось? Собирали консилиумы с участием всех и вся. Я присутствовал (не как участник) на, кажется, двух из таких ничего не прояснявших «больших советах». Каждый из присутствующих демонстрировал свои глубокие познания в том или ином, но никто причину критического состояния больного не знал. Оказалось, что во время спада артериального давления значительно нарушалось кровоснабжение кишечника, в результате чего наступила некротизация слизистой оболочки последнего. Позднее эту проблему изучал сын М. З. Сигала — Золтан (Вячеслав), будущий профессор.

Лечащим врачом, а фактически — координатором рекомендаций, высказанных на консилиумах, М. З. Сигал назначил ассистента Олега Сергеевича Кочнева. Олег Сергеевич попал в весьма незавидную ситуацию — и буквально на второй день очутился с проявлениями слабости сердечно-сосудистой системы в нашем терапевтическом отделении. Если не ошибаюсь, то его место пришлось ненадолго занять другому ассистенту - Владимиру Егоровичу Волкову.

*

Я понимаю, что стройность (последовательность) моих воспоминаний о ГИДУВе страдает оттого, что я всё время отвлекаюсь как бы на побочные темы. Но что поделать: не могу, коль упомянул, не рассказать более подробно об этих двух хирургах.

С Олегом Сергеевичем Кочневым (1932-1993) я не был в дружеских, но зато всегда — в хороших отношениях. Олег в последние годы моего пребывания в ГИДУВе даже обсуждал со мной научные проблемы. А в основном при встречах мы бегло перебрасывались несколькими предложениями о том, о сём. Олег вышел из простой семьи: его мать работала кассиром в магазине (или столовой, точно не вспомню), я её зрительно знал. Однако Олег постоянно набирался культуры и к моменту получения должности заведующего курсом неотложной хирургии был на высоте своего профессорского положения. И, к удивлению знавших его как ассистента хирургов железнодорожной больницы, превратил хилое подразделение ГИДУВа (созданное в 1967 году на базе одной из городских больниц для тогдашнего ректора — доцента Х. З. Ахунзянова, который туда наведывался нерегулярно и на короткое время) в одну из самых передовых (по методам обучения, по качеству оказания неотложной хирургической помощи, использованию лапароскопической операционной техники) кафедр института. Олегу С. удалось, и в этом тоже его большая заслуга, создать коллектив молодых, постоянно внедряющих новые методы диагностики и лечения, хирургов. Перу Олега С. принадлежат новаторски написанные руководства по неотложной хирургии, которые немедленно «расхватывались» врачами-курсантами.

К сожалению, Олег С. не отличался крепким здоровьем. Но и больным не выглядел, может быть, нерешительным — и только. Однако эта нерешительность не была, видимо, главной чертой его характера, Иначе, как объяснить его достижения в период после получения курса (кафедры) НЕОТЛОЖНОЙ хирургии?
Но и внешний здоровый вид (он к тому же не был тучным, не курил, не баловался алкогольными напитками) оказался обманчивым. Олег до описанного мною приступа слабости во время ведения прооперированного Л. И. Шулутко на здоровье, помнится, никогда не жаловался.

В июне 1970 г. мы с ним, в составе бригады сотрудников ГИДУВа и медицинского института, попали пароходиком в Елабугу (коллаж 09.). Читали лекции местным врачам. Нашлось время и походить по историческому городу. Посетили с Олегом Мемориальный Дом-музей И. И. Шишкина. Там, кроме прочего, была выставка французской живописи. Но не оригинальных картин, а их копий, выполненных с помощью цветных фотографий на ткани и дорисованных (для имитации подлинности) кистью. Оба мы долго находились под впечатлением высочайшего мастерства официальных подделок (то есть, никто эти картины за старинные не выдавал).

Когда дошло до отплытия в Казань, выяснилось, что обратные билеты для нас забыли заказать. А все места на пароходе были уже распроданы. С помощью местного начальства нас всё-таки пропихнули на палубу. Спали мы с Олегом на каких-то нарах в помещении, расположенном над машинным отделением. В спёртом, жарком воздухе Олегу стало плохо. Он временами впадал почти в прострацию. Никакой медицинской помощи ожидать было неоткуда. Еле домучились до утра. Олег был бледен, слаб. В ту ночь он поведал мне о своём не всегда безотказном здоровье.
Чем он страдал — не могу сказать. Умер, по нынешним меркам, молодым. Как мне писали из Казани, болел недолго. Очень жаль: был в расцвете научного, педагогического и хирургического творчества.

Владимир Егорович Волков (1935-го года рождения) одним из первых в Казани начал изучать физиологическое действие глюкокортикоидов (медицина всего мира уже с конца 50-х годов находилась под влиянием учения о стрессе Ганса Селье). Когда я начал аспирантуру, В. Е. уже защитил кандидатскую диссертацию. Так как нашей «страстью» оказались гормоны, продуцируемые одним и тем же органом — надпочечниками, нам было о чём поговорить.

В. Е. Волков родился и вырос в деревне, в Ульяновской области. Учился и работал в Казани, во время чего, конечно, многого «набрался» (в культурном отношении). К довершению, обладал природной способностью метко выражаться. Нередко «припечатывал» одним-единственным словом. Считал несправедливым, что кафедру умершего П. В. Кравченко получил М. З. Сигал, а не он, имевший уже почти готовую докторскую диссертацию. Не буду приводить далеко не безобидные прозвища, которые он (большей или меньшей частью, справедливо) давал сотрудникам ГИДУВа и врачам железнодорожной больницы. Но не удержусь, чтобы не привести одно его выражение.

М. З. Сигал не был хирургом, оперировавшим только тех больных, у которых благоприятный исход операции (во всяком случае, в ближайшие после операции сроки) не вызывал сомнений. Он часто оперировал и больных, которым другие хирурги отказали. Если видел хоть малейшую надежду чем-то помочь больному (избавить от невыносимых болей, продлить жизнь, пр.). Поэтому умирали прооперированные М. З. Сигалом чаще, чем после операций, выполненных другими хирургами. И ещё одно: многие евреи Казани стремились, чтобы их оперировал М. З. Сигал. Так вот, стоим мы у окна хирургического отделения с Володей Волковым. Внизу, у входа в больницу — толпа родственников и друзей-знакомых умершего после операции, сделанной М. З. Сигалом. Ждут результатов (или просто окончания) патологоанатомического вскрытия покойника. Володя, обращая моё внимание на толпу, как бы озабоченно говорит: «Беда — вырежет Сигал всё еврейское население Казани!». Сколько разного подтекста — намёков, сарказма, «упрёков» и так далее было в этом комментарии...

Сейчас, без всякого сомнения, можно утверждать, что «пролёт» места заведующего кафедрой в ГИДУВе оказался для В. Е. Волкова счастливейшей «неудачей». Дело в том, что в 1967 г. в Чебоксарах открыли при университете медицинский факультет. С самого начала по всей стране начали искать преподавателей для нового факультета, в первую очередь — чувашской национальности. Через несколько лет, когда до зарезу нужны были уже преподаватели-клиницисты, В. Е. Волков, оказавшийся чувашем (все считали его русским), получил там курс, затем кафедру хирургии. Самое высокое начальство республики помогло В. Е. Волкову преодолеть сопротивление Высшей аттестационной комиссии, не утверждавшей его докторскую диссертацию. После чего «советский и российский хирург» начал крутую восходящую карьеру: см. в «ВикипедиИ» - ru.wikipedia.org/wiki/Волков,_Владимир_Егорович. В Казани ему подобный взлёт (в частности: два срока был он депутатом Верховного Совета СССР, шесть лет директором института), при всех его способностях, «не светил».

Прощались с профессором Л. И. Шулутко в клубе, расположенном недалеко от ГИДУВа (где точно — мне не удалось вспомнить, но, кажется, в бывшем Трахоматозном институте). Небольшой струнный оркестр играл печальную классическую музыку. Было море цветов, несмотря на холодное время года. За гробом в первых рядах шёл М. З. Сигал. На него страшно было смотреть...

*

Вернёмся к моим диссертационным делам.
Кроме клинического материала — решил я — диссертация должна иметь и экспериментальную часть. Даже придумал, чем бы мне в этом плане заняться. В ГИДУВе был небольшой, как говорили на научном языке, виварий на кафедре общей патологии у Н. И. Вылегжанина. А я задумал работать на собаках. Как великий И. П. Павлов, изучавший физиологию пищеварения! А в этом виварии были только крысы да морские свинки (до крыс дойдёт очередь через несколько лет). Узнал, что в медицинском институте, в недавно созданной Центральной научно-исследовательской лаборатории есть животник (пардон, виварий) с собаками.

На этом месте я перебью самого себя и приведу полностью мою же статью о Д. М. Зубаирове, в которой, в частности, описывается моё «проникновение» в ЦНИЛ медицинского института (www.kgmu.kcn.ru/sites/default/files/u64/docs/Wenstein.pdf). В ней совсем немного о начале моего пути в экспериментальную гастроэнтерологию и — намного больше — о моём современнике, крупнейшем учёном и благородном человеке Дилявере Мирзабдулловиче Зубаирове (все называли Зубаирова Дилявер Абдуллович и удивлялись его инициалам Д. М.: почему не Д. А.?).

«Интеллигент чистой пробы

В Казань я приехал, поступив в аспирантуру ГИДУВа, в 1963-м году. Был зачислен (при 15-ти претендентах на два места) по весьма счастливым и курьёзным обстоятельствам (о них писать — долго) и вследствие того, что Николай Иванович Вылегжанин — проректор по научной и учебной работе — рассмотрел во мне, видать, что-то, подающее надежды.
А покинул город я, прямо скажем, не по своей воле в году 1979-м.

Многое для меня, проведшего свои школьные и студенческие годы в небольшом городке на Украине, оказалось в столице Татарии новым и необычным. И огромность города, и безбрежная Волга, и татарская речь — всего не перечесть. За шестнадцать лет я сроднился с городом, привык к нему, полюбил его и жил бы в нём по сей день, если бы национальная политика властвующей (и единственной легальной!) партии была иной. На всю жизнь остались в памяти и татарские праздники, и ежегодные концерты татарских артистов в Дворце спорта (думаю, что я был единственным евреем, стремящимся их посетить, для чего использовал все свои связи: билет достать было непростым делом), и частые просмотры спектаклей Татарского академического театра имени Галиаскара Камала (татарский язык я так и не выучил, но там в первых рядах партера были наушники с переводом), и стихи Мусы Джалиля, которые я, пытаясь хоть некоторые слова татарского языка запомнить, учил наизусть на языке оригинала. К примеру, «Песня меня научила свободе…» (татарского шрифта у меня в компьютере, увы, нет). Зато есть немецкий:

Lied, du hast Freiheitsdrang früh mir gegeben.
Sterben als Streiter, so heißt dein Gebot.
Stolz klang als Lied einst im Volke mein Leben,
und als ein Kampflied ertöne mein Tod!

В детях моих, чьи школьные годы полностью или частично пришлись на казанский период нашей семьи, эта моя толерантность к всему татарскому, восточному запечатлелась надолго. Неспроста, видимо, зять мой — т. н. палестинец из Иордании, обе невестки — татарки (с Украины и Узбекистана). И жена моя — русская — под моим давлением научилась готовить татарские блюда, хотя моё любимое — губадия — ей по-настоящему не давалось. И сейчас, в дальнем зарубежье, ни один наш праздничный стол не обходится без перемячей и эч-почмаков, а чэк-чэк (он долго не портится) нам периодически доставляют из Москвы. Хотя по документам мы все — немцы. А первым татарским — во всех смыслах этого слова — интеллигентом, с которым я познакомился, был Д. М. Зубаиров, тогда возглавлявший ЦНИЛ мединститута.
Первым, подчёркиваю я, татарским интеллигентом, так как потом их было очень много среди моих коллег, друзей, знакомых, пациентов. Наверное, тоже и поэтому что — первым, образ Дилявера Абдулловича врезался в память так глубоко, что и почти через половину столетия представляется не размытым, чётким.

Профессор Алексей Андреевич Агафонов, с которым я много экспериментировал на тогда возглавляемой проф. Виктором Христиановичем Фраучи кафедре и вместе с которым проводил немало свободного времени на Волге и в приволжских лесах, часто говорил, что я «вирулентный». Это — когда я ему рассказывал, что начал ещё какое-нибудь исследование на той или другой кафедре медицинского института, на кафедре или в лаборатории (там их было множество) ветеринарного института, в университете, что обрабатываю данные на заводской ЭВМ… До сей «вирулентности» я вынужден был «мутировать», когда понял, что никому в ГИДУВе мои диссертации особо не нужны. Кандидатская, возможно — но только для статистики, так как я был в аспирантуре, за которую надо отчитываться. Однако же — докторская?

В ЦНИЛ я попал «с подачи» моего научного руководителя профессора Оскара Самойловича Радбиля — лабораторией заведовал его пациент, доцент Сергей Васильевич Сенкевич. Милейший человек, ставший потом уже моим пациентом, с которым, неизлечимо больным, я беседовал в последний раз в его квартире в Дербышках. Которого сопровождал в последний путь, за которого поднимал чарку на поминках.

Однако через короткое время Сергей Васильевич ушёл на пенсию и ЦНИЛ возглавил Д. М. Зубаиров. Ильсия Ахметова Андрушко, бывшая «правой рукой» С. В. Сенкевича, представила меня новому руководителю. Он поинтересовался моими научными планами и, как говорится, «дал добро». Признаюсь, я тогда

даже не знал этого слова, но сегодня, вспоминая первое моё впечатление от Д. М. Зубаирова, могу сказать: от него исходила некая ХАРИЗМА. Молод, высокорослый, спортивно-худощав, с крупной красивой головой, приятным баритоном, сосредоточенно слушающий тебя, относящийся к тебе — ещё ничего из себя не представляющему — с должным вниманием.
Потом Ильсия Ахметовна, с которой я контактировал много лет (даже из Тернополя, где я заведовал кафедрой), мне немного рассказала об этом даровитом человеке, стоявшим для неё уже тогда на пьедестале.

Вторая встреча моя с Дилявером Мирзабдулловичем состоялась в конце 60-х. Работая над докторской диссертацией, я столкнулся с непреодолимой для меня трудностью. Для определения липолитической активности жировой ткани мне требовалась инкубационная жидкость (4%-й раствор сывороточного альбумина человека в Кребс-Рингер-фосфатном буфере pH 7,4). Казалось бы, никакая не сверхзадача, но никто в ГИДУВе мне помочь не смог. Никто даже не знал, что это за буфер такой. Проходили впустую недели… Тогда, по старой дружбе, обратился я к Ильсие Ахметовне. Она посоветовала попросить совета у Дилявера Мирзабдулловича. Я высказал сомнение: «Мол, вправе ли я? Неудобно как-то. Стесняюсь.» «Ну чего тут стесняться?», — возразила она мне — «Вы его ещё не знаете».

Дилявер Мирзабдуллович принял меня сразу же. Со свойственным ему расположением к собеседнику выслушал. Снял с книжной полки справочник, полистал. Нашёл то, что ему надо было, просмотрел. И просто, как будто речь шла о стакане водопроводной воды, сказал: «Завтра сможете забрать необходимую Вам инкубационную жидкость». Я не верил своим ушам! Побежал тут же вниз — горячо благодарить Ильсию Ахметовну. Бурно выразить свой восторг вежливо сдержанному Диляверу Мирзабдулловичу я не решился.

В холодном декабре второй половины 70-х в мединституте защищалась диссертация по физиологии. Как сейчас, вижу Дилявера Мирзабдулловича сидящим у окна, близко к креслу председателя Совета и что-то читающего. Дилявер Мирзабдуллович быстро определил слабые места диссертации, не проработанные её части — и задавал вопрос за вопросом. Ответами и разъяснениями диссертанта удовлетворён не был. Диссертант попал в затруднительное, явно непредвиденное положение, члены Совета (те, кто плохо знал Дилявера Мирзабдулловича) замерли в недоумении. Но ректор умело довёл защиту до конца. Хотя общий результат голосования оказался «плановым», Дилявер Мирзабдуллович свой голос сырой во многих разделах диссертации не отдал.

Он был честен с самим собою и отстаивал свои принципы до конца. Дальше, правда, дело не шло. Не могу себе представить Дилявера Мирзабдулловича, написавшего жалобу в ВАК. Не могу вообразить и Дилявера Мирзабдулловича, выступающего против партийных властей. Хотя абсолютно уверен, что ежемесячные добровольно-принудительные открытые партсобрания, еженедельные политинформации, очередные обсуждения будто бы сотворённых «великим борцом за мир» мемуаров воспринимал он без особого энтузиазма.

Защитив докторскую диссертацию (1973), став более-менее известным в Казани терапевтом-гастроэнтерологом, я (всего-то ассистент) нередко как бы невольно оказывался в кругу профессуры (на демонстрациях во время ожидания прохождения колонны, в перерывах на защитах диссертаций, на выступлениях крупных учёных из столицы). Я прислушивался к тому, о чём говорили, когда Дилявер Мирзабдуллович … молчал. Это было частью того, что дочь его в своих воспоминаниях метко назвала «здоровым конформизмом».

Дилявер Абдуллович не только уважал достоинство других людей, но и умел постоять за своё. Вот что рассказывали мне заместители главврача санатория «Казанский» (где я многие годы был консультантом) Диляра Хафизовна Максудова и Маргарита Ивановна Пивикова. Они вместе с супругами Зубаировыми отдыхали в Чехословакии. Однажды официант, видевший в русских туристах только спекулянтов привезённой водкой, в невежливой форме буркнул, в ответ на замечание Дилявера Мирзабдулловича, что он, мол, по-русски не понимает. Дилявер Абдуллович тут же повторил своё замечание сперва по-английски, потом — по-немецки. И официант сразу же «прогнулся».

На улице Гагарина, недалеко от моего дома находилась как бы центральная (главная) часовая мастерская города. Там я однажды встретил Дилявера Абдулловича, принесшего недавно полученные из ремонта часы. И я явился по той же причине. Сейчас стыдно мне об этом писать, но как отличался разговор Дилявера Абдулловича с мастером от моего. Спокойный тон и убедительность — в первом случае, небольшой скандал — в другом.
Тогда я подумал: «Зубаиров — с его массой высоких дел, предназначений и — эти старые часы, которые он имеет возможность заменить на новые вместо того, чтобы терять время на поездки в другой конец города!». Сейчас думаю: «Эта история со старыми наручными часами, скорее всего — проявление присущей Диляверу Абдулловичу непритязательности и скромности».

Как с редактором «Казанского медицинского журнала» с Диляверoм Абдулловичем мне общаться почти не пришлось. Однако я до сих пор горжусь тем, что за его подписью я получил приглашение выступить в журнале со статьёй по проблемам язвенной болезни. Я — ассистент (!) кафедры терапии №2 Казанского ГИДУВа. Статья, которую рецензент профессор Леопольд Матвеевич Рахлин обозначил как «крашеное яичко к Пасхе», была опубликована в 3-м номере за 1977-й год («О нозологической суверенности язвенной болезни…»).

Разумеется, мы виделись с Диляверoм Мирзабдулловичем за полтора десятилетия много десятков раз. Не только в мединститутских стенах или на коротком отрезке пути от здания кафедры биохимии до главного корпуса мединститута. И в книжном магазине, и на лыжне, и в оперном театре… Но это были мимолётные встречи, при которых всё ограничивалось взаимными приветствиями. Посему мои воспоминания о Д. М. Зубаирове подходят к концу.

История, говорят, не имеет сослагательного наклонения. И всё же я решусь в этом наклонении высказаться. Если бы уже с 60-х годов прошлого столетия Дилявер Абдуллович имел возможность (свободу и средства) ездить за рубежи нашей страны, туда, куда и когда он пожелает, если бы напрямую общался с ведущими специалистами по гемостазиологии, если бы мог получать от спонсоров (а они бы в высоко индустриальной Казани нашлись: хотя бы те же фармацевтические фирмы) первоклассное оборудование, то …сегодня могла бы столица Татарии гордиться Нобелевским лауреатом по биохимии. Все внутренние предпосылки для этого, формально выражаясь, имели место…

Профессор Эрнст Галимович Улумбеков — один из близких друзей Дилявера Мирзабдулловича — написал, что «Дилявер Мирзабдуллович будет жить до тех пор, пока он живёт в нашей памяти». Не возражая, а дополняя моего далёкого доброго приятеля, скажу, что Дилявер Абдуллович будет жить и после того, как никого из общавшихся с ним в живых уже не будет. Слишком мощной была эта личность, чтобы исчезнуть из памяти неумирающего мира учёных.»

В этой статье, датированной 2011-м годом, я забежал намного вперёд. В то время я думал, что до воспоминаний дело не дойдёт. Привёл её, чтобы показать, что все эти годы Казань и её лучших людей никогда не забывал, хотя после Казани были и совершенно иной — чистый, безморозный, сытый — Тернополь, и златоглавая столица, и несколько немецких городов. И десятки других городов не только Европы, но и обеих Америк и Азии, которые я посетил за последние 20 лет.

*

Коль речь шла о большом учёном, хочу рассказать немного о двух казанских учёных. Жизнь — ничего нового я тут не открываю — весьма сложный процесс. Достижения и карьера каждого отдельного человека зависят от столь многих обстоятельств, что талант и трудоспособность не всегда являются в этом отношении определяющими факторами.

Взять, к примеру, Николая Ивановича Вылегжанина. Вполне сошёл бы за академика. Чувствовал новое в науке за версту. Помню, пришёл на кафедру к нам читать лекцию на следующий день после сообщения о первой в истории пересадке сердца. Это было в декабре 1967-го года. Н. И. был восхищён и предсказал последствия этого прорыва — во многом оказался прав.
Прочитав в «КМЖ» статью профессора Юльена Исааковича Рафеса об общем действии гормонов пищеварительного тракта, Н. И. сразу же высоко оценил открытие днепропетровского учёного. Я Ю. И. Рафеса хорошо знал по многочисленным встречам на конференциях. Это был действительно оригинальный учёный. Так вот, Николаю Ивановичу было достаточно одной его статьи, чтобы сделать вывод, к которому не только я, но и более опытные клиницисты пришли намного позже.

Сам Н. И. печатался редко. В начале 60-х побывал с докладом на конгрессе в Индии, чем очень гордился. Во второй половине 60-х опубликовал в «КМЖ» статью об иммунологическом саморазрушении организма — horror autotoxicus, по терминологии Пауля Эрлиха (Paul Ehrlich, 1854-1915). О. С. рассказывал, что статья эта настолько впечатлила академика АМН СССР И. А. Кассирского, что тот интересовался у О. С. личностью Николая Ивановича.
Академика АМН СССР А. Д. Адо (1909-1997), до 1952 г. работавшего в Казани, Н. И. считал способным человеком, но не более того. Возможно, слегка ревновал: они были примерно одного возраста, но
А. Д. достиг заоблачных высот, а самой высокой из взятых Н. И. вершин была должность проректора по учебно-научной работе ГИДУВа.

Когда моя докторская диссертация была запланирована, мне выделили 0, 25 ставки лаборанта. По совету Н. И., я разыскал Августу Дмитриевну Громилову — вдову профессора-патолога и она, препаратор-гистолог, занялась особой окраской взятых мной биоптатов. Мы работали в больнице вечерами (учебная комната была свободна) и А. Д. рассказывала мне о былых временах. Николай Иванович

— я знал его только седого, моложаво выглядевшего пожилого человека — оказывается, в молодости был рыжим. Очень привлекательным. И сразу несколько красавиц считали себя его невестами. А выбрал в жёны он совсем другую. Я знал и Татьяну Петровну — его жену, и Наталью Николаевну — дочь, преподавательницу строительного института. Обеих — как моих пациенток. Как скромных, милых женщин.
Татьяна Петровна написала мне в Тернополь о смерти Николая Ивановича.

А Андрей Дмитриевич Адо был с 1938 г. уже заведующим кафедрой. О его странностях десятилетия спустя ходили легенды (разные носки, пр.). Верю им всем, так как осенью 1970-го года имел с А. Д. запоминающуюся встречу. Совместно с аспиранткой проф. И. Н. Волковой и заведующего кафедрой неорганической химии доцента
Е. И Козырева химиком Валентиной Дмитриевной Алексеевой я исследовал водно-солевой обмен при цинхофеновой язве у собак. С
В. Д., приехавшей из Ижевска, я познакомился в ЦНИЛе мединститута: И. А. Андрушко попросила меня перевести В. Д. статью из «Фізіологічного журналу» (Киев). Тут же, узнав, какими методиками она владеет, предложил ей «руку и сердце», что на языке соискателей учёных степеней обозначает: «в накладе не останешься». Печатная работа, которую я подготовил по материалам наших совместных исследований, понравилась не только мне, её написавшему, но и И. Н Волковой, работу визировавшей. Послал в журнал «Патологическая физиология и экспериментальная терапия». Ответа нет и нет. Решил, что статья затерялась. Подготовил, перед поездкой в Москву, завизированную копию со всеми приложениями (все статьи проходили через так называемые «экспертные комиссии», чтобы, упаси господь, в открытой печати по недоумию не опубликовали что-либо, что может быть использовано нашими врагами — смех и грех!). Кстати, все статьи, посылаемые в зарубежные журналы, проходили через министерскую (СССР!) экспертизу. Даже по темам, сродни означенной выше.

В редакции мне сказали, что ждут рецензию от академика А. Д. Адо, которому статья была послана много месяцев тому назад. Еду на кафедру к рецензенту. Мне назначается время приёма через несколько дней.

Захожу в кабинет. Крупный, вальяжный академик АМН СССР. Всё на нём — с иголочки: рубашка, галстук, брюки, штиблеты. Вспомнил о разных носках. Глянул — и тут порядок. И всё же: одна золотая запонка была вставлена так, что оправленный золотом ценный камень смотрел не наружу, а внутрь.
«Что тебе?». Рассказываю. Скороговоркой, не очень чётко выговаривая: «Знаешь,

где твоя статья?». Подвигает ногой в мою сторону корзину для бумаг, уже с утра полную. «Ничего», - успокаиваю я его - «у меня есть копия». Кладу статью ему на письменный стол, за которым он сидит. «Иди!» - и кивает головой в сторону двери. Но я и без этого кивка знаю, в какую сторону мне ретироваться. В 4-м номере журнала за 1971 г. статья была опубликована. Моя соавтор и её научные руководители были весьма обрадованы. О деталях «пробивания» статьи я не распространялся, потому что не знал: было это проявлением странности характера или обыкновенным хамством.

*

Итак, возвратимся в Казань 1964-го года. Мой обычный рабочий день выглядел следующим образом. Очень рано я уже был в больнице и расставлял в лаборатории около больных, сдающих анализ желудочного сока, сосуды для сбора слюны. Во всех прежде опубликованных работах для получения достаточного количества слюны больным давали жевать специальную массу, стимулирующую слюноотделение. Наши же больные всегда шли на исследование с полотенцем, в которое, при сдаче желудочного сока, сплёвывали обильно выделяющуюся при этом слюну. Я сообразил, что стимулятором слюноотделения у них является находящийся во рту тонкий желудочный зонд. Это, так сказать — моё первое открытие. Потом такое одновременное двойное (желудочного сока и слюны) исследование начали применять и другие.

Расставив помеченные пробирки, я бежал в санаторий «Казанский». Там, с первых же дней знакомства с заместителями главного врача М. И. Пивиковой (род. в 1926 г.) и Д. Х. Максудовой (1924 - 2005) и до моего отъезда из Казани, я много работал и занимался научными исследованиями (коллажи 18., 23., 31.). А пока — завершал ту же процедуру, что и в больнице, в лаборатории санатория (пробирки для сбора слюны расставляли, по моей просьбе, тамошние сотрудники). Возвращался в больницу с «богатым уловом» (в специализированном для лечения заболеваний органов пищеварения санатории желудочный сок сдавали ежедневно до 10 человек), забирал из лаборатории баночки со слюной, проводил обход больных в своей палате. Просматривал истории болезни больных, у которых исследовал желудочный сок и слюну. Необходимые для статистической обработки данные выписывал на отдельные листы.

Потом бежал в ЦНИИЛ по ул. Толстого. Там, в студенческой столовой, выстояв длиннющую очередь, обедал. По меркам тех советских времён, обеды в этой

столовой можно было считать вполне удовлетворительными. И по цене, и по качеству. Шеф-повар — весьма тучный, всегда улыбающийся пожилой дядя Петя (звали его «взаправду» по-иному, он был татарином) стоял на раздаче. Как ему удавалось готовить такие вкусные котлетки (фрикадельки), в которых, как везде, было не так уж много мяса? Что он добавлял в картофельное пюре, чтобы оно имело сметано-образную консистенцию и лакомый вкус? Если дядя Петя отсутствовал (болел?), то на раздаче стоял кто-то другой из работников кухни. Все знали — еда будет совсем другого, худшего качества.
Преподавателям выделили отдельное помещение, но и там была очередь.

Перечитывая написанное выше, я, как это со мной почти всегда в таких случаях происходит, перенёсся, можно сказать, всеми мыслями в то время, то есть, на полустолетие назад. Этим, кстати, объясняется и то, что мне вспоминаются детали, которые, казалось бы, ни при каких обстоятельствах не должны были задержаться в закутках моей памяти. Вот и сейчас я напишу о человеке, о котором никто из бывавших в те годы в ЦНИИЛ медицинского института, думаю, не вспоминает.

Звали его Никодим Фадеич. Было ему лет около семидесяти. Худощав, несколько согбенный в пояснице. Простоволосый, седой. Длинные волосы обрезаны «под горшок». Одежка на нём, под служебным, всегда распахнутым халатом грязно-сероватого цвета, была далеко не новой, обувь — не всегда по сезону. В движениях и речи - быстрый, хотя руки «суетились» быстрее ног, а скороговорка часто прерывалась чем-то подобным заиканию. Я бы его охарактеризовал как «моложавого старика».

Рабочее место Никодима Фадеича было у единственного на весь ЦНИЛ [я знаю, что ЦНИЛ, в общем-то, женского рода, но так уж было принято говорить, а не «на всю ЦНИЛ(абораторию)»] телефона. Телефон располагался на тумбочке, рядом был стул, которым «дежурный связной» очень редко пользовался. Он предпочитал стоять у телефона, прислонившись к стенке. Снимал телефонную трубку осторожно, непрерывно поддакивая, выслушивал звонившего, клал бережно трубку рядом с аппаратом и семенил звать к телефону того или иного сотрудника.

Говор Никодима Фадеича был — другого слова я не подберу — старообрядческий. Мне Никодим Фадеич напоминал — в разных ситуациях — то артиста миманса провинциального театра, то слугу обедневшего помещика, то архиерейского служку. Являлся он на работу раньше всех и каждого приветствовал в соответствии с табелью о рангах. Его и без того высокий елейный голосок при обращении к начальству становился прямо-таки приторным, сам же Никодим Фадеич вытягивался, насколько позволяла поясница, в струнку. Каждый день его утреннее приветствие сопровождалось неоднократно повторяемым комментарием, в основном — погоды. В очень морозные дни, например, с каждым (зна'чимым для него, Никодима Фадеича) входящим в ЦНИИЛ он сопереживал: «Низки горы-то уральские», - при этом проводил открытой ладонью по воздуху на уровне бедра - «Не сдержать им сибирских ветров...» И с жалостливым сочувствием вглядывался в задубелое сине-красно-белое лицо пришедшего на работу.

С приходящими время от времени в ЦНИИЛ Никодим Фадеич был вежлив, но не более. Правда, с увеличивающейся частотой появления приходящих в ЦНИИЛ росло и расположение к ним Никодима Фадеича. Когда он заметил, что Ильсия Ахметовна (заместительница руководителя ЦНИЛ) беседует со мной всегда подчёркнуто дружелюбно, то и мне начали адресоваться его географ - метеорологические резюме.

Так вот, в моём воображении сейчас возникла следующая картина. Никодим Фадеич обедает недалеко от меня в désinstitutской столовой. Ест картофельное пюре, политое соусом, а к фрикадельке не притрагивается. Когда пюре уже почти всё съедено, берёт фрикадельку двумя пальцами, облизывает и перекладывает в вынутую из кармана халата бумажку. Дочищает корочкой хлеба тарелку, кладёт корочку в рот и сосёт её (зубов у Никодима Фадеича было маловато, чтобы кусать и жевать). Встаёт, снова берёт фрикадельку двумя пальцами (уже, конечно, за иные места) и на ходу, поддерживая другой рукой под фрикаделькой бумажку, облизывает фрикадельку начисто.

Да, такая существовала в стране бедность, опускаясь у многих до уровня нищеты. А ведь была у Никодима Фадеича работающая жена — мрачная, неразговорчивая служительница вивария, лет на двадцать моложе мужа. И всего одна дочь, лет 12-14, которую я не раз видел, когда она приходила к матери на работу. Но, видимо, денег в семье было в обрез. Интересно, для кого из близких сохранял Никодим Фадеич лучшую из доступной ему еду?

Не задумывайтесь особо, почему я вставил этот рассказ о Никодиме Фадеиче. Просто вся эта картина тогда меня сильно впечатлила. И сейчас, через пять десятков лет, сентиментальности у меня, конечно, не убавилось. Чайковский был на четверть века моложе меня нынешнего, когда сочинил проникновенный

«Сентиментальный вальс»...

Кстати, и в железнодорожной больнице был в подвале буфет. Лишь однажды я попытался в нём что-то купить. Но увидев сражение за сладкие сырки между пациентами и санитарками, более там не появлялся. Врачи забыли меня предупредить о том, что там происходит.

Позже, начав дежурить в больнице, имея несколько больший «доход», я распространил сферу моих посещений предприятий общественного питания на большую столовую (№1!) в доме Кекина, на рестораны на Советской площади («Север»), на улице Вишневского («Заря»; «Вперёд, заре навстречу!», - напевал я «Молодую гвардию» на слова Александра Безыменского, отправляясь туда на обед; будет время и желание — почитайте прямо таки комическую историю «создания» этого неофициального гимна комсомола: ww.vilavi.ru/pes/140506/140506.shtml), ресторан в угловом здании, что рядом с больницей напротив парка, а в последние годы - «Акчарлак». Пообедать в дневное время в ресторане было не дорого, но — долго. Но зато не в очереди стоять, а сидя ждать милости от официантки, которая старалась дневных посетителей ресторана не замечать. Вот вечерние посетители, хмельные — те рассчитывались щедро...

*

Вернёмся на короткое время в санаторий «Казанский» (ещё раз — коллажи 18., 23., и 31.). Заместители главного врача по лечебной и организационной работе Маргарита Ивановна Пивикова и Диляра Хафизовна Максудова — бывшие аспирантки профессора О. С. Радбиля, не выполнив в срок свои диссертационные работы, ушли работать в санаторий. По рекомендации О. С., они изучали лечебное действие Ижевской минеральной воды. И на Ижминводах, и в эксперименте. Собак им оперировал, по просьбе О. С. Радбиля, заведующий торакальным отделением железнодорожной больницы Абрам Овсеевич Лихтенштейн. Если не ошибаюсь, то — в ветеринарном институте. Собачек, с целью исследований, даже возили «на воды» главного в Татарии бальнеологического курорта. Своеобразная «реабилитация» после операции на желудке...

Санаторий «Казанский», располагавшийся рядом с Парком культуры, был расквартирован в бывших деревянных дачах дореволюционной казанской знати. Современное многоэтажное здание (спальный корпус и столовая) выстроили на территории санатория в конце 60-х годов.

М. И. Пивикова и Д. Х. Максудова многое улучшили в санатории. Например, используя имеющие в распоряжении санатория путёвки, получали — взамен на них — от предприятий необходимый инвентарь. Наверное, во всём СССР только в санатории «Казанский» пациенты при сдаче сока не ёрзали на твёрдых стульях, а полулежали в креслах, снятых с быстроходных волжских судов. Перед пациентами не стояли далёко не «аппетитные» мензурки с соком, а последний принудительно отсасывался в ёмкости, расположенные за спиной пациента. Пациенты не видели порой частые позывы на рвоту от раздражающего действия находящегося в глотке зонда у некоторых больных, а полулежали на небольшом расстоянии друг от друга (в два ряда, обращённые друг к другу спинами). Я не вхожу в детали, так как многое уже выветрилось из головы, но помню, что мы долго планировали, а затем руководили монтажом этой установки, искали подходящее разрежение для отсоса содержимого желудка после так называемого пробного завтрака.

У обеих заместителей главврача не было собственных семей. Д. Х. жила с братом-инвалидом, М. И. - с матерью. Поэтому работе отдавали они времени больше положенного. А я нашёл там ещё одно поле для исследований, о чём пойдёт речь далее. О. С. консультировал в санатории один раз в неделю, но в наши исследования там не вмешивался.

Абсолютно толерантной к нашим научным увлечениям была и главный врач санатория Галина Трофимовна Биевченко (коллаж 23.). Подполковник медицинской службы в отставке, прошедшая войну, она жила с мужем — галантным отставным полковником и тоже «домой к малым детям не спешила», а вела твёрдой рукой санаторские дела. Несколько раз она зазывала меня к себе в кабинет, расспрашивала о делах, но больше рассказывала о себе, какой она была в военные годы. Ей было что рассказать...

Не только не мешали нам, а, наоборот, гордились новаторскими изменениями в санатории руководители Татарского территориального совета по управлению курортами профсоюзов. Так как их информировали о том, кто давал импульс большинству начинаний, курортное управление оплачивало мне почти все мои поездки на съезды и конференции. У ГИДУВа средств на командировки ассистента не было. Первому, в мою бытность в Казани, председателю Совета Закию Бикмухамедовичу Булатову я был только представлен, со вторым — Альбертом Галеевичем Хамидуллиным — был знаком намного лучше, даже дома у него побывал в мой последний приезд в Казань летом 1980-го года. С третьим — Анваром Агзамовичем Хусаиновым - совсем немного. Молодой, грузный, курящий — получил вскоре после заступления на должность ряд инфарктов миокарда.

Поддерживала наши с заместителями главврача порывы усовершенствовать диагностику и лечение (о чём подробнее — далее) и начмед Совета— весьма приветливая и благожелательная Фарида Хусаиновна Янгуразова (коллаж 23.).

*

Оперировал животных я сам. Сказалась небольшая практика в студенческие годы, когда я, просто из-за интереса, приходил на дежурства знакомых мне врачей-хирургов. Больше, конечно, смотрел, чем делал. Но всё же.

Перед операцией собакам вводили морфий, выводили их во двор, где они освобождали рвотными движениями желудок, а также опорожняли кишечник. После чего их, уже осоловелых, можно было спокойно класть на операционный стол, фиксировать, выстригать и сбривать шерсть на месте разреза. Потом на морду животных одевали маску с налитым туда эфиром. Быстрая дезинфекция рук, вскрытие брюшной полости, введение в артерию 33%-ного раствора салициловокислого натрия (быстрое склерозирование артерии желудка — побеление ишемизированной стенки желудка), зашивание брюшной полости, перенос спящего ещё животного в виварий. Были случаи, когда собака просыпалась во время операции, мотала головой, сбрасывала маску. Дабы не «раздезинфицировать» руки, выбегал я из операционной и слёзно молил кого-нибудь из ЦНИЛа (большей частью, случайно находящихся там студентов) мне помочь. Этот метод язвообразования в желудке был предложен Я. И. Романовым, работавшим в 60-е годы на кафедре, возглавляемой Л. М. Рахлиным. Я. И. Романов — бывший военный врач — был уже в предпенсионном возрасте, занимался, в основном, функциональной диагностикой. Кое-что мне подсказал.

Второй вид экспериментальной язвы желудка, который я изучал, это — атофановые (цинхофеновые) язвы. Таблетки этого препарата применяли в СССР до 1985-года (!) для лечения подагры, хотя пользы от препарата было меньше, чем вреда (в первую очередь, от приёма препарата наступали тяжёлые поражения печени). Атофан был введён в медицинскую практику ещё в 1910-м году, но уже к 1930-му году было ясно, что это весьма опасное лекарство. И использовали его, как правило, только для воспроизведения желудочной язвы у собак. Язвы возникали почти со стопроцентной частотой. Собаки поедали этот яд без всяких подозрений. Пишу об этом потому, что когда во время наших исследований с А. А. Агафоновым надо было собакам скармливать контрастную массу (для последующего рентгенирования желудка), животные отказывались от пищи, к которой было примешано подозрительное для них белое вещество. Лишь добавлением белой бариевой кашицы в белый же кефир удавалось «обвести вокруг пальца» бдительных животных.

*

По поводу цинхофеновой язвы у собак кто-то мне порекомендовал обратиться за советами к профессору Гавриилу Георгиевичу Непряхину (1896-1980), заведовавшему в медицинском институте кафедрой патологической анатомии (до 1966-го года). Г. Г. встретил меня как родного. Вспомнил, как и он в молодости занимался цинхофеновой язвой, уверял меня, что и моим детям-внукам эта модель человеческой язвы желудка пригодится. Ошибался он не только в этом, но и в причине атеросклероза — главной темы своих научных разработок (об этом - далее). А моим детям-внукам моделировать язву цинхофеном не пришлось и не придётся не потому, что они занялись другими делами, а потому, что причина язвы желудка и двенадцатиперстной кишки у человека была раскрыта к концу XX-го века. И уже в 2005 г. (относительно быстро, что касается решений Нобелевских комитетов) австралийцы Барри Маршалл и Робин Уоррен были удостоены Нобелевской премии по медицине «За работы по изучению влияния бактерии Helicobacter pylori на возникновение гастрита и язвы желудка и двенадцатиперстной кишки».

Помните («Как закалялась сталь» Николая Островского): «Самое дорогое у человека — это жизнь. Она дается ему один раз, и прожить ее надо так, чтобы не было мучительно больно за бесцельно прожитые годы»? То же — и в научной жизни. В большей даже степени, чем в жизни обычной. Я, например, проживаю в Германии вторую жизнь. А как ещё обозначить жизнь, начинавшуюся с изучения алфавита, словарного запаса языка, истории, географии, быта и нравов, чтения книг на изученном языке, пр. Наконец — с получения другого врачебного диплома, освоения новой врачебной специальности или вождения автомобиля (на 60-м году жизни!)... В таком возрасте никто *не начинал* заниматься наукой! Издавали первые книги, первый раз летали самолётом, даже впервые женились или выходили замуж, но вдруг заняться наукой — на это никто не решился. И правильно делали: „Alles hat seine Zeit“, - постулировал великий мудрец Иоганн Вольфганг фон Гёте. «Всему своё время», - гласит русская поговорка.

Так вот, не то, что бы мне сейчас стыдно за мои теории происхождения, за предложенные классификации, методы лечения и так далее, касающиеся «ЯЗВЕННОЙ БОЛЕЗНИ желудка и двенадцатиперстной кишки» (этим подчёркивалось советское понимание целостности организма: не может быть просто язвы чего-то, нет: всё, согласно учению марксизма-ленинизма и павловской физиологии, в организме человека взаимосвязано — есть общее заболевание, проявляющееся явно только локально). Ещё в 50-е годы язвенную БОЛЕЗНЬ лечили («по Павлову») охранительным торможением (сном — медикаментозным, электросном, пр.). В те времена знаменитая больница в Дарнице под Киевом поражала кладбищенской тишиной: больные постоянно спали, персонал общался между собой и с пациентами шепотом...

Нет, в процессе работы над кандидатской и докторской диссертациями (обе — о различных аспектах язвенной болезни) я сделал небольшие открытия (не в патентном значении этого слова) в биологии и медицине. (О них рассказать подробно не забуду.) И, конечно, ничего не зная ни о Helicobacter pylori, ни о возможных методах освобождения организма от этой бактерии (эрадикации), лечил больных с гастро-дуоденальными язвами трихополом (метронидазолом). Пришло мне на ум (осенило!) использовать трихопол в лечении таких больных после знакомства с кратким сообщением о том, что один кубинский врач-гинеколог заметил излечение гастро-дуоденальных язв у пациенток, лечившихся от трихомониаза. У больных с воспалением дёсен трихопол (я рекомендовал таблетки сосать, но мало кто это выдерживал из-за очень горького вкуса препарата) оказывал также выраженное лечебное действие. И вот приём только одного трихопола (сейчас — совместно со средством, тормозящим выработку соляной кислоты, и антибиотиком) оказывал разительный по быстроте и конечному результату эффект в смысле заживления язв. Заведующая рентгенологическим отделением железнодорожной больницы Раиса Александровна Яблонская, подрабатывающая в других лечебных учреждениях, нередко просила меня посмотреть то одного, то другого пациента. И распространяла слухи о моём «волшебстве» врачевания больных с нарушением пищеварения. Сказать, чтобы я очень этому радовался, нельзя. Но было приятно, хотя лишнего времени (на приём и консультации её клиентуры) не было.

*

Вернёмся на кафедру патологической анатомии. Я спросил Гавриила Георгиевича, не поможет ли мне кто с просмотром препаратов желудка и надпочечников собак.

Сами препараты я, используя знакомства, изготовил в Виннице, куда довольно часто ездил. Гавриил Георгиевич «передал» меня своему ассистенту Юрию Георгиевичу Забусову. Поначалу у нас не ладилось — и в моей кандидатской диссертации Ю. Г. Забусов «не участвовал». Но потом я к нему приспособился.

Я общался с Ю. Г. несколько лет — и он все эти годы оставался для меня до конца не понятым. Представьте себе сына профессора - заведующего кафедрой гистологии (худощавого, стройного, седоватого, ухоженного, несмотря на своё вдовство), выглядевшего полной противоположностью отца. Ю. Г. прихрамывал (предполагаю, как следствие врождённого вывиха бедра), был весьма тучен, с выползающей из брюк, распахнутой больше принятого (в нашу первую встречу случился весьма жаркий день) рубахе, потный, с взлохмаченными волосами, с каким-то несуразным портфелем... Невыгодный для знакомства вид. Но недаром А. П. Чехов говорил, что только *встречают* по одёжке. Стоило Ю. Г. заговорить — и в моей голове представление о Ю. Г. закрутилось в обратную сторону. Правильная, почти чисто литературная, лишённая бытовой лексики речь, интересная для моего слуха (привыкшего к подольскому диалекту украинского языка) артикуляция, всепроникающая ирония, несколько снисходительное, с юмором, отношение (что, впрочем, имело основания) к странно (для его слуха) выговаривающему русские предложения аспиранту другого института (и, добавлю от себя, в то время ещё — из другого мира). А ведь Ю. Г. Забусов (1936-2004) был всего на два года старше меня.

Не знаю, как мне всё-таки удалось уговорить Ю. Г. согласиться просмотреть гистологические препараты тканей экспериментальных животных и больных с эндокринными расстройствами. Хорошо помню, как не раз наши свидания, по каким-то для Ю. Г. важным причинам, срывались. Но мне без заключений Ю. Г. было дальше не двинуться — и я был упорным. Я требовал от Ю. Г. не так уж много: надиктовать мне то, что он обнаруживал под микроскопом. Довести дело до готовых для просмотра препаратов было моей задачей. Как и всё предшествующее этому: поиск животных, эксперименты, прочее. Превратить его заключения по разным препаратам в одно целое, потом убедить его это прочитать (не написал ли я какую-нибудь глупость, с точки зрения морфолога) — тоже было не легко. Однако же что-то в конце концов получалось, так как наши работы сразу же опубликовали журналы, одним из которых был «БЭБМ» (1971,1), где статьи представлялись академиками АМН СССР. Потом же эта и другие, опубликованные по разным материалам (тиреотоксикоз, сахарный диабет, половые гормоны — слизистая оболочка желудка) совместные с Ю. Г. статьи («КМЖ»,1971, №4 и пр.), которые он благосклонно подписал, помогли ему (по его же словам), в переизбрании на следующий срок ассистентом, в поездке на Всесоюзный съезд патологоанатомов в Ереван.

И ещё одно большое дело сделал для меня Ю. Г. — он рекомендовал мне попытаться получить поддержку его друга со школьных лет — Эрнста Галимовича Улумбекова, о котором ещё пойдёт речь.

Ю. Г. любил выпить, это я знал от других, однако никогда в его компании не бывал. Зато знаю, что он был большим шутником и в трезвом состоянии. Один раз я зашёл к нему на кафедру в предновогоднее время. Ю. Г. , сопя (это был нередкий для него тип дыхания - следствие тучности) больше обычного, с трудом запихивал что-то непонятное в четырёхгранную ёмкость, обычно используемую для хранения анатомических препаратов. Запихнув, чуть не расколов толстое стекло, залил в банку формалин. Мой вопросительный взгляд вызвал у него поначалу только шельмоватую улыбку. Потом объяснил: «Тут у нас ординатор молодой есть. Вот для него и приготовил.» Оказывается, старую ёлочную игрушку (грушу — из папье-маше и ваты — с оторванным хвостиком) он выдаст за неизвестной структуры опухоль, присланную из онкологического диспансера для гистологической её идентификации. Ординатор оказался старательным, но у него ничего с приготовлением срезов для гистологических препаратов так и не получилось.

Так уж вышло, что с этим ординатором — Владиславом Абдулхаковичем Абдаразяковым, способным, но неорганизованным — отсюда и во многом неудачливым — мы определённым образом подружились. Жена его Венера Ибрагимовна работала лаборантом на кафедре эпидемиологии медицинского института. Бывал я у них дома на старой и новой квартирах, играл с Владиком в теннис. Не продвинувшись ни на йоту в сторону диссертации на кафедре патологической анатомии, Владик круто повернул руль своей медицинской деятельности. И стал … терапевтом в клинике профессора Л. М. Рахлина. Полагаю, что столь трудновыполнимый пируэт ему помог выполнить близкий родственник Венеры — один из руководителей Татарии.

Потом Владик с семьёй очутился в Москве. Заведовал терапевтическим отделением одной из больниц, если не ошибаюсь, в Лефортово. Там я его навестил. Был он у меня дома. Теперь я его след потерял.

*

Я уже собирался возвратиться к моим диссертационным делам, но вспомнил ещё об одном важном событии в аспирантском периоде моей жизни.

К моменту поступления в аспирантуру мне исполнилось только 25 лет, а в комсомоле положено было состоять до окончания 28-летнего возраста. Конечно, если до этого срока комсомолец не успел стать партийцем. Посему я, с чувством полной ответственности за честь оставаться в «передовых рядах советской молодёжи», встал в институте на комсомольский учёт и исправно ежемесячно платил мои 40 копеек членских взносов (коллаж 21.). Впрочем, встать на учёт было не просто: не было у кого. Комсомольская организация в ГИДУВе вроде бы имела место быть, но кто её возглавлял, кто собирал членские взносы — это чётко не было ясно. По слухам, старый секретарь комсомольской организации выбыл из института, а собрать комсомольцев для выбора нового вожака никак не удавалось.

Наконец, общеинститутское комсомольское собрание (человек 15, не более) состоялось. Проводил его кто-то (не запомнил, так как знал в институте к тому времени совсем немногих) из партийного бюро. Я не успел ещё оглядеться, как меня избрали секретарём комсомольской организации института. Всего через несколько месяцев после начала работы в ГИДУВе. Не знаю, чья это была идея...

И произошёл этот «взлёт» для меня так неожиданно и быстро, что я не успел и опомниться, как начал получать приглашения за заседания партбюро, бюро райкома комсомола, прочее. Побежал к Н. И. Вылегжанину жаловаться на недостаток времени, на угрозу срыва диссертационных исследований. Он парировал мои жалобы одним предложением: «В Вашем возрасте Вы можете ограничиться пятичасовым сном». А через неделю, будучи у нас на кафедре (читал лекцию врачам-курсантам), посмотрев на вздувшуюся у меня на виске вену, как-то походя заметил: «Мне эта жилка не нравится...», чем изрядно напугал меня. (Почему она до сих пор не лопнула, не воспалилась, не облитерировалась, не затромбировалась и, вообще, сейчас практически не видна — сам не пойму. Специально сфотографировал свой лоб, чтобы и вы могли убедиться на фотоколлаже перед текстом этих воспоминаний: на относительно «свежей» фотографии, представленной справа внизу, как и на той, что слева вверху — хотите верьте, хотите нет — я.)

Мне выделили на втором этаже пристроя к старинному и ветхому зданию управления ГИДУВа (всего ШЕСТЬ окон, выходящих на улицу Комлева - сейчас ул. Муштари под тем же 11-м номером) каморку, в которой я должен был хранить и постоянно просматривать папки с документацией, отсиживать в приёмные часы (а вдруг у кого-нибудь будет дело к комсомольскому руководителю), сочинять планы комсомольской работы, советоваться с комсомольским активом, например, по поводу повестки дня следующего комсомольского собрания... Словом, дел невпроворот, если кому рассказывать, кто не понимает, что всё это «туфта». А перечислил я все мои задания по причине, о которой — несколько ниже.

[Я снова отвлекаюсь, но мало кто знает, что красивое здание ГИДУВа было возведено - перед самым началом 1-й мировой войны - для двух банков. Когда, кем и для чего построено было зданьице управления ГИДУВа — не знаю и я. На фотографии, представленной на обложке этой книги (заимствована из интернета: kazan.telecet.ru), видны оба здания: управление «зажато» между бывшим финансовым дворцом и массивным строением, известным под названием «Дом профсоюзов». Кроме профсоюзных организаций, там располагались и другие, например, ВОИР — всесоюзное общество изобретателей и рационализаторов, о котором ещё пойдёт речь, а во дворе — уже упоминавшееся курортное управление.

Что касается углового ГИДУВского здания, то там расквартировались кафедры и курсы терапии №1, неврологии, рентгенологии №1, физиотерапии, лабораторной диагностики, функциональной диагностики. И — архив института. Большая аудитория — бывший кассовый зал банков, подвальные помещения (отсутствие физических сотрясений, что тогда было необходимо при записи ЭКГ!) — место установки одних из первых электрокардиографов в СССР. ГИДУВ получил это здание в момент возникновения института, в 1920 г., когда задуманному как банк зданию исполнилось всего семь лет.]

Где действительно надо было присутствовать, так это — на различных сборищах в райкоме комсомола, на заседаниях парткома института (если приглашали). За моим отсутствием в райкоме неизменно следовал звонок оттуда в институтское партбюро, а с последним «связываться» мне не хотелось. Заместителя (хотя бы такого «заместителя», каковым сделал меня О. С.) у меня не было.

Этот год комсомольского секретарства продемонстрировал мне перед самыми глазами и в самом, что ни есть, чистом виде, насколько всё в советской идеологии лицемерно. Не то, чтобы я прежде слепо верил в те россказни, что постоянно пропагандировали газеты и радио, что вещали с трибун обязательных для всех (партийных и беспартийных) сотрудников собраний и митингов. Нет, но среди рыхлого базиса и профессиональных проводников этой идеологии я очутился впервые. Она - идеология — успокойтесь, мои оппоненты и апологеты советской власти — во многом притворная и фальшива и при капиталистической системе, и в их социал-демократических, либерально-демократических, христианско-социалистических и прочих партиях. Особенно, если это касается критики оппозицией стоящих у власти любых партий. Но капиталисты не увешивают (исключая, может быть, предвыборные кампании) столбы, стены, витрины и так далее лозунгами, никак не соответствующими реальностями жизни. Да, и в состав перечисленных и других партий входят объединения молодых социал-демократов, либерал-демократов, пр. (или сочувствующих указанным партиям). И при выборе руководящих органов партий учитывают и пол, и национальность, и происхождение (из коренных немцев, из эмигрантов, и т. п.). Но это не имеет никакого значения для служебной (не партийной!) карьеры. Или — почти не имеет. В СССР же только «идеологически стойким» можно было рассчитывать не лишь на карьеру комсомольского или партийного функционера, но и на служебную карьеру. Беспартийных к высоким руководящим должностям и близко не подпускали. Может быть, для вида — одного на тысячу.

Верующих любых конфессий — если их на этом ловили, гнали в три шеи. Как ловили? - не хочу вдаваться в детали, которые знал. Просто напомню, что этим занимались не только работники партийных органов, но и служащие в КГБ. Объяснить же, какую угрозу для государственной безопасности имел баптист, просто обладатель «Библии» и так далее — не мог ранее, не могу и сейчас.

Как противно было смотреть на молодых ребят и девчат - работников райкома комсомола, пытающихся копировать методы работы их непримиримых к любым проявлениям чуждых нам идеологий «старших партийных товарищей»! С каким наслаждением они, по юности своей, не раз «грешившие» на райкомовских и подобных «междусобойчиках», корили и клеймили одного из секретарей, разведшегося с женой! Бедного парня исключили из всего возможного (комсомола, партии?, пр.) — и он вынужден был со своей новой подругой покинуть Казань.

Как ругали комсомольского секретаря Театрального училища за невыполнение плана подписки на комсомольскую прессу! Доведенный до точки кипения будущий артист бросил составу бюро райкома комсомола в ответ фразу, после которой все замолчали, не зная, как на неё реагировать. А сказал он примерно следующее: «Вы бы посмотрели, как падают в обморок от голода на занятиях наши студенты, тогда бы решали, мог ли я их насиловать с подпиской, хоть и, по вашему мнению, стоит она не дорого!».

Меня приглашали, конечно, не на все заседания парткома. Или отправляли вон перед рассмотрением каких-либо особо щекотливых вопросов: через партбюро проходило всё, в том числе жалобы, включая анонимные, касающиеся личной жизни сотрудников института. Они, как и кафедральные междоусобицы, скандалы, пр., являлись предметом обсуждения и вынесения решений (в качестве рекомендаций для администрации института) на заседаниях партийного бюро. «Партийное бюро рекомендует члену КПСС ректору института товарищу....». Попробуй «товарищ» не следовать этим рекомендациям! Хотя это, на самом деле, могло быть указанием райкома партии и выше, которое ректор передал секретарю парткома, чтобы тот представил «приказ сверху» как «мнение снизу»…

*

Возглавлял в то время партбюро (как говорили мне, уже несколько лет) И. А. Келин (о нём подробнее - ниже). Членов партбюро периодически сменяли, но лишь один из них был *незаменим*. Звали его Лев Ильич Кринкин. Числился он старшим лаборантом кафедры марксизма-ленинизма. Пишу «числился», так как нередко он с утра до вечера просиживал за бумагами в просторном помещении партбюро. Лет ему было под (за?) шестьдесят. Невысокий, хромой (одна нога была какой-то недоразвитой, скорее всего с детства), очень тощий, с лицом аскета. Ел он редко, очень мало. Но постоянно забрасывал в рот маленькие таблеточки (глобулы?). Говорил, что «это с ментолом» (он непрерывно слегка покашливал). А мне представлялось, что он был зависим от какого-то лекарства. И в металлической коробочке, которую он часто вынимал из кармана и открывал, находились крупинки, по моим предположениям, кодеина. Однако Лев Ильич был всегда бодр, на здоровье не жаловался. Только сотрудники кафедры жаловались, что Кринкин... ничего не ест. Был он вдовцом; проживал вместе с семьёй дочери. У него был родной брат, совершенно на него не похожий: плотный, румяный. Брат заведовал корреспондентским пунктом Всесоюзного радио по Татарии. И - Лев Ильич мне об этом с гордостью рассказывал - высоко ценился самим Табеевым, которому были приятны частые сообщения на всю страну о достижениях промышленности, сельского хозяйства, образования, науки, искусства, прочего в Республике Татарстан. Брат — весьма симпатичный в общении, скромный — мотался по Татарии без устали, добывая новые и новейшие факты, удачно их подавал для эфира. Потому и держался на этой должности.

А Льва Ильича я бы назвал Главным технологом парткома. Тут ему не было равных. Он в войну был секретарём райкома партии (тогда ещё евреям такие должности были доступны). Рассказывал, как ездил с одного партийного собрания на другое. Посмеиваясь, признавался, что решения собрания читал с абсолютно чистого листа: «Заслушав и обсудив отчётный доклад... собрание постановило...». То есть, знал стандартные партийные формулировки наизусть. Как говорится, «спинным мозгом». Несомненно, парткому — при сменяемых руководителях, часто совсем без опыта руководящей партийной работы — нужен был такой человек. Как инструктор для начинающих, как контролёр для не ведающих всех нюансов «партийной расстановки кадров».

Однажды я присутствовал на заседании парткома, на котором готовилось очередное отчётно-выборное собрание (забыли, что ли, меня выдворить?). И намечался состав следующего партийного комитета. Сыпались предложения, обсуждались кандидатуры. Наконец, список казалось бы утрясли. Но бдительный Кринкин стоял на чеку. «Что вы себе думаете?» - вопросил он, разыгрывая недоумение - «Четыре еврея — Шулутко, Тарнопольский, Капелюшник (в фамилиях я могу быть неточен) и Кринкин — при всего-то двух татаринах?!». Все поняли, что влипли. Но перед тем, как наново тасовать колоду кандидатов, решили, что я «могу быть свободен»…

Запомнился мне Лев Ильич своими уверениями не совсем сытых слушателей о заполненности пшеничным зерном всех имеющихся в Татарии элеваторов (это — во время отсутствия белого хлеба и наличия подозрительного чёрного в магазинах). И полной, во всяком случае, на словах, убеждённостью в том, что «знаменитую» в те времена трилогию Л. И. Брежнева («Малая земля», «Возрождение», «Целина») написал сам «великий борец за мир». Я, сдавший кандидатские экзамены, не вынужден был посещать семинары для аспирантов на кафедре основ марксизма-ленинизма. Но полностью идеологической обработкой не был обойдён, посему и слышал эти и другие задушевные проповеди проводника линии партии. Кстати, заведовал кафедрой марксизма-ленинизма в 60-е годы доцент Рауф Лутфуллович Даминов. Когда, пусть простят меня марксисты, бог раздавал ораторские таланты, Даминов, наверное, конспектировал «Краткий курс истории ВКП(б)» - и к раздаче опоздал...

Ушедшего на пенсию Р. Л. Даминова сменил доцент (фамилию не вспомнил), обладавший совершенно иным темпераментом. Инвалид войны (без ноги) — он позволял себе говорить на лекциях то, что казалось многим его слушателям недопустимым. Так, например, он утверждал, что надо прекратить глушение западных радиостанций. И когда такое, на самом деле, произошло — был очень горд. Впрочем, его, по достоверным слухам, не раз вызывали в партийные (может быть, и в другие) органы для «прочистки мозгов».

О. С. на сообщение о комсомольской карьере его аспиранта обречённо (как будто предчувствовал, чем и как эта карьера завершится) заявил: «Это всё штучки Келина». Игорь Александрович Келин был начальником военной кафедры, полковник медицинской службы, грудь парадного кителя которого в праздничные дни была увешена многими орденами, включая ордена КНР. Воевал он, значит, и в Китае. И. А. выделялся из среды сотрудников кафедры, среди которых были и другие полковники, отсутствием у него выраженного «солдафонства». И красивым лицом, волнистыми волосами. Жена Келина была директором школы с углублённым изучением английского языка. Келин был парторгом, который «не смотрел в рот» ректору; все, кто был после него — просто «проводили» желания ректората через бюро. Таково было правило. Коль, как пелось, «партия — наш рулевой», все решения администрации должны были получить «добро» парткома. Правда, и ректор Х. З. Ахунзянов (во времена руководителя парткома Келина) был не силён.

В 70-е годы я сопровождал Келина, уже только лишь начальника военной кафедры, во время его встреч в общежитии с врачами-курсантами. Например, когда отмечался (не помню - какой) юбилей прорыва или окончания блокады Ленинграда. Келин служил в войну на Северо-Западном фронте. И пока собирались курсанты или когда ехали вместе домой — он жил в моём районе — рассказал кое-что из запретного. В соседней части солдаты убили и съели присланную в часть (то есть, не изголодавшуюся, не скелетоподобную) медицинскую сестру. Для предотвращения подобного ужаса Келин разрешил доверенным, что ли, солдатам утопить в болоте лошадь, а потом отдать труп лошади на кухню. Согласно приказу командующего фронтом, убийство и съедение лошадей, вытягивающих в вязкой местности военную технику, каралось расстрелом. А тут разыграли несчастный случай...

Сменил И. А. Келина на кафедре полковник из Казанского госпиталя (начмед?) — Виталий Александрович Сивков. Крупный, до неприличия толстый, рыжеватый. Свежеразведённый. Не было в нём той аристократической выправки во всём, которая характеризовала
И. А. Келина. И ездить на работу и с неё приходилось ему в кабинке кафедрального грузовичка: разведясь, перебрался к родителям, что жили на задворках Казани, в районе желатинового завода.

В. А. Сивков пришёл в ГИДУВ, помнится, подполковником. Но должность начальника учебной части военной кафедры, которую он поначалу занимал, была полковничьей. Повышение в звании сопровождалось обязательным ритуалом. (Это я — со слов И. А. Келина, поведавшего мне о сей «обязательной» торжественной церемонии, которую не миновал его преемник.) Коллектив кафедры собирался за столом, всем наливали выпивку. Всем ли — коньяк, закупленный виновником торжества — не знаю. Но «рождающемуся» полковнику наполняли доверху коньяком стакан, на дне которого покоилась третья большая звездочка (одна или две? — погон-то два). Он обязан был влить в себя всё содержимое стакана — и лишь тогда имел право нацепить эту золотистую звездочку на погон(ы). Без выпивки в то время не совершалось ничто. Народ спивался, в том числе, и военнослужащие...

И ещё был на кафедре самый молодой преподаватель. То ли капитан, то ли уже майор. Красавиц, с такой же красавицей женой. Готовился в адъюнктуру, в Военно-медицинскую академию им. С. М. Кирова в Ленинграде. А отправился в... тюрьму. Оказывается, он вместе с бывшим сотрудником кафедры (отставным полковником или подполковником) списывал, соответственно утраченным срокам годности, медикаменты в гарнизоне (располагавшемся в казанском Кремле). Эти медикаменты полагалось уничтожать, а не ПРОДАВАТЬ налево (МОРФИЙ!!!). Получили военные врачи по несколько лет исправительно-трудовых работ. Несостоявшийся адъюнкт, по слухам, строил что-то в Нижнекамске. Значит, и его руками создавался ещё один гигант нефтехимии Татарии.

*

Теперь — снова о комсомольской и партийной работе. И ещё о кое-чём очень важном, хотя всё это — дела давно минувших дней.

В один и моих приёмных дней в чулан, на дверях которой висела самодельная табличка «Комитет ВЛКСМ», как-то стеснительно вошёл Марс Михайлов. Я знал его в лицо, так как несколько раз видел его в ГИДУВе. Он как раз начал работу на кафедре рентгенологии в должности лаборанта. Представился, спросил, как мне работается и... КАК ЕМУ ПОЛУЧИТЬ ЭТУ МОЮ ДОЛЖНОСТЬ? Тогда я был таким вопросом потрясён, в голове, наверное, даже промелькнула мысль: «Каков, мол, карьерист!». Но заявляю сразу: Марс (мы потом познакомились ближе, но вряд ли были «на ты»: Марс был весьма вежлив, да и я «тыкал» редко), если прочтёшь (прошу прощения за фамильярность обращения, хотя ты на целых ТРИ ДНЯ старше меня, но мы ведь знакомы ПЯТЬДЕСЯТ ЛЕТ) эти мои пред-по-лага-е-мы-е мысли, знай: «Я был неправ!». А не предполагаемой, действительной мыслью была: «Неужели удастся избавиться?» (от комсомольского секретарства).

Не могу вспомнить, как не пытался это сделать, кому я передал свою комсомольскую должность. Но — не Марсу (Ирине Николаевне Максимовой с курса лабораторной диагностики?). А кому отдал в полное владение каморку под крышей — помню очень хорошо. Заместителю ректора института по гражданской обороне. В то время повсеместно расширялась служба гражданской обороны. На случай войны, применения противником оружия массового поражения, и тому подобное. Начальниками этих служб назначались руководители предприятий и учреждений. Но в помощь им придавались заместители из числа военных-отставников. Те были к моменту отставки ещё относительно молоды (где-то 50-55 лет, а то и моложе), а прибавка к пенсии — кому помешает. Тем более, за такую хилую работёнку. ГИДУВу повезло: ему достался полковник в отставке, да ещё с «полководческим орденом Александра Невского» (слова начальника военной кафедры Келина, сказанные с трибуны какого-то праздничного собрания). Только пристроить его институту было некуда. Наконец, вспомнили, что «комсомольский кабинет» используется редко — и отставного полковника впихнули с его противогазами в эту каморку. Делать отставнику было нечего, но он постоянно всем рассказывал, сколько у него забот. То — надо достать, это — заказать, ректору представить какие-то списки, в городской штаб гражданской обороны (кстати, штаб ГО располагался-окопался в отдельном здании и расположенном рядом бункере на относительно скрытной части территории санатория «Казанский») - отчёт, посетить инструктаж, сочинить легенду учений... Помните, я выше писал о заботах комсомольского секретаря ГИДУВа — та же «туфта».

И, самое главное, он страдал от мизерности предоставленного ему помещения: малого по площади, без окна, телефона... почти всего того, что он имел как армейский командир. А тут ещё иногда я прихожу и мельтешу перед ним. Правда, с моим уходом с поста комсомольского секретаря овладел он каморкой без боя... «Неприятель» бежал, бросив всё «вооружение» (стол, шкаф, стул, второй ключ от входной двери, корзину для мусора). С той «победы» скучал заместитель ректора по ГО в каморке один, если не забегали к нему почесать языки такие же «свехзанятые» работнички. Зато безработицы в СССР, в отличие от стран «загнивающего Запада», не было. Впрочем, чаще всего единовластный распорядитель каморки надолго отлучался «по делам».

*

Моему освобождению от руководящей комсомольской работы помог комический случай. На парткоме мне ставили в упрёк отсутствие в институте художественной самодеятельности. Мол, пора на общеинститутских собраниях не только приглашённых артистов смотреть и слушать. Но где институтские таланты найти? Клиники и кафедры разбросаны по разным местам — как и кого искать? Кому этим заниматься? Не аспиранту же...

Помогла упоминавшаяся выше врач-лаборант Ирина Николаевна Максимова из терапевтической клиники, игравшая на фортепиано и знавшая многих сотрудников (её мать долго работала в ГИДУВе). Репетировали у неё дома.
Не помню, конечно, кто что исполнял, но свой «коронный» номер не забыл по сей день.

Мы выступали после собрания по случаю какого-то революционного праздника. В, если не изменяет память, Доме культуры медицинских работников. Наши скудные артистические силы подкреплялись студентами театрального училища. Но вёл концерт я. Как-то острил. Типа «приветствую всех мужчин и женщин, полных и худощавых, брюнетов и блондинов, умных и... аспирантов, пр.»: «по'шло!» - решили все по поводу последнего противопоставления. Но когда я, закончив приветствие, представился публике как АСПИРАНТ кафедры терапии — дошло. Захлопали.

Я уже рассказывал, что присутствуя на заседаниях парткома, слышал там то, что широко не обсуждали. Ибо такого у нас быть не должно. Значит — по логике тех лет — и трезвонить об этом не надо.
Нина Лазаревна Капелюшник — в те годы ещё ассистент кафедры акушерства и гинекологии — была ответственной за работу с курсантами в общежитии (в конце моего пребывания в институте это же поручение было у меня, но — от местного комитета).

Нормальным людям должно быть понятно, что долгая оторванность от семьи, многоместные комнаты, скученность во всех общих помещениях (от душа до библиотеки) должны были найти клапан. Но в партбюро положено было считать врачей-курсантов детьми, требующими строгого контроля. Вот и жалуется Н. Л. на то, что курсанты пьют вино и водку, поют, шумят. И — самое страшное! — используют для их же блага созданные удобства не по назначению.

В узких коридорах общежития стояло несколько столов для глаженья, покрытых плотными одеялами. Но врачи-курсантки жаловались, что им не нравится гладить исподнее на виду у проходящих мимо врачей-курсантов. «Мы специально для них открыли гладильную комнату», - с пафосом заявляет Нина Лазаревна - «а они превратили её в комнату свиданий!». Безобразие! Срам-то какой!

И вот на означенном концерте я начинаю рассказ о композиторе Яне Френкеле, о поэте-песеннике Константине Ваншенкине, привожу примеры их раздельного и совместного творчества. А потом прошу аудиторию послушать песню на музыку Яна Френкеля, слова к которой написал Вайнштейкин.
Прошло много лет, детали забыты. Но начало и один из куплетов помню:

Френкель песню сочинил -
это не событие.
Я слова к ней написал
про наше общежитие.
Припев: Любовь-кольцо, а у кольца,
начала нет и нет конца,
любовь-кольцо...
(это из популярного тогда фильма «Женщины», 1965)

Далее в зарифмованной форме передаётся рассказ Н. Л. на парткоме, конец которого был такой:

Комнату гладильную
дали нам, подруга.
Только гладят вечерами
там врачи друг друга.
Любовь-кольцо...

Реакция на этот куплет была подобно взрыву, особенно — присутствующих на концерте врачей-курсантов. И, возможно, взрывом смеха всё окончилось бы. Если бы в первом ряду не сидел преподаватель кафедры марксизма-ленинизма — крупный, очень полный, слепой. Содрогаясь от смеха, он свалился со стула. Свалился он по простой причине: из-за его габаритов сидел он на самом краешке стула, так как глубже продвинуться ему мешали подлокотники. Его примерно полтора центнера веса раза в три более лёгкая жена не смогла удержать. Глухой удар грузного тела о пол. И ещё один взрыв смеха, да какой!
Только мне, наблюдавшему с высоты сцены падение марксиста, стало не до смеха...

На следующий день об этом вечере говорил весь институт. Я был ещё мало известен, поэтому «какой-то аспирант...». А далее, как всегда, реальное смешалось с домысленным. Дошло до О. С. Он пошёл в партком и заявил, что у меня открылась язва 12-перстной кишки, в связи с чем просил освободить «больного аспиранта» от комсомольских нагрузок. Как он боялся любых происшествий, затрагивавших его покой!

А насчёт язвы он не придумал. От нагрузок и не лучшего питания у меня появились сильные боли в животе. Пошёл на рентгеноскопию желудка — А. П. Максимов увидел язву. О. С. затолкал меня в эндокринологическое (самое уютное) отделение, но я уже через неделю сбежал оттуда. Так мне помнится или кажется: исследования не должны были приостанавливаться.

*

Однако, возвратимся к трудной теме. Теме сосуществования с властью, которую очень многие видели совсем в другом свете и цвете, чем она (власть) видела себя сама. Несмотря на её титанические усилия, граничащие с насилием или переходящие в таковое, дабы все без исключения видели её превосходство по сравнению с властями, опять же, всех без исключения стран. Это ей в какой-то степени удавалось, чему способствовал опущенный властями СССР «железный занавес». За рубеж ездили избранные, их водили, словно детсадовских ребят, «за ручку». Среди «воспитателей» был минимум один из штатных или внештатных представителей «компетентных органов». Рассказы избранных знакомым, сослуживцам о поездке за рубежи нашей самой свободной в мире страны контролировались. За «неправильные» впечатления навсегда лишали возможности выезжать за рубеж.

Зарубежные радиостанции, вешающие на русском языке, глушили. Зарубежные фильмы проходили предварительную цензуру. Из части допущенных к прокату вырезали отдельные кадры, целые куски. То же — с зарубежной литературой, музыкой... [Кстати, для партийно-советской знати многие не допущенные к широкому прокату фильмы демонстрировали (с закадровым переводом диалогов) в закрытых кинозалах. Один из таких «кинотеатров для элиты» был в объединении «Тасма» (фабрика киноплёнки, или хим. завод им. Куйбышева).]

Короче, нужно было каждому, кто планировал в жизни подняться несколько выше уровня простого рабочего, колхозника или рядового служащего, решать, какой

способ сосуществования с государством выбрать.
А то, во что эволюционировала советская власть, нравилось далеко не всем. Можно было открыто проявить себя диссидентом (инакомыслящим) и угодить за это в лагерь. Примеров — сотни. Можно было стать «тунеядцем», как будущий Нобелевский лауреат Иосиф Бродский, и быть сосланным в глухую деревню. Можно было, имея высшее образование, устроиться истопником, ночным сторожем и т. п. — и сочинять в кочегарке стихи или романы, переправляя их для публикации под псевдонимом на Запад. Примеров — опять же, сотни. Были ещё другие варианты явного или скрытого противления властям.

А можно было жить «здоровым конформистом» (мне понравилось это выражение дочери профессора Д. М. Зубаирова), пассивно принимая существующий порядок вещей, но не подыгрывая властям, когда те начинали ломать души и кости, «идти по трупам», пр. Такие люди-конформисты — на фоне явных доносчиков (сиксотов), провокаторов, пр. – в ту пору считались, почти по праву, честными, даже если к тому же вступали в ряды КПСС. Без партийной книжки, я уже об этом упоминал, высоко подняться было трудно, а то и — совсем невозможно. Какие были основания упрекать того же Д. А. Зубаирова, вступившего в партию? Или упоминавшихся И. П. Арлеевского, В. Е. Волкова, М. К. Михайлова? Оттого, что я остался прЫнципиально беспартийным, никто не дал мне право осуждать других, ставших членами КПСС, даже тех, кто немедленно не выбросил партбилет после распада СССР.

Да, в те времена всех, стремящихся к так называемой общественной работе (особенно, работе комсомольской и партийной), считали карьеристами. По общепринятому мнению, самому стремиться заполучить такие должности было (сверх)нескромным. Вот, мол, если тебя коллектив выдвинет, попросит, то лишь тогда ты должен как бы нехотя, вынужденно согласиться. И тут же — обещать оправдать доверие коллектива. Хотя все знали, что спонтанное выдвижение так же редко, как солнечное затмение. А весь этот спектакль с выдвижением срежиссирован в партийных инстанциях.

На Западе, в частности, в ФРГ (кстати, первая служебная поездка руководителя парткома ГИДУВа М. К. Михайлова в капиталистическую страну состоялась ещё в мою бытность в Казани и вроде бы именно в ФРГ), желающие занять какую-то должность — от председателя поселкового объединения кролиководов до канцлера — заявляют о своём желании сами. Будут ли они поддержаны большинством выборщиков — другое дело.

В самом начале моего пребывания в Казани я услышал от Оскара Самойловича, имевшего почти завершённое биологическое образование, об общепсихологической теории установки Дмитрия Николаевича Узнадзе (1887-1950). Объясню, о чём идёт речь с помощью краткой цитаты из ВикипедиИ, где указано, что Д. Н. Узнадзе был автором "работ «Основные положения теории установки» (1961) и «Экспериментальные основы психологии установки» (1966), в которых вводится и обосновывается понятие установки как «границы» между субъективным и объективным. Возникая при столкновении потребности субъекта и объективной ситуации её удовлетворения, установка, по Узнадзе, представляет собой целостное, недифференцированное состояние субъекта, предшествующее деятельности."

Так вот, каждый решает для себя, каким путём ему лучше идти к цели. И если на этом пути он не приносит в жертву других, путь этот, нравится ли сие кому или нет, надо считать допустимым. Мою мать — главного врача — принудили вступить в партию, угрожая лишить должности. И проработала она главным врачом, последние годы — членом КПСС, двадцать пять лет. Мой сын, попав на военно-медицинский факультет, стал членом КПСС, потому что в армии это было просто необходимым. Должен ли я был отказаться от матери и сына, считая *для себя* вступление в КПСС предательством моих нравственных принципов? Всё — ой, как непросто!

*

Марс Константинович Михайлов в мои годы работы в ГИДУВе (я пишу только об этих годах лишь потому, что был свидетелем тех лет; это не означает, что позже М. К. стал другим), насколько я знаю, ничем себя плохо не проявил. Не всем, наверное, он нравился, но не это было задачей его жизни. Простой парень из деревни, попав в интеллигентную семью (его жена была дочерью профессора ветеринарного института), быстро подтянулся до уровня этого семейства. Помнится, не раз видел его с женой и юным сыном на театральных постановках.

Конечно, все мы и г р а л и в той жизни: откровенность не приветствовалась. Каждый — по способностям, по задумке. О своих ролях я ещё расскажу.

М. К. в 1978 г. защитил докторскую диссертацию. В том же году профессор И. М. Рахматуллин освободился, наконец, от ненужной ему уже давно обузы ректора ГИДУВа. Ректором был назначен бывший в то время секретарём парткома доцент Мунир Шарафутдинович Билялов (1928-1980). А секретарём парткома избрали, неожиданно для всех, М. К. Михайлова. Он и сам был ошарашен. Поэтому я и оценил просто как «защитную реакцию» его кокетливый вопрос мне: «Слышал(и), как меня «бросили»?». Предугадать, как будут далее развиваться события, никто не мог.

Молодой М. Ш. Билялов (я ещё о нём напишу) вскоре, в 1980-м году, умер. Ректором — как положено было — стал секретарь парткома М. К. Михайлов. И пробыл на этом посту 27 лет! Навряд ли этот рекорд будет когда-либо побит. Если ещё кто-то сомневается в незаурядных способностях М. К. Михайлова, пусть протестирует себя на зависть.

Многие останутся в недоумении, чего это я тут воспеваю почётного ректора ГИДУВа? Просто так. Из-за чувства справедливости, потому что знал, а потом уже, будучи далеко от Казани, слышал, как многие его обливали грязью, ставя ему в упрёк всё, включая его деревенское происхождение. А если бы я ему завидовал, то только в одном. В том, что у него такая умная и преданная жена. И что посчастливилось ему прожить с ней уже столь долгие годы (коллажи 03., 04. и 24.).

Алиса Хайрулловна Михайлова пришла на кафедру терапии №2 после отъезда О. С. Радбиля. Она работала в клинике Л. М. Рахлина, защитила кандидатскую диссертацию и была откомандирована на нашу кафедру. Всегда ухоженная (не из тех, кто добравшись впопыхах до рабочего места, начинал приводить себя в порядок), спокойная, ровная со всеми она, к моему удивлению, оказалась такой ранимой, такой — нет, не сентиментальной — повышенно чувствительной (сенсибилизированной, что ли) к несправедливости.

Наверное, это — результат семейного воспитания. Я до сих пор не могу забыть, как она плакала во время кафедральных совещаний, на которых Р. И. Хамидуллин, не понимая что' творит, говорил глупости и грубости. Нет, он никогда не употреблял нецензурные слова, никогда не «добивал» никого, незаслуженно или даже заслуженно ругая. Он просто не понимал, для кого какое слово как отзовётся. Единственно, что Рагиба Ибрагимовича тут может частично извинить: словарный запас, что касается русского языка, был у него, прямо скажем, бедноватый. Других языков он не знал совсем, кроме — немного — татарского языка.

А. Х. привыкла в ГИДУВской клинике проф. Л. И. Рахлина к совершенно иным человеческим взаимоотношениям. Как говорят медики, к индивидуальному подходу. И в тех случаях, когда другие преподаватели кафедры либо не подавали виду, либо обменивались понимающими взглядами (ну, мол, что' с него взять), либо резко возражали заведующему кафедрой, Алиса Хайрулловна как бы не верила своим глазам и ушам. То, что происходило, не укладывалось в её понимание коллегиальности, такта, порядочности. Я себя уже давно «вынес за скобки», был как бы наблюдателем (я работал на базе медсанчасти объединения «Тасма»), но не забываются эти картины. А прошло с той поры тридцать пять лет!…

*

Если вы спросите меня, какой я выбрал путь «при столкновении потребности субъекта и объективной ситуации её удовлетворения» (Д. Н. Узнадзе), то я отвечу — шута и дурашливого трепача. Я появлялся в ГИДУВе, в учебной части — центре встреч всех преподавателей, главным образом, чтобы только рассказать анекдот. И — тут же исчезал. Самая старшая (и по возрасту, и по ГИДУВскому стажу) из сотрудниц, заведующая учебной частью Раиса Яковлевна Нейман — дама старой формации и закалки — не зря называла меня «фигляром». Это ей не мешало через несколько лет посылать ко мне на консультацию родственников, знакомых, соседей... Елизавета Максимовна Штейнбух, занявшая пост Р. Я. после ухода последней на пенсию, относилась ко мне совершенно серьёзно. А с Екатериной Спиридоновной Аннушко (коллаж 26.) мы могли вести доверительные беседы на самые сокровенные темы. Её муж — отставной полковник — возглавлял … гастроном на Советской площади. Увы, рано умер от рака глотки. Е. С. поведала мне, как устраивала дочь-врача в клиническую ординатуру. Приехал в Казань один из крупных руководителей Минздрава СССР (фамилия тут не обязательна — дело в системе). Она подошла к нему, вручила конверт с указанием желаемой кафедры и... определённым количеством хрустящих бумажек с изображением Ленина. Вскоре прибыл приказ из Москвы о дополнительном месте в ординатуру для её дочери. Я привёл этот пример, дабы напомнить вздыхающим по брежневским временам, в какой стране мы жили... Как прав был советский поэт-песенник Лев Иванович Ошанин (1912-1996), сочинивший ещё в 1955-м году песню, в которой были слова: «Ленин всегда живой, Ленин всегда с тобой - в горе, в надежде и радости...»!

В учебной части работала сначала и молодая Анна Николаевна Новикова, но её Т. Б. Толпегина забрала к себе, в научную часть. А. Н. (бывшая Анечка) сразу стала важной: ведь ей приходилось иметь дело с подававшими материалы для защиты диссертации на Совете в ГИДУВе. А соискатели, известно — народ покорный. Они постоянно как бы чувствуют себя виновными в том, что кого-то потревожили своими намерениями получить искомую научную степень. Со мной А. Н. было трудно найти линию поведения: с одной стороны, - прежняя наша трепотня, с другой, она - уже на более ответственном посту, я - подавший докторскую к защите (но всё такой же трепач, как и раньше).

Я приходил к Татьяне Борисовне Толпегиной — проректору по научной части, чтобы спросить, «когда же, наконец, откроют для меня кафедру» (для неё-то открыли, но об этом - далее). Т. Б. принимала мою игру, поправляла, глядя на своё отражение на полированной-лакированной поверхности стенки шкафа (у неё было весьма милое лицо), прядь волос и серьёзно спрашивала: «А зачем Вам кафедра?». «Рабы нужны» - так же серьёзно отвечал я - «Идей много, а проверить их рук не хватает». И — прощался, обещая вскоре прийти снова с тем же вопросом.

Т. Б. Толпегина пришла в ГИДУВ почти вместе с новым ректором И. М. Рахматуллиным. С той же кафедры патологической физиологии медицинского института. Кроме проректорства, получила курс функциональной диагностики, хотя была далека от расшифровки электрокардиограмм, спирограмм, пр. - дальше некуда. В 1970-1979 г. г. Т. Б. Заведовала *клинической* кафедрой аллергологии и иммунологии, которую потом получила Равиля Халиловна Бурнашева. Р. Х. — об этом ниже — защитила докторскую диссертацию на пару месяцев раньше меня и несколько лет ожидала НЕтерпеливо (жалуясь даже мне) ухода Т. Б. с должности заведующей кафедрой.

«Зачем Вам лететь в Ереван на Всесоюзный съезд патологоанатомов? Ведь это не по Вашей части?» - спрашивал меня ректор Ирек Махмудович Рахматуллин, удивлённо глядя на мою просьбу о командировке. «Боюсь, что без меня съезд не состоится», - «объяснял» я ему, поняв бесполезность моей затеи. И, извинившись, уходил, не ожидая дальнейших расспросов. И. М. с облегчением-огорчением вздыхал: «Набрали тут всяких...»

В последние годы, желая как можно меньше бывать на кафедре, где творилось черти что, я предпринял следующий демарш. Положил на стол Р. И. Хамидуллину просьбу разрешить мне занятия в Татарском общественном институте патентоведения. При этом процедил сквозь зубы, что сам уже своему рационализаторству не рад, из чего следовало ему понять: эти занятия — принудительное мероприятие. О моих рационализаторских порывах (новые виды

желудочных зондов, пр.)
Р. И. слышал. Подписал, словно совершил великодушный поступок, а сам, наверное, подумал, что «так ему и надо!». Ректор, увидев «добро» заведующего кафедрой, тоже подмахнул, даже не вникая: главное — институту за моё обучение не надо было платить.

А потом в ГИДУВ прибыла официальная бумага из этого института патентоведения, из которой следовало, что в течение ДВУХ ЛЕТ я освобождаюсь от работы по субботам — дням занятий в институте. Не всегда по субботам я двигался в сторону института патентоведения (были и другие цели), но диплом патентоведа ВОИР (Всесоюзного общества изобретателей и рационализаторов) получил. В чём немалая заслуга утрясавшей все дела во время моей учёбы Риммы Александровны Батулиной. О моём очередном дипломе тут же узнала вся республика! Разумеется, об этом позаботился я сам (коллажи 10. и 25.).
Потом, уже в Тернополе, я получил ряд свидетельств об изобретениях, чем как бы оправдался перед всеми.

Если дело приобретало серьёзный оборот, то я поступал несколько по-иному. Моя жена из поликлиники медсанчасти, где она работала, довольно часто в приказном порядке направлялась в военкомат, где допризывники проходили медицинскую комиссию. Организовано дело было не лучшим образом, так что в некоторые дни члены комиссии часами сидели без дела. И болтали, распивая чаи.
Возглавлял комиссию отставной офицер (не врач), высказавшийся однажды (не помню уже, с чего бы это вдруг) следующим образом: «Я бы всех евреев собрал и выдворил из страны. От них — одни беды.»

Не пришло ему в голову, что у врача Лидии Николаевны Карташевой, с типичным лицом русской женщины (на котором не было и тени «монголо-татарского ига» XIII-XV-го веков) может быть муж с такой недвусмысленной фамилией! Кстати, когда мы расписывались (в конце 1960-го года), Лида удивилась (как и её родители позже), что я настоял на сохранении ею девичьей фамилии. А меня ещё более удивило, что её отец — третий секретарь райкома партии! — долго не понимал моих объяснений. Я ниже вернусь к этой теме, но пока — о бравом отставнике, желающем очистить «Союз нерушимый республик свободных» от причины бед великого русского и других братских народов, к которым евреев никак, конечно, было не отнести.

Когда я это услышал от жены (её, надо сказать, офицерское «рационализаторское предложение», очень смутило; она, пересказывая его мне, раскраснелась), посоветовал ей на следующий день поговорить с председателем медицинской комиссии. Причём, поговорить, прикинувшись умственной недотёпой: «Вот Вы, опытный человек, вчера сказали... Я целый вечер думала, как же это связать с призывами партии к дружбе всех народов... Я и мужа допытывала, а он говорит: отвяжись, иди в горком-райком партии и выясняй, если тебе интересно... Собираюсь сегодня-завтра после работы...». С каждым предложением-лепетом моей жены кровь всё более отливала от лица отставника. Через минуту его уже можно было класть в гроб. Из пересохшего рта председателя комиссии вылетали едва слышные фразы: «Нет, Вы меня, Лидия Николаевна, не так поняли... Да я не то имел в виду...Зачем горком-райком?.. Я...». Думаю, что этот случай бравый «выдворитель евреев» запомнил на всю жизнь.

Так вот фиглярничал я в эти годы, совпавшие почти полностью с застойной брежневской эпохой. Это помогало не сорваться, даже чего-то достичь. Но — одновременно — ещё плотнее перекрывало и без того непроходимые, в частности, для меня пути наверх.

*

Не один я выбрал такую линию поведения. В ГИДУВе кафедрой функциональной диагностики заведовал в 1974-1982 г. г. профессор Эльмарс Альфредович Озол. Я его знал ещё с первых лет аспирантуры. Э. А. был сокурсником заведующего кабинетом функциональной диагностики железнодорожной больницы Юрия Матвеевича Красновского. А учились они до войны вместе в Воронежском университете. Ю. М. попал на фронт (я об этом выше писал), а Э. А. эвакуировался в Казань, так как страдал ревматическим пороком сердца и посему был признан негодным к военной службе. Отец его — Альфред Эрнестович Озол (1891-1979) заведовал в медицинском институте кафедрой эпидемиологии (1942-1968). Я его - седовласого старичка - помню, так как заходил на эту кафедру к жене моего друга Владика Абдаразякова Венере Ибрагимовне - лаборанту кафедры (я о них уже писал).

Эльмарс Альфредович посещал Юрия Матвеевича «просто так»: поговорить, поломать голову над неясной электрокардиограммой, пр. Где он работал в то время, не знаю (или забыл), но занимался Э. А. функциональной диагностикой. И собирал материал для докторской диссертации. Так вот, Э. А. тоже принял, прошу прощения, личину простачка. Хотя таковым не был. Был образованным, знал хорошо английский язык (читал на нём художественную литературу), возможно, и другие языки (отец его знал латынь, немецкий и французский языки), играл Баха (и не только его) на фортепиано. Об этом рассказывали мне М. И. Пивикова и Д. Х. Максудова, дружившие с Э. А. Озолом.

А «под простачка работал» Э. А. с какой-то своей целью. Я её подразумеваю, но не хочу публично высказывать, так как доказать это не в состоянии. Тем более, Эльмарс Альфредович, увидев меня (по правде говоря, не только меня), улыбался во весь рот, разводил руки, как бы собираясь меня обнять. Хотя был он старше меня, его «тыканье» мне не нравилось. Подозрительным виделись его постоянные уверения, что он то или другое делает только для кого-то. Например, диссертацию пишет только потому, что этого Леопольд Матвеевич Рахлин - его научный консультант желает. После защиты докторской он повёз официального оппонента (московского профессора - нашёл же всё-таки!) из гостиницы до вокзала на трамвае, а не, как это было принято, даже если путь был короток, на такси. И сам же рассказывал об этом своём «чудачестве» всем...

Юрий Матвеевич, знавший Э. А. много лет, охарактеризовал мне Э. А. , когда я ему высказал сомнения по поводу искренности поведения Э. А., следующим образом: «Эльмар («с» никто не произносил в его имени), выходя из помещения, снимает перчатку, слюнявит палец, определяет в какую сторону дует ветер, поднимает воротник — и идёт к той остановке трамвая или автобуса, которая находится по направлению ветра. Метафорическая характеристика, выданная другу человеком, который «открытым текстом» предпочитал не высказываться (немецкий плен, проверки и гонения после освобождения — см. выше). Но в ней просматривается истинный Э. А.

*

Коль уж и моя жена попала в воспоминания, хотя речь как раз идёт о моей кандидатской диссертации, свяжем эти два понятия. Немного далее. А пока мы — перед летним отпуском 1965-го года. Я приношу О. С. напечатанный мною на кафедральной машинке первый вариант диссертации. «После отпуска посмотрю» - говорит О. С. «Что Вы?!!!» - я делаю трагическое лицо. «Но мне ведь надо пару месяцев, чтобы разобраться!» - О. С. театрально всплескивает руками. «Двух недель хватит вполне!» - я ставлю не точку, не вопросительный, а восклицательный знак в конце моего... требования. И О. С. сломался. Сложил не толстую рукопись в портфель, задумчиво приговаривая «две недели, две недели...», а в уме ещё — «во, каков!».

Не спешите обзывать меня — в который уже раз — «нахалом» (если поверите в написанное выше) или «вруном», если не поверите. Дайте объясниться. Печальный опыт прежних учеников О. С. (так и не защитившихся ранее меня), рассказы о тягомотине на резине с проверкой диссертаций теми или иными профессорами (до двух лет!) придали мне решимости. И я знал, что О. С. уже самому надоела репутация «не готовящего научную смену», в отличие от второго профессора-терапевта в институте — Л. М. Рахлина.

А сейчас вы поверите. О. С. радикально изменил структуру диссертации, придав ей вид научного труда, соответствующего тогдашним неписанным правилам. Что-то посоветовал конкретное по способу изложения фактов. В цифры, расчёты не углублялся. Выводы сделал стройнее. Я со всем согласился, так как у меня не было никакого опыта написания диссертации. Читал, правда, некоторые. Но наверное, не самые лучшие, если на них мало чему научился.

К возвращению О. С. из отпуска переработанная диссертация лежала у него столе. Через неделю он, сделав минимальные поправки, дал «добро» на печатание начисто. Спросил, где я намереваюсь защищаться. Я ответил, что ни в коем случае в ГИДУВе.
—Почему?
—Не смогу выговорить «Глубокоуважаемый Хамза Закирович!» (ректор, председатель Совета по защите диссертаций).
О. С. промолчал, хотя мог бы меня крепко пожурить. И за аргументацию, и за форму её изложения.

А с ректором, действительно, отношения не сложились. Я ведь, помните, был зачислен в аспирантуру вопреки его инструкциям Н. И. Вылегжанину. Потом был инцидент, связанный с моей командировкой (я прошёл в ЦОЛИУ — во время аспирантуры — заочно-очное усовершенствование по медицинской статистике, предназначенное не для аспирантов, а для преподавателей), оплату которой ректор не санкционировал. Хотя и проректор по научно-учебной работе, и главный бухгалтер (тот самый главбух!) оплату проезда и суточных на время пути посчитали правомерной (коллаж 11.)…

*

Печатали диссертацию в управлении 7-го завода по ул. Короленко. Как раз наискосок от дома, где я жил. В медсанчасти этого завода, как я уже упоминал, работала врачом моя жена. Дабы ускорить процесс печатания, она раздала три части диссертации трём разным машинисткам. Через неделю, там же на заводе переплетенная, диссертация в необходимом количестве экземпляров была готова. И если шрифты машинок не очень отличались один от другого, то бумага была трёх разных сортов. Весьма заметно, если смотреть на верхнюю, нижнюю или боковую части, ровно обрезанные после скрепления страниц в одно целое. Однако, заднего хода не было. Ни времени, ни денег на перепечатку тратить не хотелось. Сошло. Как будто никто и не заметил.

Н. И. Вылегжанин — тогда ещё *единственный* проректор (по учебной и научной работе) быстро оформил все необходимые бумаги. [Проректора по административно-хозяйственной работе тоже ещё не было: был заведующий хозяйством (завхоз) по фамилии Куликов.] Диссертация была готова к подаче. А до окончания аспирантуры оставался ровно год.
Тут, на счастье, к О. С. Радбилю приехал, прося оппонентства по докторской диссертации, доцент Фридман из Уфы. Привёз, помню, огромный том, да ещё такой же — с приложениями. О пользе минеральной воды курорта Красноусольск в Башкирии. Заведующий кафедрой, где работал этот доцент — профессор З. Ш. Загидуллин — был как бы обязан, в благодарность, оказать подобную услугу ученику О. С.

Поехал в Уфу. Проректор по научной работе фармаколог профессор Дина Наумовна Лазарева назначила защиту на май 1966-го года. Вторым оппонентом посоветовала взять доцента Р. Н. Абдуллину (как будто мне было что-то о ней или о других возможных оппонентах известно). Встретился с профессором З. Ш. Загидуллиным, получил согласие Р. Н. Абдуллиной и вернулся в Казань ожидать разрешение на печатание реферата диссертации.

7-й завод выпускал, по слухам, устройства управлением полёта боевых ракет. Инструкции к устройству печатались тоже на заводе, ведь они были секретны не менее самих ракет. Тираж и объём этих инструкций остался до сих пор военной тайной. Написанная мною инструкция «Электролитный обмен, минералокортикоидная функция коры надпочечников и лечебное действие ацетата дезоксикортикостерона при язвенной болезни желудка и 12-перстной кишки » была напечатана — это известно абсолютно точно — тиражом всего в 300 экземпляров и имела объём 1, 75 печатного листа. Что составляло настолько малую толику печатной продукции заводской типографии, что её изготовление прошло незамеченным. Как и вынос сей инструкции — по частям — за охраняемую территорию завода. И ни одна иностранная разведка, даже по ошибке, не посягала на составленную мною инструкцию по лечению «язвенников». По ракетам они от нас отставали, по медикаментам для лечения гастро-дуоденальных язв были на десятилетия впереди. Посмотрел в интернете: российская фармацевтическая промышленность до сих пор рекомендует бальзам Шостаковского (винилин), в частности, для лечения язв желудка и 12-перстной кишки! Что ей открытие, увенчанное Нобелевской премией, о чём я писал выше?!

И — возвращаюсь к техническим проблемам печатания диссертации и автореферата — тут я не бахвалюсь. Иного пути не было. Или он был настолько тернист, продвигалось по нему всё так медленно, пробуксовывая в самых неожиданных местах, что стоил он трудов и нервов не менее, чем работа над диссертацией. Даже бумага была таким дефицитом, что поиск её начинался уже при утверждении темы диссертации.

*

Что — немаловажно: к моменту печатания автореферата у меня уже были опубликованы четыре журнальные статьи по теме диссертации: в «Терапевтическом архиве» (1965, №8), «Казанском медицинском журнале» (1965, №5), во «Врачебном деле» (1966, №1) и в журнале «Патологическая физиология и экспериментальная терапия» (1966, №1).
Кроме того, что отмечено также в автореферате, были справки из редакций «Бюллетеня экспериментальной биологии и медицины», «Терапевтического архива» и «Казанского медицинского журнала» о том, что три других работы приняты к печати.

Мой друг-соперник И. П. Арлеевский, заглянув в конец автореферата, прищёлкнул языком: только журнальные статьи (ни одной — в «братской могиле», как называли всевозможные тематические или любые «юбилейные» сборники) и — в таком количестве! Сам И. П. защитил диссертацию существенно позже меня.

О «братских могилах» и «юбилейных» сборниках — немного подробнее. Нельзя сказать, что я появился в Казани в этом смысле (как и в большинстве других) «непорочным». Я уже находился, занимая сразу два места, в одной из «братских могил». Увенчивал это коллективное захоронение обелиск с надписью «Вопросы хирургии и пограничных областей. Белгород, 1963». Как я туда закопался? Вот так.

В одну их моих командировок по проверке службы переливания крови в районных больницах, я как бы сопровождал главного хирурга Белгородской области кандидата медицинских наук Романа Львовича Генкина. Он занимался своим делом, я — своим, но во время поездок по пыльным дорогам и за застольем, которое для нас было всегда подготовлено, мы с ним беседовали о разном. Он — многие годы ведущий хирург районной больницы в Харьковской области, я — никто. Так что как раз на эту неделю пришёлся самый интенсивный рост моих ушей. Я даже начал в разговорах подражать его интонациям и размеренной, в отличие от моей сумбурной, речи.

Потом я перешёл на работу в городскую поликлинику — и мы с Р. Л. Генкиным не встречались. Весть о том, что он разыскивает меня, была неожиданной и непонятной. Я ведь был «по терапевтической части» и общался с главным терапевтом области. Оказывается, Р. Л. вспомнил обо мне, когда решил издать сборник «научных работ». «Выбить фонды» на бумагу, «пробить» типографию для него было не сложно. И не пациенты (он уже давно не оперировал, перенеся несколько инфарктов; но слегка разбавленный спирт пил — я тому свидетель) ему помогали, а сам Первый. Александр Власович Коваленко (1909-1987) возглавлял Белгородский обком КПСС в 1960-1964 г. г. А Р. Л. был в близком родстве с Первым (небезынтересные детали сего родства отбросим). Отсюда ясно, почему Р. Л. очутился в Белгороде и почему издать сборник для него было не таким уже и сложным делом.

Для включения в сборник врачи Белгородской и Харьковской (приятели Р. Л.) области прислали рукописи (несколько — в буквальном смысле слова: пишущие машинки тоже были в дефиците), требующие (за исключением всего нескольких рукописей) приведения их в надлежащий вид. То есть, придания им нужного размера (сокращения объёма) и формы (требуемой от научных публикаций), исправления грамматических ошибок, замены латинских терминов русскими (типография не располагала латинским шрифтом). Главный хирург сам этим заниматься не стал и из всех известных ему врачей области негласным редактором выбрал меня. Я — с гордостью за доверенное мне дело — принялся за этот каторжный труд. Одна замена латинских терминов русскими чего стоила (не было подходящих словарей). Часть терминов мне так и не удалось «обрусить». Р. Л., не долго думая, писал в этих случаях латинское слово русскими буквами — и дело с концом!
Платой за работу было разрешение всучить в сборник две своих статьи. Что и свершилось.

Я не знаю, сколько бы ещё раз я, печатавшийся в журналах, участвовал в таких сборниках, если бы не видел, как О. С. искал любую возможность где-нибудь ещё и ещё напечататься. А потом хвалился передо мной (наверное, не только передо мной) общим числом своих публикаций. В 1966 году 47-летний О. С. имел уже около сотни публикаций. Мог ли я себе тогда представить, что, уйдя из науки в 50-летнем возрасте, «побью» этот казавшийся мне почти фантастическим результат более, чем в два раза!

В 1966-м году в Казани проходила 4-я Поволжская конференция терапевтов. Гастроэнтерологическую часть материалов оргкомитет поручил редактировать О. С. А он, я уже об этом писал, не признавал никакой неоплачиваемой работы, тем более — такой огромной и нудной. Да ещё как раз в это время он был весь в заботах и бегах в связи с приобретением «Волги». Ему надо было продать «Победу», занять денег (недостающую сумму), получить визы разного начальства на покупку столь дефицитной машины. «Волга» стоила тогда примерно 6500 рублей. Сколько ему не хватало — не знаю, но через какое-то время Фарида Рашидовна рассказала мне, что занимала деньги О. С. на машину.

Ах, мы ведь — о Поволжской конференции терапевтов. Чуть не забыл, настолько мы все были охвачены волнениями, в связи покупкой «Волги» нашим шефом. Две огромных кипы статеек, по-моему, размером не более одной страницы машинописи (тезисов докладов — так звучало «научнее»), которые для О. С. мы откуда-то забрали, редактировать довелось мне («с опытом редакторской работы») и И. И. Трийгеру. О. С. смотрел на бумаги с такой неприязнью... За работу нам была обещана возможность втиснуть по одной статейке, но мы с Изей посчитали плату эксплуататорской. И, не обращаясь в профсоюз медработников с жалобой на работодателя и не бастуя, втиснули — каждый — по паре тезисов. О. С., даже не взглянувший на результаты нашего труда, не мог этого заметить. В таком виде обе кипы, обогащённые четырьмя «тезисами докладов» (последние и не предвиделись), мы и притащили в типографию. В таком виде они и были напечатаны, на что О. С., конечно же, опять не обратил внимание. И за это мы его тоже ценили...

*

Я хочу обратить сейчас ваше внимание на тот факт, что все (уже напечатанные или принятые в печать) работы по теме диссертации, указанные в автореферате, имели только одного автора (БЕЗ СОАВТОРОВ). Факт, можете мне поверить на слово, в те времена (сейчас — не знаю) весьма примечательный.

Когда я принёс О. С. первую мою статью на проверку и подпись, он не мог скрыть своего удивления: автором был обозначен лишь я. Единственный! А было как бы неписанным правилом, что «зелёные» аспиранты, к числу которых относился и я, считали своей обязанностью (или даже честью) включать заведующего кафедрой (научного руководителя) в число авторов, причём фамилия профессора стояла всегда впереди фамилии аспиранта. Я же твёрдо решил с самого начала поступать по-иному, учитывая, что научной помощи от О. С. было маловато (и тему диссертации, и направление работы я вымучивал в одиночку), а его организационное (хозяйственное) содействие — кому-то позвонить, о чём-то (реактив, возможность работать на приборе, и тому подобное) попросить — было его, как я это представлял, служебной обязанностью.

Конечно, он что-то в моих рукописях поправлял. Например, в рукописи самой первой публикации (Натрий и калий в желудочном содержимом человека. Терапевтический архив, 1965, №8) рекомендовал написать вместо «… в таблице такого-то (указан отечественный автор), заимствованной у (указан иностранный автор)…», написать «… в таблице такого-то на основе исследований семи иностранных авторов...», хотя работ первых шести из этих авторов родной отечественный автор не читал (журналов с этими работами было не достать), а таблицу сдул из доступного польского журнала со статьёй седьмого иностранного автора. Чему я должен был непременно учиться — особой советской этике написания научных статей.

Предложенная Оскару Самойловичу для проверки работа была ПЕРВЫМ оригинальным исследованием, вышедшим из кафедры (которой к тому времени О. С. руководил уже 8-й год!) и опубликованным в центральном журнале. До этого О. С. публиковал фрагменты своей, выполненной в Москве, докторской диссертации и обзоры литературы. Последние — на любые темы! Набрёл на что-то иностранное, перевёл (или мать перевела), скомпоновал — и в печать. Так появились, к примеру, его обзоры о лечебном действии... маточного молочка пчёл.
Материалы по исследованию лечебного действия ижевской минеральной воды были опубликованы в местных сборниках.

О. С., между тем, посоветовал отослать статью в «Терапевтический архив», обещав посодействовать в публикации. Главным редактором журнала являлся член-корр. АМН СССР профессор Арам Григорьевич Гукасян, с которым О. С. поддерживал добрые отношения (они одно время работали вместе). О. С. решил показать своему учителю, что и он, наконец, начал «ковать» научную смену.

Первая наша совместная с О. С. Радбилем публикация появилась в «Материалах четвёртой Поволжской конференции физиологов, фармакологов и биохимиков с участием морфологов и клиницистов. Саратов, 1966, т. 1». В классической «братской могиле». О. С. получил информацию о предстоящей конференции, намекнул мне, что можно туда послать тезисы (участие в конференции «живьём» ни им, ни мною не предполагалось). Перебрали возможные темы. Остановились на классификации экспериментальных язв желудка. Я написал набросок, О. С. поправил, добавил. Затем я напечатал начисто и отправил.

Классифицировать что-то в медицине О. С. любил не менее, чем Карл Линней в растительном и животном мире. Мы с ним потом ещё не раз классифицировали: «О классификации и номенклатуре язвенной болезни» (Терапевтический архив, 1968, №9), «Некоторые соображения по поводу вечно старых и вечно новых проблем язвенной болезни» (Клиническая медицина, 1972, №3), «Ещё раз о классификации язвенной болезни» (Врачебное дело, 1974, №12). А после его отъезда из Казани, когда наши пути разошлись, я уже не мог погасить в себе эту страсть и занимался классифицированием в одиночку: «Классификация заболеваний внутренних органов человека» (1973), пр.

Ещё одна совместная «братско-могильная» публикация с О. С. была напечатана в «Материалах научно-практической конференции врачей, посвящённой 97-й годовщине со дня рождения В. И. Ленина. Ульяновск, 1967». Я упоминаю о ней лишь для того, чтобы показать, как искали любой повод, чтобы издать и издаться. Ульяновцам, как видно, не потребовалось даже ждать круглой даты со дня рождения того, кто «и сейчас живее всех живых».

Когда я принёс на проверку О. С. первый, написанный мною, обзор литературы, он уже не удивился отсутствию своей фамилии. Отнёсся к этому почти безразлично, так как считал мою затею авантюрой, обречённой на провал. Посылать в журнал «Патофизиологическая физиология и экспериментальная терапия», издающийся всего шесть раз в году и очень редко печатающий обзоры литературы (тем более — никогда, вышедшие из-под пера никому неизвестного аспиранта-ТЕРАПЕВТА?!). «Ну, ну...» – вот и вся была его реакция. Статью всё же напечатали (1966, №1), что О. С. объяснял тем, что она попала на рецензию к его знакомому — профессору-патофизиологу. Думаете, что я написал московскому профессору, дабы выяснить, так ли это было? Нет, я полностью доверял моему научному руководителю.

Этот обзор литературы был опубликован, что и мне показалось странным, под рубрикой «Новости медицинской науки». Но зато при каждой встрече с И. П. Арлеевским я интересовался у него, понял ли он, наконец, откуда исходят научные новости... Правда, под названием статьи, опять же — необъяснимо, было напечатано лишь «С. Г. Вайнштейн (Казань)», что вызвало понятное недовольство О. С. Почему так случилось (я ведь указал и институт, и кафедру, и её заведующего), это я посоветовал О. С. прояснить у его друга-рецензента. Что же касалось И. П., то аспирант профессора Л. М. Рахлина хорошо знал, где работает «С. Г. Вайнштейн (Казань)».

*

5-го мая 1966 года (коллаж 12., вверху слева) диссертация была защищена. Заседание Учёного совета вёл ректор медицинского института профессор Зайнулла Аминович Ихсанов. Физиолог, если правильно помню. Задал какой-то заковыристый вопрос. Мой ответ был не совсем... Другие вопросы были попроще. Проголосовали неплохо. Подошёл неизвестный мне член Совета и как-то назидательно произнёс следующую реплику: «Вы не стали ни на йоту умнее, но Вы стали сегодня другим человеком». Я сделал вид, что подивился его мудрому изречению, поблагодарил. Он отошёл довольный. Наверное, это был его «коронный номер» после каждой защиты.
Утверждена Высшей аттестационной комиссией диссертация была 22 октября 1966-го года (коллаж 33.). Срок окончания аспирантуры — 31 октября.

После защиты состоялся никому не нужный так называемый банкет. Деньги на него мне были присланы мамой. Настоял на банкете и всё заказывал доцент Фридман: «так положено!». Из приглашённых отказалась, ссылаясь на занятость, Д. Н. Лазарева [в 2012 г. в Уфе отмечали её 90-летие; оказалось, что она училась также живописи]. Остальные (официальные оппоненты, Фридман и я) пришли в избранный Фридманом ресторан. Плотно пообедали. Никто не напился.

Я тут ещё раз повторяю, что не привожу полных имён-отчеств описываемых лиц только в том случае, если не могу их вспомнить или разыскать в интернете. Сам удивляюсь, но статей о профессоре З. Ш. Загидуллине и доценте Р. Н. Абдуллиной нет ни в ВикипедиИ, ни в энциклопедиях. Они ведь были, напоминаю редакторам упомянутых изданий, официальными оппонентами на защите МОЕЙ диссертации! Ладно, ладно — не шумите: я ведь согласился, что О. С. Радбиль был ещё половину столетия тому назад прав, полностью отрицая одну из причин моей, как оказалось, не скорой смерти.

*

Место ассистента кафедры мне не светило, хотя на кафедре произошли, как говорилось в то время, кадровые подвижки. Ассистент кафедры Надежда Ивановна Ионова (коллаж 01.) начала всё чаще, всё длительнее отсутствовать. Иногда оставляла врачей-курсантов одних и подолгу молча стояла на лестнице, облокотившись на перила и глядя в пролёт (отделение располагалось на самом верхнем, шестом этаже).

Надежда Ивановна — ей было немногим более сорока лет — жила одна, была, на мой взгляд, самым опытным ассистентом. То ли в год моего приезда в Казань, то ли годом-двумя ранее съездила она по туристической путёвке в Париж. Когда возвратилась, врачи отделения заметили какие-то странные сдвиги в её поведении. Отец её погиб в результате суицида. Лечиться она ездила в Москву, не доверяя казанским психиатрам (или стесняясь их). Из очередной поездки обратно в Казань не возвратилась. Искали. Обнаружили её повешенной в... подвале посольства одной из африканских стран! К О. С. в кабинет ходили кагэбэшники, запирались с ним на часы. Всё было сверх секретно. Мне-то было мало интересно: Н. И. знал я мало и недолго. И своих забот с диссертацией хватало.

Правда, лишь одна Н. И. заметила, что что-то со мной не так, когда я остался совсем без денег. Дело в том, что в ювелирном магазине я обнаружил подходящее тонкое обручальное золотое кольцо. И купил его, зная, что через день-другой — зарплата, вернее, стипендия. Самую первую я получил около двух недель перед этим. Но — крепко просчитался, так как аспирантам стипендию платили один раз в месяц, тогда как заплату — дважды в месяц. А я — почти без денег. И — без еды. Как-то протянул, но, повторяю, лишь одна Н. И. обратила внимание на мой вид.

Чтобы завершить о Надежде Ивановне. От её матери узнали, что Н. И. захоронена на Востряковском кладбище, что тогда находилось на окраине столицы. В одной могиле с … застрелившимся солдатом. Мать так пожелала: «коль при жизни у неё мужчины не было...». Поручили мне (я часто ездил в Москву) положить цветы на её могилу. Что и было сделано.

Преподавательский состав кафедры в годы моей работы в ГИДУВе (1963-1979) представлен на коллажах 01. - 04.

*

Здесь я забегаю несколько вперёд, чтобы «заполнить вакансию на кафедре». На место Н. И. был срочно взят опытный вроде бы врач из медицинского института (из клиники профессора З. И. Малкина), но он переход от преподавания студентам к преподаванию врачам-курсантам не осилил. И сбежал. Буквально в те же дни к О. С. приехал из Лениногорска Леопольд Владимирович Дановский. Он собирал материал для диссертации по геморрагической лихорадке с почечным синдромом — по заболеванию, эндемичному для некоторых районов Татарии. Хотел, видимо, получить какой-то совет. Заодно спросил у О. С., не знает ли тот, где есть вакансия. У Л. В. умерла мать — и ему надо было спасать хорошую квартиру в Казани. Он там давно прописан, но теперь обязан и жить. Иначе квартиру отберут... Так на кафедре появился новый ассистент.

Леопольд Владимирович Дановский был не менее, как на шесть лет старше меня. Высокий, я бы сказал, красивый мужчина. Единственное, что нарушало его почти аристократическую внешность, был нос «картошкой». Зато какая обаятельная улыбка! Однако же — «аромат» прокуренности, который он, зная, конечно, об исходящем от его дыхания запахе использованной пепельницы, безуспешно пытался хотя бы уменьшить, часто полоща, при возможности, рот. Курение было его, как говорилось, злостной привычкой и, мне казалось, отбивало охоту у некоторых людей с привередливым обонянием близко с Л. В. общаться.

Другой его страстью, кроме курения, были различные, не совсем понятные изменения кривых электрокардиограмм. Подолгу сидел он, перебирая, словно чётки — слева направо и справа налево, ленту с записью электрических импульсов, генерируемых сердцем. И был в расшифровке стоящих за зубцами ЭКГ изменений в самом сердце лучше «подкованным», чем не только сотрудники кафедры, больничные врачи-терапевты, но и врачи кабинета функциональной диагностики Юрий Матвеевич Красновский, о котором уже шла речь, и Ираида Николаевна Угарова, сменившая Ю. М., ушедшего на пенсию. Только последние могли быть ему достойными собеседниками при обсуждении спорных или совсем неясных электрокардиограмм.

В один из дней в отделение привезли профессора З. И. Малкина (наверное, по просьбе больной и благодаря стараниям её родственников, каким-то образом уговорившим З. И.). Профессор внимательно осмотрел больную, дал, заикаясь (переставал он заикаться, мне это было непонятно, лишь «разогревшись» где-то на 5-й -10-й минуте доклада), советы по её лечению. А потом, посмотрев по очереди на каждого из нас, окруживших его (это был, на моей памяти, единственный визит З. И. Малкина в железнодорожную больницу за все мои казанские годы), спросил: «А кто работает на кафедре Оскара Самойловича?». Ему начали перечислять, а он комментировал («не знаю» или что-то другое). Когда произнесли фамилию Л. В. Дановского, З. И. Малкин поднял вверх указательный палец и «пригвоздил», заикаясь: «З-зубец U!». Мы с трудом подавили в себе смех. Дело в том, что незадолго перед этим Л. В. опубликовал в «КМЖ» обзорную статью «О зубце U электрокардиограммы». В памяти З. И. фамилия Дановский и зубец U ЭКГ, вероятно, спаялись.

*

Диссертация находилась на утверждении в ВАКе, аспирант — в подвешенном состоянии. Ректор ожидал моего исчезновения из института, я — его снятия. Закончилось всё поначалу ничьей, но через два года, без моего вмешательства — полным торжеством справедливости. Которую жаждал — кто? Правильно! - автор этого текста.

Итак: один из двух – на сотни аспирантов-медиков России (!), защитивший диссертацию и даже успевший получить утверждение в ВАКе и диплом кандидата наук ДО срока окончания аспирантуры (о «двух» это потом мне сказали в Минздраве СССР, а о том, что «ДО срока» тоже стало ясно лишь позже) – ни в каком вузе страны не мог занять место ассистента (отказы, отказы, отказы на мои поиски места). Что ему оставалось делать? Правильно: штурмом брать, в связи с изменением ситуации, уже не Зимний дворец, а здание ЦК КПСС на Старой площади и устроить там не разграбление ценностей, а просто — небольшой скандальчик. Из ЦК немедленно позвонили в Минздрав СССР – Министерство тут же направило меня в Тюмень, надеясь, что я буду возражать против Сибири. Я, однако, сразу же – выхода не было – согласился с работой вне полюбившейся мне Казани. Но, тюменский ректор в письме мне отказал, как я потом, от самого же этого уже бывшего ректора (он был обыкновенным доцентом-участником конференции, которая проводилась, в частности, под моим руководством в санатории) узнал, по велению обкома партии. Такая же история повторилась с направлением в Актюбинск (снова отказ ректора). Я позвонил в Министерство и сообщил, что повторно еду в ЦК требовать место ассистента. «Подождите!» – и в результате торга Минздрава СССР и ГИДУВа мне предложили в моём институте временно поработать на ставку, но получать – половину положенного. «Всего пару месяцев, а там будет всё улажено» – успокаивали меня и Николай Иванович Вылегжанин, и Оскар Самойлович Радбиль, проложившие мне первую тропу в науку. Не соглашаться? В конце концов, половина ассистентской ставки — более двух аспирантских стипендий.

Согласился — и находился на половинном окладе «всего»...ровно два года. Кстати, эти полставки — Табеевские! Жене Первого выбили ставку, но она решила, что ей хватит и половинки (удивляюсь: Табеевы жили не богато, а, по мнению главы семьи, даже бедновато — см. далее).

Теперь об «операции ЦК» подробнее. Она должна войти в анналы истории если не ЦК, то хотя бы — кафедры. Помните, в начале я цитировал название «Исторические вехи …». Вот, об одной из «вех» и пойдёт рассказ. Начнётся он в дополнительном поезде («дополнительные» не стояли в расписании — и формировались в пиковое время) из Сибири в Москву. Билетов в кассе — привычное дело — не было. Обслуживала поезд бригада московских студентов. Им-то я и всучил деньги, чтобы взяли с собой. И тут же мы совместно начали эти деньги пропивать. Выпил я немного, но спал ночью тоже немного. Посему пришёл в себя, когда поезд стоял уже на запасных путях. Закончилась уборка. Студенты сдавали состав другой команде.

Дело шло к полудню. Но в Министерстве здравоохранения СССР всё равно «чужаков» принимали лишь во второй половине дня. Отметился в министерской столовой (в подвале здания, куда можно было попасть прямо, а не через проходную). Выстоял длинную очередь: таких «хитрецов», как я, было достаточно: столовая отличалась большим выбором вкусных блюд, причём — при умеренных ценах. Подкрепившись, поплёлся в Управление кадров. Там — от одного к другому, от него — к третьему... Никто не мог взять в голову, почему этот аспирантишка ищет ассистентское место на ТАКОМ уровне.

Я уже добрался (сидел) до (в) приёмной начальника Управления кадров Минздрава СССР академика АМН Ю. Ф. Исакова (пробиться к нему было не просто)… В этот момент в приёмную вошёл работник министерства и, увидев находившегося также в приёмной знакомого ему, по виду (на мой взгляд), какого-то руководителя чего-то с периферии, обратился к тому с вопросом: «что ты тут делаешь?» Мой сосед по ожиданию аудиенции, решив, видимо, что я тоже из круга близких академику лиц (больше никого в приёмной не было), «открытым текстом» объяснил, что хотел бы пригласить Юрия Фёдоровича на беседу в... ресторан. Работник министерства тут же прошёл в комнату перед кабинетом Исакова (там находилась секретарь начальника Управления кадров), через две минуты вышел оттуда и увёл периферийного руководителя с собой. Я же продолжал терпеливо ожидать вызова к Исакову. Время приближалось к концу рабочего дня. Постучал к секретарю, спросил, сколько ещё мне ждать, на что получил ответ: «Юрия Фёдоровича срочно вызвали...». Из кабинета Исакова, оказывается, был ещё один выход (мимо приёмной).

Дело шло к вечеру, а ночевать было негде. Часам к 22-м добрёл до гостиницы Украина. В этой высотной гостинице с многими сотнями номеров, как и в Казанском ГИДУВе, для меня не нашлось места. Сидел в холле. Глубокие, очень мягкие, с высокими спинками кресла. На столиках — газеты на английском, французском, испанском, немецком, японском и других языках. Вокруг — попивающие что-то иностранцы. Постепенно ряды их редеют. Остаюсь дремать только я. Вижу, что ко мне приближается швейцар — выдворить. Немедленно хватаю первую попавшуюся газету и углубляюсь в латиницу. На мне — это очень важно — нет ни единого изделия советской лёгкой промышленности. Объясняю: муж родной сестры моей жены — майор авиации — служит в ГДР, посему у нас в доме немало того, что «наши немецкие друзья» уценивают в конце сезона, а советские военнослужащие мешками скупают для подарков жаждущей иностранных одежек-обувок родне. Отсюда — нерешительность швейцара. Когда я на его ясный вопрос, или я живу в гостинице, отвечаю ему на неясном для него языке, швейцар — он тоже хочет спать — спокойно семенит в свою каморку.

Я проваливаюсь в сон, из которого меня изымает шум пылесосов. Спрашиваю (с акцентом) уборщицу, где я могу привести себя в порядок. Отводит меня в специальную комнату. Приносит переходник для моей электробритвы — в гостинице трёхфазные розетки! Как не поверить, что наши советские люди — самые гостеприимные!
Быстрый завтрак в «Бутербродной» нового образца: деньги — жетоны — крутящиеся автоматы с различными бутербродами. Ешь — не хочу!

Рассвирепелый подхожу к зданию ЦК. Терять было мне нечего.
В «предбанник» приёмной ЦК КПСС на Старой площади зайти было просто. Но то, что я там увидел, ошарашило меня и почти лишило надежды. Длинные очереди у окошек, масса народа, рассевшегося вдали от окошек у своих чемоданов, огромная цыганская семья... Шум, гомон. Почему-то мне померещилось, что я нахожусь в кассовом зале Киевского (Казанского, и так далее) железнодорожного вокзала столицы.
Требовалось неординарное решение. И я его — голь на выдумки хитра — быстро нашёл.

Но сначала о том человеке, который многие годы руководил из ЦК здравоохранением страны. Имя, отчество и фамилия этого Инструктора ЦК всегда печатались в «Медицинской газете» ПЕРЕД фамилией Министра здравоохранения (пока министры С. П. Буренков и Е. И. Чазов не стали, соответственно, кандидатом в члены или даже членом ЦК КПСС) в сообщениях о конференциях, съездах медицинских работников. Так что, я об этой важной персоне знал. Но хоть убей, вспомнить сейчас Ф.И.О. — не удалось.

В приёмной ЦК, недалеко от охраняемого милицией прохода во внутренние помещения, стояла телефонная будка. Таковые были и на всех закрытых предприятиях. Если вас кто-то пригласил, то вы, зная его номер телефона, сообщаете ему из будки о своём прибытии, а он посылает на проходную пропуск на ваше имя. Прилагаете к пропуску свой паспорт и — вперёд.

Инструктор меня не ждал. И номер телефона его мне никто не подскажет. А так хотелось ему кое-что сказать! Захожу в телефонную будку, набираю первый пришедший в голову номер. Отвечает мужской голос. Я: «Павел Петрович?» (положим, так именовали Инструктора). Мужской голос: «А кто вам нужен?». Я: «Ведерников» (положим, таковой была его фамилия). Мужской голос (после небольшой паузы): «Его номер — 52-13». Я: «Большое спасибо! Извините.» Набираю 52-13. Новый мужской голос: «Слушаю.» Я: «Павел Петрович?» Он: «Да.» И тут я разряжаюсь тирадой, первыми словами которой были «Моя фамилия ВАЙН-ШТЕЙН». А далее — откуда я, о том, что успел за три года аспирантуры не только набрать материал и написать диссертацию, но и защитить её и вот-вот получу диплом кандидата наук. А работу преподавателя вуза мне не предоставляют ни в Казани, ни — нигде. Инструктор пытался перебивать мой поток возмущённых слов, но я ведь родом из Винницы...

[К тому же, вспомним «нашего человека» - немецкого поэта:
Denn bei solchen Kontroversen
Sind oft Teufelchen verborgen
In dem Juden, die mit Scharfsinn,
Witz und Gründen ihn versorgen.
(Disputation. Heinrich Heine)

Ведь известно, что при спорах
Часто черт сидит в еврее
И нашептывает мысли
Побойчей да поострее.
(перевод И. Мандельштама)]

Когда я остановился, наступила очередь Инструктора возмущаться. Он в этом оказался, с высоты своего положения, посильнее меня. Как он кричал! Как он вопил! Как я посмел потревожить его покой! Да, таких, как я, нахалов и — в преподаватели?! Я его не перебивал. Излив всю имеющуюся в его распоряжении желчь, Инструктор закончил: «Идите в Минздрав — там получите направление.» А что мне ещё надо было? «Спасибо!». УР-РА!

От Старой площади до Рахмановского переулка, где находился Минздрав, не более 20 минут ходьбы, особенно если спешить за направлением на работу. Но направление меня в Тюмень успели уже напечатать — и я, не ожидая ни минуты, получил его на руки. «Посылайте туда документы — всё уже решено.» Что из этого вышло, рассказано мною выше.

Думаете, что я тут напридумал всякого. Просто вы меня не знали двадцативосьмилетнего...

*

Наверное, здесь следовало бы рассказать об уровне терапевтической службы железнодорожной больницы (коллаж 07.). Дорожная больница №2 (№1 — в Горьком) ст. Казань Горьковской железной дороги была в то время (я пишу о середине 60-х годов), наверное, самой «модерновой» в Казани, если не считать так называемую спецбольницу (обкомовскую и совминовскую, значит). Во всяком случае, по архитектуре, по чистоте, по гигиене. В ней никогда не лежали больные в коридорах, в каждом отделении было несколько маленьких — на 3-4 койки палат, одна — на одного пациента, а в самой большой палате стояли «всего» восемь коек. По сравнению с республиканской больницей (что располагалась у университета), Шамовской, прочими, в том числе и ГИДУВской терапевтической клиникой — просто «рай».

Поэтому стремились «НЕ железнодорожники» попасть, если что', на лечение в железнодорожную больницу. Интересно, что ведущие артисты Театра оперы и балета им. М. Джалиля имели «допуск» в спецбольницу, а драматического Театра им. В. И. Качалова — в железнодорожную больницу. Остальные пациенты-не железнодорожники железнодорожной больницы, используя популярное выражение тех лет, были «блатные». К ним относились, в самой меньшей степени, больные с редкими или необычно протекающими заболеваниями, необходимые нашей кафедре для учебного процесса. Нет, это были пациенты, которые могли, в силу своего служебного положения, оказать различного вида помощь больнице. К примеру, с завода оргсинтеза — через «моего» пациента —

больница получила строго лимитируемые трубы из нержавеющей стали. Их использовали — во время очередного ремонта — для прокладки водопровода в местах, трудно доступных для наложения «заплат», если труба проржавеет. Палата интенсивного наблюдения для больных с инфарктом миокарда была полностью смонтирована работниками одного из номерных заводов («расчёт» шёл госпитализацией их пациентов) — сделка на уровне главврача (начальника) больницы. Были, разумеется, среди «блатных» и родственники сотрудников больницы и кафедры, близкие приятели, и т. д. Кафедра, по существующему положению, имела право на какой-то процент (точно — не вспомню) «своих» коек (с учебной, разумеется, целью), но с койками всегда было туго — и на этой почве постоянно возникали конфликты между больницей и кафедрой.

На железной дороге было жесткое правило: больных, пришедших к врачу в поликлинику, если речь не шла об острых заболеваниях типа гриппа, сразу же направлять в стационар. Несомненно, такой модус был введен «для улучшения медицинской помощи трудящимся», хотя сутью-то его была борьба с симулянтами и агравантами. Но как только наступало время сажать картофель или его выкапывать, так сразу же в больнице оказывалось немало свободных мест. Чем тут же пользовались врачи больницы или сотрудники кафедры, госпитализируя (при полном согласии администрации больницы) «своих»: за простой коек больницу крепко ругали, а в годовых цифрах средней занятости койки было не разглядеть, лежал ли на этой койке кто в железнодорожном мундире или же — с фартуком продавца мяса.

Что касается оборудования аппаратурой для диагностики и лечения — ничего особенного больница не имела. Исключая, правда, «засекреченный» аппарат, смонтированный работниками номерного предприятия из Дербышек специально для заведующего отделением грудной хирургии Абрама Овсеевича Лихтенштейна. С помощью этого аппарата (подобного для чего-то используемого на подводных лодках аппарата) выполнялась бронхография. В результате не только больные шли на операцию удаления поражённой части лёгочной ткани с намного более точными, чем при банальной рентгенографии, данными, но и состоялась докторская диссертация самого; А. О. и кандидатская диссертация одного из больничных рентгенологов — Александра Петровича Максимова, работавшего потом долгие годы на кафедре рентгенологии ГИДУВа.

Теперь — довольно щекотливая тема квалификации врачей железнодорожной больницы и сотрудников кафедры. Медицина, особенно внутренние болезни — не акробатика. В последней оценка относительно проста: один делает только двойное сальто, другому удаётся и тройное. Третьему — то же, но ещё «с винтом». И так далее. Разногласия возможны только при оценке чистоты исполнения того или иного элемента.

В медицине отзывы больных говорят не столько о квалификации врача-терапевта (как диагностика и лечебника), сколько об его умении (пред)угадать желания больного, позволить себе быть у последнего на поводу. У таких врачей — масса благодарностей. А существовала бы чёткая статистика правильности диагностики и успешности лечения, оказались бы такие врачи в нижней части таблицы.
Наиболее верной (но не абсолютно точной) я считаю градацию квалификации врачей по оценке их коллег по работе. Но и тут артефакты имеют место, прежде всего, из-за предвзятости, личной симпатии (антипатии), пр.

Посему, позволю себе — через пять десятков лет — высказать своё мнение о лечебной квалификации сотрудников нашей кафедры. Сначала — несколько слов о больничных врачах. Некоторые из них работали ещё вместе с Л. М. Рахлиным, заведовавшим в 1948-1952 г. г. кафедрой терапии на базе старой железнодорожной больницы. И сохранили его школу. Заведующая 2-м терапевтическим отделением (весьма условно — для кардиологических и пульмонологических больных) Галина Григорьева Кудрявцева — пенсионерка по возрасту — была в их числе. Потом, когда Г. Г., поругавшись с начальником больницы, тут же написала заявление, сняла и бросила медицинский халат — и больше в больнице не появлялась, её сменила Сания Миргалеевна Каримова (ей было тогда сорок с небольшим). Кстати, уже у пенсионерки Г. Г. мы несколько раз собирались по разным случаям, то есть с сотрудниками больницы она связь не порвала.

Буквально несколько слов об ординаторских в больнице. Когда больницу открывали, то продумали далеко не всё. В каждом терапевтическом отделении (я буду — только о них) было по три врача и начальник (заведующий, -ая) отделения. Поставили в ординаторских по четыре двухтумбовых, с многими ящиками письменных стола со стульями — и у каждого врача было место и для заполнения историй болезни, и для хранения справочников, чайных принадлежностей, лёгкой обуви (на время дежурства), пр.

Один «ничейный» свободный стул стоял у окна и предназначался, положим, для консультанта. Или для профессора (да, да — описаны 2-3 случая, когда он заходил в ординаторскую). И ещё стоял в ординаторской шкаф для медицинских халатов. Раздевалка для верхней одежды была на первом этаже. Тесная, но там имелась — в помощь — гардеробщица.

А теперь представьте себе, что в этой ординаторской где-то должны были присесть клинические ординаторы, аспиранты, позже — интерны... Продолжать не обязательно. А вот работать в таких условиях было необходимо.

И работали. За время моего пребывания в Казани сменились многие ординаторы терапевтических отделений. Ушли на пенсию, умерли, перешли на другую работу. Многие — значит, не все. И одной, украшающей — во всех отношениях — 2-е терапевтическое отделение была Зумара Ибрагимовна (фамилию не могу вспомнить). Женщина редкой красоты, чуткая, скромная. Даже — за эти полтора десятилетия — с некоторым отяжелением лица, появлением седины не померкла её красота. Не зря муж её — довольно симпатичный инженер — всегда приходил за ней и забирал задолго до окончания наших больничных встреч за иным столом, чем письменным. Красивой женщиной была и родная сестра З. М. - солистка оперного театра. Но, на мой взгляд, она уступала в красоте Зумаре Ибрагимовне. Кстати, говорили, что З. И. неплохо поёт, но тут, думаю, первенство было всё же за её сестрой.

Семья З. И. жила по соседству и дружила с семьёй известного татарского писателя Абдурахмана Абсалямова (1911-1979). Одна из медицинских сестёр отделения «по секрету» рассказала мне, что З. И. — прототип героини её любимого романа «Белые цветы», написанного А. Абсалямовым. И принесла мне эту книгу почитать. Читал с интересом, не найдя, правда, особого сходства между героиней и её предполагаемым первообразом.

Другая медсестра обратила моё внимание на роман Аттилы Расиха (1916-1996) «Когда расходятся пути». Русский перевод романа вышел в 1968 г., немного позже я его прочёл. Меня этот роман просто захватил. Настолько правдиво там описана была жизнь учёных-физиологов. Уже ставя эксперименты в ветеринарном институте, узнал, что А. Расих долгие годы работал в этом вузе и отказался от своей должности доцента там лишь после того, как усиленно занялся литературным творчеством. Я прочитал ещё что-то его, можно сказать, историческое по теме (точно не вспомню) — А. Расих был маститым писателем.

Заведующая 1-м терапевтическим отделением Галина Максимовна Нагель прошла другую школу (на Сахалине), потом — усовершенствование у профессора И. А. Кассирского в Москве, в результате чего была весьма квалифицированным терапевтом. Она — единственная в больнице — разбиралась в гематологии. Правда, Л. В. Дановский тоже когда-то усовершенствовался по гематологии, поначалу просматривал под микроскопом окрашенные мазки крови больных, но скоро понял, что тягаться с Г. М. не может. О. С. , хотя и был в добрых отношениях с академиком АМН И. А. Кассирским (1898-1971), в гематологии совсем не разбирался. Изредка смотрел вместе с заведующей отделением таких больных, но только в том случае, если надо было «больному показать профессора».

*

Об И. А. Кассирском, который помогал О. С., насколько мне известно, в утверждении его докторской диссертации и (безуспешно) в попытках О. С. получить работу в Москве (например, когда О. С. подавал на конкурс в Институт питания АМН СССР на должность заведующего кардиологическим отделением). Один раз я был в клинике И. А. Кассирского (совместно с курсантами другого, не гематологического, цикла усовершенствования в ЦОЛИУВ) и присутствовал на разборе им сложных и интересных больных. Забыть это невозможно!

Иосифу Абрамовичу была свойственна несколько экзальтированная манера поведения. Она проявлялась постоянно: я слушал его и на заседаниях терапевтического общества Москвы, и на защите диссертации в ЦОЛИУВ — никогда речь его не была бесстрастной, никогда не был он сдержан в жестикуляции, никогда не упускал повод кого-нибудь, по ходу, «ущипнуть».

«Ах, эти академики с высшим образованием, но — без среднего», - характеризовал он некоторых членов АМН СССР, достигших членства в академии по нередкому для тех времён образцу: кандидатская диссертация — общественная работа — секретарь парткома — директор НИИ (весь институт писал директору докторскую диссертацию) — член-корреспондент — академик. Не только знаний и личных научных достижений, но и общей культуры (искусство, литература, иностранные языки) таким академикам заметно не доставало.

Одет И. А. был безукоризненно: ладно пошитый костюм из дорогой ткани, белоснежная рубашка, красивый, гармонирующий с его чёрно-седой гривой и хорошо повязанный галстук, начищенные штиблеты. (Полная противоположность О. С., который, в частности, категорически отвергал мои попытки научить его красиво повязывать галстук.) Медицинского халата на нём не было. Единственный «дефект» - болтающаяся на длиной ниточке пуговичка на рукаве его пиджака. Она выписывала сложные пируэты, так как И. А. постоянно размахивал руками. Грозила вот-вот оторваться, но — держалась. Я сидел относительно далеко от первых рядов, где располагались сотрудники клиники. Сам И. А. сидел в метре от первого ряда, лицом к залу. Иногда вставал, обращаясь к больным, которые находились сбоку от него.

Внимательно слушая перепалку И. А. с его «правой рукой» профессором М. Г. Абрамовым (речь шла о разных взглядах на причину изменения показателей крови у больного), я не спускал глаз с пуговички. На моём лице, видимо, присутствовала ухмылочка, которую, несмотря на разделявшие нас более десятка метров, «усёк» академик. Задав, не помню уже какой, вопрос аудитории, касающийся больного, он фиксировал взгляд на мне, указав при этом на меня пальцем. Что, мол, Вы скажете на это? Я не успел собраться с мыслями, как он продолжил забрасывать меня вопросами. Чему это Вы так улыбаетесь? Откуда Вы? Ваша фамилия? Два последних вопроса были самые лёгкие — и я начал с ответа на них. Вот тут-то И. А. Кассирский — бывший кавалерист-будённовец — и пошёл в психическую атаку: «А это Вы — такой же трус, как Ваш Радбиль! Какую-то мазню написали!» И так далее... Аудитория была заинтригована, ничего не понимая.

«А ларчик просто открывался», как писал дедушка Крылов. В третьей главе (Некоторые вопроса патогенеза язвенной болезни) нашей совместной с О. С. книги «Кора надпочечников и язвенная болезнь» (1967) профессор позволил себе осторожно (в сноске, петитом) покритиковать кортико-висцеральную теорию и книгу одного из авторов этой теории (И. Т. Курцин - «Критика фрейдизма в медицине и физиологии», 1965). В этой своей последней, если не ошибаюсь, книге проф. И. Т. Курцин полемизирует с В. В. Париным, И. А. Кассирским и другими оппонентами тогда ещё господствующей (почти официально признанной партийной идеологией) теорией возникновения почти всех заболеваний внутренних органов. Отсюда — и осторожность О. С., и, как следствие последней — гнев И. А. Кассирского. О том, что И. А. был недоволен тем, как мы слишком мягко, по его мнению, журили в своей книге И. Т. Курцина, О. С. мне рассказывал. Так что, я-то понял ситуацию сразу (коллаж 22.).

Буквально пару предложений об Иване Терентьевиче Курцине (1907-1976), которого я видел и слышал. Потрясающая внешность, не уступающая таковой звёздам мирового кино, играющих героев-любовников. Изысканная речь, не уступающая витиеватым выступлениям монархов на дипломатических приёмах.

Непоколебимая вера в незыблемость основ кортико-висцеральной теории К. М. Быкова - И. Т. Курцина для объяснения нормальных и патологических процессов в медицине. Когда его спросили, как увязать роль гастрина в патогенезе язвенной болезни с кортико-висцеральной теорией, И. Т. Курцин невозмутимо ответил, что — он абсолютно уверен — скоро будет доказана секреция гастрина НЕРВНЫМИ ОКОНЧАНИЯМИ в желудке. Добавлю от себя: это называется СЛЕПОЙ верой.

*

Ах, мы ведь — о Радбиле! Призванный на фронт сразу же по окончании института, О. С. после заболевания почками (нефритом?) работал не подолгу в различных местах, пока не осел на длительное время в Институте питания АМН СССР. Сравните узкий контингент больных в гастроэнтерологическом отделении этого института и широкий — в той же железнодорожной больнице — и Вы поймёте, что опыт терапевта, приобретённый О. С. в Институте питания был далеко не выигрышным. В Институте питания практически не диагностировали (сам факт направления на диетическое лечение исключал неясность диагноза), 100% больных были больными с заболеваниями желудочно-кишечного тракта, медикаментозное лечение максимально ограничивалось. Диссертационные работы О. С. («Гиповитаминоз А при некоторых внутренних заболеваниях» - кандидатская и особенно докторская - «Клиническое течение язвенной болезни желудка и двенадцатиперстной кишки при сочетании ее с другими заболеваниями») никак не способствовали повышению его квалификации как врача-терапевта.

Не могу вспомнить, чтобы О. С. решил какую-либо диагностическую или лечебную проблему. Возможно, где-то в другом месте, но в железнодорожной больнице — нет. А консультировал он, как я уже указывал, везде, без разбору — лишь бы хорошо платили. Не забуду, как он настойчиво просил меня сходить на консультацию в психиатрическую больницу, так как ему надо было в этот день быть в другом месте (положим, в спецбольнице). Я ответил, что мне хватает терапевтических пациентов с нормальной психикой. О. С. не обиделся, а пытался всё-таки меня убедить, назвав сумму, которую получил Л. В. Дановский, когда однажды замещал О. С. в психбольнице (Л. В. в этот день почему-то на кафедре не было). Это я — к тому, где и на консультации каких больных О. С. мог набраться лечебно-диагностического опыта. Я ещё не раз, наверное, возвращусь к его (и моей) консультационной работе, но, дабы не забыть, опишу один случай.

Каждый сотрудник кафедры принимал в больнице пациентов по просьбе начальства, друзей, знакомых, нужных людей, пр. Конечно, смотрели (консультировали) они больных и на дому (кого — не знаю, на «общественных началах» или за вознаграждение — не ведаю). Повторяю: консультировал я постоянно, чаще вечерами, потому что все свои научные работы я обрабатывал, статьи и книги писал — в больнице. Дома для этого не было никаких условий. Стандартная квартира из двух комнатушек, общей полезной площадью 32 кв. метра. Двое (с 1968 г.) детей и почти постоянно проживающая с нами тёща, дабы жена могла работать. В очереди на телефон, замечу, я «простоял» все шестнадцать казанских лет — так его и не дождался.

Конечно, мне и в голову не приходило смотреть больных у себя дома (что практиковал О. С.), но я и не посещал больных на дому. Даже, если мог бы без зазрения совести, так как состоял с этими лицами в дружеских отношениях. Я не хотел создавать прецедент. А. А. Агафонов когда-то попросил меня кого-то посмотреть на дому — я отказался. А. А. не поверил моим объяснениям и несколько позже, разительно изменив голос и картавя, позвонил мне, представившись неким Раппопортом. Этот «Раппопорт» обещал мне золотые горы, если я проконсультирую на дому кого-то из его семьи. Но с незнакомыми лицами я был особо упрямым.

Вы мне можете снова не верить, но до сих пор меня мучает совесть из-за того, что я отказывался посетить больных на дому. Они ведь просили о помощи! Не сомневаюсь, многие просящие думали, что я набиваю себе цену. Нет. Повторяю: не хотел создавать прецедент. Однако до сих пор помню, что отказал Л. И. Кринкину, просившему за директора Дома медицинского работника. Конечно, эта весьма пожилая женщина, проработавшая в известном всем медикам заведении десятки лет, заслуживала особого отношения к ней. Но я её не знал — и знакомиться с ней при посещении её на дому не хотел: о моём визите НА ДОМ узнали бы многие. Времени для подобной деятельности у меня, в это-то вы можете поверить, не было.

Несколько раз я посетил всё же больных на дому. Но это были особые случаи. Например, среди моей клиентуры были артисты: много лет — ведущая актриса драматического Театра им. В. И. Качалова Лидия Семёновна Шмидт, солистка Театра оперы и балета им. М. Джалиля Анна Семёновна Фадеичева, артисты Театра юного зрителя, пр. [Красивую и молодую А. С. сопровождал при первом визите её муж Дмитрий Олегович — бывший цирковой силовой актёр, а в ту пору — директор гастролирующей цирковой труппы. Скрутил сильными пальцами на моих глазах вместе два толстых крупных гвоздя и подарил мне сию композицию (как предупреждение: что' будет со мной, если превышу «полномочия»).]

Л. С. Шмидт — уже меченную паркинсонизмом, приводил в больницу муж (адвокат). И когда он мне позвонил, попросив прийти к Л. С., умирающей от злокачественной опухоли (не имеющей связи с её терапевтическими и неврологическими страданиями), я не смог ему отказать. Конечно, был я и в театре при прощании с Л. С. Остались подаренные мне фотографии её молодой, очень красивой в различных ролях. А со своей второй женой бывший муж Л. С. пришёл ко мне, как обычно, в больницу.

Был я на дому с тем же А. А. Агафоновым у его дяди Андрея — фотографа-художника, много раз лежавшего в нашем отделении. Но это был скорее больше дружеский, чем врачебный визит. Кстати, дружеские визиты к пациентам меня тоже не прельщали — я просто не знал, как себя у этих известных людей вести. Был у меня ряд лет один пациент — Сергей Григорьевич Вялков из Зеленодольска, с тамошней военной верфи, снабжавшей морфлот быстроходными катерами. Лауреат Ленинской премии, как указывалось в направлении на консультацию в нашу клинику. Был он относительно молод (до 50 лет), рыбачил на Волге с собственного плавсредства, и т. п. Сколько не приглашал — так я и не собрался.

Вспомнил ещё, что в приказном порядке (от парткома) посетил на дому бывшего сотрудника ГИДУВа доцента Добрускина. На какой кафедре он ранее работал — не знаю, но видел его до того не раз на торжественных собраниях, чаще — в президиуме. Этот весьма тучный пожилой ГИДУВец имел какие-то особые партийные заслуги, отсюда — направление меня к нему на дом. Не оказалось ничего серьёзного — просто гриппозное состояние.

О. С., наверное, не раз со своей неразборчивостью в консультациях попадал в неприятные ситуации. В одну из них я «влипся» вместо него. Позвонил ему неизвестный мужчина, попросил посмотреть больную мать. Как они договорились — не знаю. Когда на следующий день заботливый сын явился в кабинет О. С., дабы привезти профессора на машине к себе домой, О. С. , наконец, сообразил, что «дал маху». Молодой парень — явно не из богатых, с внешностью и одёжкой подсобного рабочего — очень надеялся на волшебство известного в Казани специалиста. А О. С. молил всевышнего помочь ему выкарабкаться из безысходной ситуации. Позвал меня. Объяснил молодому

человеку, что его самого неожиданно просят срочно приехать куда-то. Дал — в первый и в последний раз в жизни — мне самые высшие оценки. Просил молодого человека (не меня, конечно) его извинить. И я отправился на побитой машине знакомого молодого человека в район порохового завода. Избушка на курьих ножках. Темновато, сыро. Укрытая несколькими одеялами лежит измождённая хворью мать молодого человека. Всю брюшную полость заполнила плотная опухоль непонятного первичного происхождения.
Вывел молодого человека на свежий воздух. Объяснил ситуацию. Где тут уж деньги брать — лишь бы до больницы обратно довезли. Довезли.

На следующий день — также первый и последний раз — я выговорил О. С. всё, что я думаю о его «правых и левых» консультационных заработках.

*

Так вот, ни один сотрудник кафедры О. С., включая его самого, безоговорочно не стоял как терапевт-специалист выше ведущих врачей железнодорожной больницы. Нередко, наоборот. Хотя, повторяю, измерить и сравнить квалификации врачей-терапевтов (в целом) практически не возможно. Однако на сильные и слабые стороны указать было можно.

О. С., к примеру (я не очень утрирую), мог рассматривать ЭКГ верх ногами и этого не заметить. Я тоже был слаб в ЭКГ и до сих пор не могу ясно представить себе оси, пространственное расположение сердца, хотя Л. В. Дановский пытался меня этому научить. Профаном я был (и остался) в гематологии, хотя являлся единственным в больнице, кто выполнял стернальные пункции костного мозга, а потом — и трепанобиопсию подвздошной кости. Г. М. Нагель просто не имела для этого достаточно физической силы и, возможно, сноровки. С остальными разделами внутренних болезней было лучше.

Сейчас, просматривая список моих публикаций в 60-е годы, я с удовлетворением обнаружил, что некоторые из них никакой связи с моими научными изысканиями не имеют. А являются простым отражением моего чисто врачебного опыта. Например, «Генерализованные судороги как результат введения билигноста» - Клиническая медицина, 1967, №4. Или «Симпатобластома надпочечников с клинической картиной синдрома Иценко-Кушинга» - Врачебное дело, 1967, №8 (соавтор — зав. эндокринологическим отделением Н. М. Жуковская). Или «Диагностическое значение трепанобиопсии» - Врачебное дело, 1968, №10 (в соавторстве).

Когда я работал в Белгороде, то, к неудовольствию моей жены, дружил только с двумя, причём пожилыми, врачами (примерно 60-летнего возраста). С одним из них — Иваном Михайловичем Жуковицким — я опубликовал, будучи уже в Казани, ряд совместных работ как в сборниках, так и в журналах. В 1967 г. в Белгородском сборнике увидела свет наша относительно большая статья «Об аллергических осложнениях при применении антибиотиков», в 1968 г. - в другом сборнике - «К вопросу о разрывах аорты». А ещё были статьи во «Врачебном деле» (1969, №5 и 1971, № 4), в «КМЖ» (1971, №1).

И в заключении этого раздела о моих совсем «непрофильных» публикациях. Я, опять же подражая О. С., начал ввязываться в дискуссии. О профильных — ниже, а об одной непрофильной — тут. Ушёл бывший главный редактор Казанского медицинского журнала (1957-1967) профессор-отоларинголог Николай Николаевич Лозанов (1904-1977), пришёл на его место профессор-окулист Аркадий Павлович Нестеров (редактировал журнал до 1974 г.). Редакция решила «оживить» журнал дискуссиями. Начала со статьи В. М. Соловьёвой об искусственном оплодотворении (технические, моральные, юридические, пр. проблемы). На статью откликнулся... один я. Редакция долго ждала другие отклики. Не дождалась — и опубликовала в значительно сокращённом виде мои взгляды по этому вопросу (КМЖ, 1968, №4). Оттиск у меня не сохранился. Помню только, что закончил я стихотворением Людмилы Васильевны Щипахиной — поэтессы из Свердловска «Оставляйте потомство, люди!».

*

Удивил ли я врачебный мир Казани хоть раз? И — не раз.

Вот пришёл ко мне молодой капитан из танкового училища (там подрабатывала рентгенологом упоминавшаяся Р. А. Яблонская). Жалобы на постоянное вздутие живота, боли от распирания кишечника газами. Рентген ничего патологического не показал. Лечение — без эффекта. Начинается длительный расспрос офицера (внешность — кровь с молоком). Выясняется, что газы по запаху такие, какие выделяются при хождении на охоте по болотистой местности. «Наступаешь резиновым сапогом — и сразу в нос отдаёт серной вонью». И ещё выясняется, что жена капитана (они — молодожёны), наслушавшись рекомендаций подруг, кормит его трижды на день мясом, «дабы сила мужская не слабела». Диагноз ясен: для переваривания такого необычно высокого количества белка не хватает протеолитических ферментов, большая часть его переходит не переваренной в толстый кишечник, где «за дело» берутся «жирующие» на белке бактерии, размножившиеся выше всякого предела... Простая рекомендация: резко сократить потребление мяса. Ничего другого: отменить медикаменты, «специальную» диету, физиотерапию. Полное выздоровление. Переведен на службу в штаб округа.

Инструктор райкома партии (послан ко мне Л. И. Кринкиным). Масса неопределённых жалоб. Сейчас бы сказали «Синдром эмоционального выгорания» (англ. burnout). Но это понятие, сформулированное в 1974 г. американским клиническим психологом и психоаналитиком Хербертом Фройденбергером (1926-1999), ещё к тому времени в страну, считавшую психосоматические страдания лженаучным мифом, не дошло. Кстати, первые свои наблюдения Фройденбергер сделал еще юношей во Франкфурте-на-Майне, когда у его еврейской родни возникли одно за другим психические и соматические расстройства после прихода нацистов к власти. Ему же самому удалось сложным путём добраться до США.

Длительная беседа с партийным функционером. Выяснилось, что ранее он возглавлял группу конструкторов на одном из номерных заводов Казани. Был выдвинут на партийную работу. Считал это продвижением наверх, сопровождающимся всякими «побочными» благами. Но на новой работе впервые появились признаки нездоровья. У каких врачей он уже не побывал, какие методы лечения не испробовал! Пожаловался хорошо известному в райкомовских кругах, оптимистично настроенному Льву Ильичу. У того уже давно была палочка-выручалочка — Вайнштейн. Выдал мне — беспартийному — высшую партийную характеристику. Надо было её оправдать.

Разговор-допрос инструктора райкома затягивался. Уцепиться было не за что. Вспомнил учение Узнадзе (спасибо О. С.), психосоматику (что о ней удалось прочитать) — пошёл ва-банк. Читателю трудно себе представить, что значило тогда сказать инструктору райкома партии: «бегите с этой работы». Но мне, в отличие от других, терять было нечего (см. следующий абзац). Пациент оказался достаточно умён и не очень партийно-карьерно-охочий. Вернулся в своё конструкторское бюро. Полностью выздоровел.

После защиты (1964) — о ней шла речь выше — докторской диссертации, получения кафедры, выдвижения в члены-корреспонденты АМН СССР проректор по научной работе медицинского института В. Е. Анисимов (1925-1987) переехал в 1971 году в Москву. В 4-е Главное управление Минздрава СССР («кремлёвку»). В Казани все уже видели В. Е. академиком. Но он, как рассказывали, «споткнулся» на старом коммунисте - персональном пенсионере СССР. Пытался объяснить последнему, что недуги того — следствие весьма преклонного возраста. Персональный пенсионер возмутился: «Да мы, старая партийная гвардия, из железа! Да мы... А ты...». Помните у Николая Тихонова: «Гвозди бы делать из этих людей, крепче б не было в мире гвоздей.». И В. Е. Анисимову пришлось покинуть 4-е Управление. Осталась большая квартира на Смоленской площади. И — несбывшиеся мечты. Не отсюда ли ранняя внезапная смерть во время просмотра телевизионной передачи? Он был худощав, ровный по характеру, не курил...

А вы спрашиваете, почему «терять было нечего». Я бы вам ещё рассказал, как главный врач казанской спецбольницы Н. Чугунов мирил поссорившихся вздорных пациенток-старух, лежавших в совместной палате. Родственник одной звонил и жаловался-угрожал ему из ЦК, родственник второй — то же самое с какой-то (не помню) другой московской «высоты». Сами же старухи были всего-то только «родственницами» партийных функционеров, но именно потому и попали в спецбольницу. Дело было вечером, Чугунову в «обработке» старух пришёл на помощь А. А. Агафонов. Его-то, тоже затесавшегося в число привилегированных пациентов, пришёл я проведать.

В райкоме партии моему пациенту, конечно, пришлось не раз сталкиваться с тем, что называется «неразрешимыми нравственными проблемами». Ему приходилось говорить и делать то, что противоречило его представлениям о справедливости, искренности, правдивости, пр. Ибо партийные установки принуждали действовать по-иному. Конечно, можно было отключить свою совесть. Или быть (стать), на самом деле, убеждённым (!) проводником линии партии. Приведу пример, который мне поведали супруги Нугмановы.

На одном из собраний писателей и журналистов Татарии секретарю обкома Валееву указали на то, что до революции (Октябрьского переворота, как сейчас говорят) в Казани выходило на татарском языке больше периодической литературы, чем в 60-е - 70-е годы. Секретарь обкома, предугадавший подобный вопрос, встал и начал размахивать подготовленными для него работниками архивов библиотек пожелтевшими от времени, небольшими по формату газетками дореволюционного периода, обзывая их самыми непотребными словами. Мол, это вы называете периодическими изданиями? Конечно, образованный секретарь обкома понимал, что распространение грамотности тогда было иное, что полиграфическая база не сравнима с нынешней, пр. Но не отступать же ему от линии партии?! Поверить, что он в глубине души не соглашался с задавшими ему вопрос, я не могу. Отсюда — психосоматические страдания.

Я бы ещё поделился с вами рядом интересных историй болезней и выздоровления от оных, но вы уже много раз убеждались, что «от скромности...». Посему, пока хватит.

*

Во время моей работы на кафедре была ещё одна аспирантка (только одна!), да и та с печальной историей. Галина Георгиевна Назарова — сама скромность. Весьма трудолюбива. Так получилось, что я подключился к её работе. Но нам довелось опубликовать только одну совместную статью (с участием Ю. Г. Забусова): Врачебное дело, 1972, №3.

У Гали возникла опухоль мозга, от которой она и умерла. После похорон были поминки, на которые её хорошая подруга Наиля Абдулловна затащила и меня. Впрочем, рюмку-другую водки я был не прочь выпить: похороны состоялись в очень морозный день. И это были первые поминки, на которых я когда-либо присутствовал.

Жили Назаровы в том же доме, что и Табеев, прочее высшее начальство Татарии. Ранее отец Г. Г. тоже работал в партийных органах, а потом стал заведовать кафедрой основ марксизма-ленинизма в вузе. Из наших кафедральных и больничных более никого на похоронах и поминках не было. Зато с кафедры её отца — все. Наверное, ни один из них Галю живой и не видел.

Блюда подавали в принятой на поминках очерёдности. Готовили еду какие-то кумушки, выходившие из кухни показаться, когда опьяневшие марксисты-ленинцы требовали «автора бульона» и т. п., встречая «авторов» того или иного яства аплодисментами. Постоянно один другому советовал попробовать то, другое — «так вкусно!». Действительно, всё было приготовлено очень хорошо. Отец Гали — выпивший — сидел молча, разбитый горем. Пытался говорить о Гале, но тут же, в слезах, замолкал. Мать была как-то живее. У них был ещё сын, но связь с ним была давно оборвана.
Я был потрясён, Наиля успокаивала меня и не давала уйти.

Наиля — единственная из сотрудников кафедры!— посещала Галю во время её болезни. Часто. Уверяла Галю, что слепота наступила лишь на время. Слушала Галины планы по проведению дальнейших исследований. Один раз во время визита Наили у Гали развился острый отёк головного мозга. Увезли в больницу — сделали трепанацию черепа... Наиля всё это мне на следующий день рассказывала. Даже слушать нельзя было без содрогания.

*

Коль уж зашла речь о похоронах и поминках, то вспомним доцента Сергея Васильевича Сенкевича. У нас в больнице у него был обнаружен рак кардиального отдела желудка. Глотал с трудом, но пока глотал.

Однажды А. А. Агафонов — речь идёт о конце 60-х годов, если не ошибаюсь — с которым мы тогда много времени проводили вместе, предлагает поехать в Дербышки, чтобы проведать Сергея Васильевича. Оказывается, они были хорошо знакомы. Едем. С. В. рад искренне нашему визиту. Ему уже наложена гастростома — питается жидкой пищей через зонд. Приносит бутылочку коньяка, три стопки. Говорит, показывая на коньяк: «Это проходит». Выпиваем раз-другой. Весело болтаем. Замечаю на стене интересную фигурку из дерева. С. В. объясняет: «Привёз из Еревана». Снимает фигурку со стены и пытается мне её подарить. Удивительной доброты человек! Расстаёмся, как ни в чём не бывало. А ведь виделись в последний раз.

На похоронах и на поминках убедился, какие интеллигентные друзья были у Сергея Васильевича. Каким молодцом держалась его жена — профессор физиологии. Ели, пили и рассказывали забавные истории из жизни Сергея Васильевича. Немало присутствующих знало Сергея Васильевича с юности. Как положено, за столом были и его место, его столовый прибор, его рюмка. И как бы его дух.
Вспомнились поминки Гали Назаровой, когда никогда не видевшие её люди пришли плотно поесть и выпить.
Как говорится, день и ночь.

*

А клинических ординаторов за полтора десятилетия на кафедре перебывало много. И из Казани, Татарии, и из Мордовии, Сибири, Дагестана, Калмыкии... Никто ими не занимался, кроме как заведующие терапевтическими отделениями, вынужденные контролировать их лечебную работу. О. С. не считал ординаторов истинными сотрудниками кафедры — и соответственно этому ими почти не интересовался. На других кафедрах клинические ординаторы были резервом будущего пополнения коллектива кафедры. За два года обучения (последнее слово, что касается нашей кафедры, можно применить только условно) к ординаторам можно было присмотреться, узнать их интересы, возможности, предложить тему научных исследований, и так далее. Но О. С. это не интересовало: в мыслях была Москва...

Лишь ординатору Наиле Абдулловне Климовой (девичья фамилия - Урманова) удалось задержаться на кафедре терапии, причём — точно не знаю — лет на СОРОК. Она «пережила» минимум трёх заведующих кафедрой. И всё — благодаря своему удивительному характеру. Встретив кого-нибудь впервые или в тысячный раз (это не имело значения) Наиля, прежде всего, одаривала собеседника обворожительной улыбкой. И тут же интересовалась, чем может быть ему (ей) полезной, чем может помочь. Помощь другим заполняла всю её жизнь. Я не утверждаю, что это был чистый альтруизм. Но это было смыслом её жизни. Установкой.

Касалось ли это её первого мужа (второго я не знал), сослуживцев, друзей юности, соседей, просто случайных знакомых, словом, всех — она старалась помочь.
Начнём с мужа. Мы — работники кафедры и больницы — впервые увидели его на праздничном вечере в честь Октября. Железнодорожная больница праздновала всегда в клубе железнодорожников, что рядом с вокзалом. Торжественное заседание, концерт, застолье, танцы. Пара Климовых выглядела потрясающе! Оба красивые, улыбающиеся. Наиля — непосредственная, контактная, Рудольф — несколько застенчив (столько незнакомых лиц!). С того вечера до моего отъезда из Казани входили они в круг моих друзей.

Рудольф — ординатор на кафедре судебной медицины медицинского института — сразу же взялся за подготовку диссертации. Но вскоре у него обострился застарелый туберкулёз лёгких, потом подолгу болел и в 1969 г. умер заведующий кафедрой профессор Михаил Иванович Федоров. И всё-таки, под постоянным нажимом и контролем Наили, Рудольф завершил диссертацию, защитил её. Но долго ассистентом кафедры не продержался, перейдя на работу в судебно-медицинскую экспертизу. Выпивал, здорово выпивал. По-моему, ушёл он с кафедры при новом (с 1971 г.) заведующем кафедрой — Виталии Семеновиче Семенникове (1935 - 2007 г. г.).

Когда я уже был Тернополе, Климовы развелись. А ведь всё было у них так хорошо (если не считать отсутствия детей)...

О Рудольфе Алексеевиче Климове я написал примерно год тому назад на странице, которую создала вторая его жена — известная казанская журналистка Любовь Владимировна Агеева. Вот этот текст.

«Salomon Weinstein
04.07.2012 в 17:44
Глубокоуважаемая Любовь Владимировна!
Благое дело Вы совершили, оставив для всех нас, знавших его, воспоминания о Рудольфе.
Впервые увидел я Рудольфа на одном из праздничных вечеров в здании Казанского отделения Горьковской железной дороги. Было это где-то в конце 1965-го года. Поразили его южный (прямо-таки итальянский) вид, аристократическое лицо и стройная фигура. Несомненно, он выделялся своей внешностью в любом обществе. Но, не только внешностью: приветливостью, подкупающей улыбкой, доброжелательностью.
Я часто посещал ЦНИЛ мединститута, рядом была кафедра судебной медицины. Поэтому встречались мы не редко. Бывали даже вместе за городом. Помню, одним летом принимал Рудольф меня в Молодёжном лагере, куда он устроился врачом на отпускное институтское время. Шашлыки с грибами — и такое не забывается.
Знал я и его сестёр: одну — больше, других — меньше. Бывал у них дома, когда ещё их отец жил. Согласен с Вами, что доброту свою он унаследовал от матери. Рудольф был очень скромным человеком, никогда не стремился выделиться в компании, показать свою большую образованность. Но, повторяю, не прикладывая никаких особых усилий, был красивее и ярче многих. Поэтому и не припомню, чтобы у него были недруги. Поэтому и прощалось ему немало в те периоды, когда пагубная привычка брала верх.
Поэтому и остался он светлой личностью в моей памяти чётко до сих пор, когда память о многих, которых я знал ближе и продолжительнее, чем полтора десятка лет, уже почти стерлась.
Профессор Соломон Вайнштейн (Кёльн, ФРГ)»
(http://history-kazan.ru/2012/06/судмедэксперт-рудольф-климов/)

*

3. ЕЩЁ СЕМЬ ЛЕТ — И Я ЗАЩИЩАЮ ДОКТОРСКУЮ ДИССЕРТАЦИЮ.

После возвращения из отпуска в 1966-м году я месяц не находил себе места от безделья. Все диссертационные заботы остались позади, мне не надо было приходить на работу раньше, чтобы, например, успеть расставить баночки для сбора слюны, а после работы некуда было спешить: ни в виварий, ни к пламенному фотометру, ни, ни, ни...

Правда, О. С. решил (в соавторстве со мной!) издать книгу, но работы с ней было не много. Первая часть книги — обзоры О. С. (включая упоминавшийся совместный обзор с Ф. Р. Валеевой) надо было объединить, вставить туда свежие литературные данные. Это было не трудно по следующей причине.

Уже год-другой я усовершенствовал сбор научной информации. Ранее (ещё со времён учёбы в институте, когда я подписался на первый медицинский журнал - «Клиническую медицину») я выписывал на особые листки (например: ПНЕВМОНИЯ, ИНФАРКТ МИОКАРДА, ЯЗВЕННАЯ БОЛЕЗНЬ, пр.) понравившиеся и, возможно, в будущем мне нужные статьи из журнала. Листки эти хранились в папках — по системам органов, а сами журналы — в шкафу. В Казани к «Клинической медицине» прибавились «Терапевтический архив», «Врачебное дело», «Проблемы эндокринологи»... Это значительно облегчало мне подготовку к занятиям, лекциям, и т. п.: не надо было бежать в библиотеку, рыться в каталогах, заказывать.

В дополнение к этому, я регулярно просматривал примерно тридцать других медицинских журналов (чтобы вести контроль, сделал специальную сетку-график), реферативные журналы и ящичек с авторефератами диссертаций, содержимое которого еженедельно обновлялось в библиотеке медицинского института. Эта библиотека была моим вторым рабочим местом (первым — учебная комната после окончания занятий), что касалось сбора и переработки научной информации. Всё для меня интересное (даже, по моим представлениям — в будущем) выписывалось на библиографические карточки.

Так что дела с книгой продвигались без особых трудностей. Я перепечатывал, правил, дополнял то, что мне дал О. С., переделывал (представляя в нужном для книги формате) мои диссертационные материалы, а О. С. начинал выстукивать на своей оригинальной машинке страницы новой книги. О ней — несколько слов. Я уже писал, что О. С. «имел отношения» с издательством «Медицина» как переводчик. Оказалось, что и как научный редактор — тоже. Его — это он мне рассказывал сам — попросили «довести до ума» рукопись какой-то книги какого-то важного автора, за что, кроме гонорара, обещали издать планируемую О. С. книгу о медикаментозных методах лечения в гастроэнтерологии. Конечно, никаких фармакологических изысканий сам О. С. не проводил, но компиляция — я об этом уже писал — была для него главным методом написания статей и книг. Вечерами — об этом также О. С. мне рассказывал — он выстукивал на машинке несколько абзацев для будущей книги. Книга эта вышла (может быть, уже повторным изданием?) через много лет: «Радбиль Оскар Самойлович. Фармакотерапия в гастроэнтерологии. Справочник. Издательство "Медицина", Москва, 1991. 416 страниц. Твердый переплет. Обычный формат. Тираж 250000 [не опечатка ли?] экз.» (http://vseknigi.blogspot.de/2009/12/blog-post_20.html). Сейчас её можно приобрести за цену, адекватную 2 €.

Мне эту книгу не пришлось увидеть, в 1991 г. я был уже в ФРГ. Интересно, вошли ли в неё мои классические исследования по ксилиту, выполненные в санатории «Казанский» и в эксперименте? Уверен, что если и вошли, то без упоминания моей фамилии. А составленная мною классификация желчегонных средств (1969)?

Опять — забегаю вперёд. После отъезда из Казани в 1973 г. О. С. начал «постоянно забывать» две, полагаю, важных вещи. Первое: он — заслуженный деятель науки ТАССР. «ТАССР» он опускал, превращаясь не просто в «заслуженного деятеля науки», а как бы в «заслуженного деятеля науки РСФСР», так как среди последних опускание указания «РСФСР» было довольно распространенным явлением. Что же касается «засл. деят. науки» (так писали сокращённо) автономных республик, то опускание названия республики было не только неуважением по отношению к присвоившей звание инстанции, но и — «захватом» звания, которое не заслужил.

Второе: О. С. перестал при цитировании упоминать мою фамилию. Даже если авторов статьи или книги было всего два (он и я), то он писал «О. С. Радбиль и соавт.», хотя по правилам так можно было писать, если авторов — более трёх. И это — при том, что мы продолжали встречаться и общаться в Москве. Я ему ни на первую, ни на вторую его «мелочности» не указывал — я уже давно имел в научном мире своё собственное имя, не будучи «придатком» имени О. С.

В 1973 г. «Казанский медицинский журнал» в 3-м номере опубликовал подборку дискуссионных статей по язвенной болезни. И тут О. С. - он же не был дураком! - окончательно убедился, что просчитался по всем позициям, продав квартиру вместе с кафедрой (об этом ещё пойдёт речь). Во-первых, его статья была поставлена ПОСЛЕ моей. Кто знал О. С., тот понимал, что это был для него со стороны редакции «КМЖ» если не нокаут, то минимум нокдаун. Во-вторых, я в списке литературы привёл во всех наших совместных с ним работах его фамилию, даже если она стояла второй (после моей). В-третьих, его попытка «скрыть» моё существование в науке и, боже упаси, упомянуть наши совместные публикации по дисгормонозу при язвенной болезни, выглядела смехотворной: он писал о работах кафедры, но не привёл, вообще, список литературы. Кто-то исследовал, кто-то установил, кто-то лечил... Но никогда — Вайнштейн.

Как рассказала мне Ада Ильинична — заведующая редакцией «КМЖ» (там ещё работали полноватая Татьяна Павловна и Анна Ивановна — всех помню, так как редакция ранее находилась в том же здании, что и ЦНИЛ), Л. М. Рахлин, рецензировавший мою статью, написал на ней что-то вроде: «Дорого яичко к Христову дню». Но об этом, вроде, я уже упоминал? Ничего: себя похвалить лишний раз — никому ещё не повредило.

*

"На базаре была куплена старая пишущая машинка "Адлер", в которой не хватало буквы "е", и ее пришлось заменить буквой "э". Поэтому первое же отношение, отправленное Остапом, в магазин канцелярских принадлежностей, звучало так: Отпуститэ податэлю сэго курьеру т. Паниковскому для Чэрноморского отдэлэния на 150 (сто пятьдэсят) канцпринадлэжностэй в крэдит на счэт Правлэния в городе Арбатовэ.
ПРИЛОЖЭНИЭ. Бэз приложэний."

В который раз удивляетесь: чего забрёл я снова «не в ту степь». Совсем «не в ту степь». Согласен.
Это, чтобы вы немного расслабились, вспомнив «Черноморское отделение Арбатовской конторы ПО ЗАГОТОВКЕ РОГОВ И КОПЫТ». Нет, мне — при всём и при том — да-алеко до известного предпринимателя и сына турецкоподданого Остапа Бендера. Просто пришло в голову вот что...

Но сначала — ещё одна цитата. Из казачьей песни. Почему это — нельзя? Александру — сыну ленинградца Якова Шмарьевича Розенбаума — можно, значит, распевать во всю глотку казачьи песни (казаки, известно, очень «любили» т а к и х), а Соломону — сыну одессита Григория Соломоновича Вайнштейна - привести три строчечки рефрена казацкой песни нельзя? Назло вам — вот:

Любо, братцы, любо,
Любо, братцы, жить!
С нашим атаманом не приходится тужить!

А теперь соединим всё вместе. Увы, какой фирмы была старая машинка О. С. - точно не вспомню. Портативная, кажется - «Москва». Такие выпускали в начале 50-х годов. У неё было примечательное качество: при ударе по всем клавишам, кроме одной, на бумаге оставался отпечаток буквы. Но после удара по клавише «о» на бумаге пробивалась дырочка. Буква «о», не мне вам рассказывать, довольно часто встречается. Отсюда — рукописи (вернее, машинописи), выполненные на машинке О. С., напоминали, если их смотреть с оборотной стороны, мишени, пробитые дробью.

Это, само по себе, было бы не таким проблематичным: просто под страницу надо было класть чистый лист бумаги — и всё. Но О. С. таким образом напечатанные страницы правил авторучкой, не замечая, что иногда он ведёт перо по пустоте. Ещё хуже, если он не обращал внимание, что под страницей, которую он правит, находится другая страница машинописи... Ладно, чего я стараюсь: от вас всё-равно сострадания не добьёшься. Но пожалейте, хотя бы десятилетия спустя, машинисток, печатавших работы О. С. (в частном порядке). Таких машинисток в институте было две. Самая пожилая печатала статьи, диссертации и т. п. особо избранным. Вторая — тоже не молодая — всем прочим сотрудникам института. О. С. доверял свои простреленные страницы, конечно, самой опытной машинистке. И лишь, если та была перегружена другой срочной частной работой — не самой опытной. Мне приходилось, при подготовке книги, отдуваться за ту и за другую. *Тужить было просто некогда.* Сказать, что это «атаманом» ценилось — нельзя.

О. С., коль уж книга была им «пробита» (я имею в виду не букву «о»), настаивал на возможно большем её тираже. Даже где-то для издательства Казанского университета раздобыл (правда, сероватую) бумагу. Сошлись на 10 000 экз. Тема была актуальной, книга стоила всего 62 копейки. Но всё равно где-то 2500 экземпляров остались лежать на складе издательства мёртвым грузом. Книгопродавцы — по анонсированию — заказали всего лишь 7500 экземпляров.

Книга была сдана в набор 16.01.1967 г., то есть всего через несколько месяцев после получения мною диплома кандидата наук. За это время я оформил книгу (в ней 140 страниц, или 7,7 уч.-изд. листов) и согласовал все неясности с редактором издательства Натальей Николаевной Мичуриной. Подписана к печати книга была уже в конце мая того же года, а после отпуска я покупал её, рассылая всем знакомым, друзьям по учёбе и пр. Один экземпляр я послал даже в Монголию, где служил мой бывший институтский друг. В сопроводительном письме я поинтересовался, между прочим, «почём нонче конина в Монголии?». Может быть из-за этого мой подарок, так необходимый для работы военному врачу (как же: «Кора надпочечников и язвенная болезнь»!), возвратился потрёпанный и надорванный обратно с припиской военной цензуры: «Бандероли на адрес полевой почты не пересылаются». Вероятно, бдительные цензоры посчитали мою шутку шифровкой. А военный врач так и продолжал служить, почти ничего не зная о тесных связях функции коры надпочечников с возникновением и течением так часто встречающейся в армии язвенной болезни. И всё из-за моего глупого любопытства, как будто я решил на весь гонорар закупить в Монголии конину и подарить её студенческой столовой медицинского института, где мясо во вкусных котлетках надо было искать под микроскопом.

А гонорара-то и НЕ БЫЛО! О. С. передал мне ПЯТЬ авторских экземпляров книги — и всё. Какой гонорар? - спасибо, мол, что напечатали.
Мне больше не встретился ни один автор Издательства Казанского университета, оставшийся без авторского гонорара. Что-то было тут не то.
Не получил я гонорар и за вторую нашу совместную книгу, о которой пойдёт ещё речь (коллаж 22.).

Я понимаю — О. С. был в ы н у ж д е н приобрести кооперативную квартиру одной красивой женщине. И обставить это гнёздышко.
Когда через немало лет я побывал в этой квартире вместе с подружкой указанной пассии О. С., то мне пришли на ум слова поэта-трибуна: «Радуюсь я — это мой труд...». И — более никакие мысли. Честно!
[А в конце июня 2013-го я позвонил из Кёльна этой женщине в ту же самую квартиру, чтобы поздравить её с 81-летием...]

*

«Сочи – все дни и ночи
ты предо мной во сне и наяву.
Сочи – все дни и ночи
воспоминаньем нежным я живу.»

Так пела неповторимая Клавдия Ивановна Шульженко.
Музыку к этим словам, кстати, написал, мягко говоря, не рекламированный в

СССР широко Ежи Петербургский (1895 -1979) - польский еврей из Белостока. Из города, перешедшего на время 2-й мировой войны (1939-1944), по секретному пакту Молотова-Риббентропа, в состав Белоруссии. Я не зря упоминаю об этом создателе таких бессмертных танго, как «Утомлённое солнце», «Последнее воскресенье» и других, а также вальса «Синий платочек». Ибо на музыку «Синего платочка» была написана СОВЕТСКАЯ песня «Двадцать второго июня, ровно в 4 часа» (1941) — одна из самых известных песен времён Великой Отечественной войны.

А сейчас последуют строки, широкая известность которых ещё впереди (это — о моих контактах с «вождём всех народов», чтобы вы не гадали: известность каких-таких строк?).

В середине шестидесятых годов появилась мода на так называемые выездные циклы. С жаром и пылом руководители институтов усовершенствования врачей и органов здравоохранения, каждый на свой манер, восторгались идеей выездных курсов. И здравоохранение экономит кучу денег (проезд нескольких десятков врачей, прочие командировочные расходы), и институт перевыполняет план по курсантам, прошедшим обучение. И курсы можно проводить в послеобеденное время, давая возможность врачам (многие работали на полторы ставки) с утра отработать свои полставки. И преподаватели знакомятся с новыми краями, отдыхают от бытовых забот. И, и, и...

В ГИДУВе уже начали что-то делать в этом направлении. Кто был инициатором, кто провернул наш выезд — не знаю. Подозреваю, что кто-то из сочинцев в договорённости с О. С. Объявление в газете (коллаж 36.) - тому доказательство. Или — нет?

Первый выездной цикл нашей кафедры состоялся в 1968 г. И ни куда-то там-нибудь, а, как уже указывалось, в Сочи (коллаж 14.). В город, именуемый «кавказской жемчужиной». В город, куда врачи железнодорожной больницы ЕЖЕГОДНО заказывали свои бесплатные проездные железнодорожные билеты. Город, о котором они начинали мечтать уже за полгода перед очередной поездкой и посещение которого не могли забыть в течение полугода после таковой. Все — без исключения! Включая начальника больницы, начмеда, начальников отделений и рядовых врачей... Все возвращались из Сочи загорелые «больше-некуда». Те, что были постарше — с лицами, напоминающими печёное яблоко. О возможном, из-за «перезагорания», раке кожи никто не думал, защитных кремов не было. Только — кремы ДЛЯ загара.

Поездка наша намечалась на июнь месяц.

Я — вы, надеюсь, этого печального факта ещё не забыли — заканчивал второй год работы на половину ставки. В конце апреля жена родила дочь. Конечно, приехала для помощи тёща, но всё-таки... Кстати, жена родила на неделю раньше предполагаемого срока, а я был в Виннице. Там надо было помочь в подготовке к празднованию 60-летия мамы. Она ещё работала вот уже непрерывно 23 года главным врачом детской больницы (и после юбилея проработала ещё два года), посему отмечать этот день — 2-е мая — должны были весьма торжественно. Словом, жена неожиданно подарила свекрови к юбилею внучку, а пятилетний сын неделю жил у знакомых. Потом возвратился я, подоспела тёща.

Об этом всём я рассказал О. С. и попросил меня от поездки в Сочи освободить. Свою полугодовую часовую нагрузку преподавателя я уже давно выполнил и — как было мне это не добавить? — при моём окладе о сочинских ресторанах с их перепелиными яйцами в меню (все, побывавшие в Сочи, упоминали об этом деликатесе, особенно — по слухам — полезном для мужчин) и думать не приходится...

Мне и в голову не приходило, что О. С. будет меня уговаривать поехать в Сочи. И причина его настырности в этом вопросе мне стала ясна только на берегу Чёрного моря. Он даже позволил мне взять с собой сына, обещая того куда-то пристроить.
Я согласился, тем более, что до этого в Сочи не бывал. И после этого — тоже...

Команда наша состояла из О. С., Ашраф Закировны, Фариды Рашидовны, Леопольда Владимировича, меня. Лишь я сразу же взял с собой сына, А. З. и Л. В. сделали подобное (племянницу, дочь) несколько позже. Ехали тяжело: жара в вагоне, отсутствие холодных напитков, ужасные гигиенические условия. Ф. Р., перенесшая перед этим определённое оперативное вмешательство, беспрерывно глотала лекарства.

Но стоило нам сойти на перрон сочинского вокзала, увидеть цветущую магнолию, вдохнуть сладко пахнущий воздух приморья — все перипетии пути сразу же забылись.

Поселили нас в гостинице «Ленинград», каждого — в отдельный номер. Слева от меня была комната О. С. (это важно — см. далее), справа — Ф. Р. (это не важно — смотреть далее нечего). Где-то на седьмом-восьмом этаже.

А. З., выяснив, что в номере, за небольшую приплату, разрешается поставить кушетку, тут же телеграммой вызвала племянницу. А Л. В. только похвастался жене в письме, расписывая нашу «люксовую» сочинскую жизнь.

Начинали работать мы как обычно: с утра — лекция профессора, потом — практические занятия с группами. После работы — минимум часовая очередь в одном из «предприятий общественного питания», обед и — пляж. К морю прямо от гостиницы вела лестница. Вечером я покупал на одном из базарчиков какие-то фрукты для сына и шёл его проведать: сын уже дня через два перебрался из гостиницы в круглосуточный детский садик, расположенный на территории сочинского дендрария. И был пребыванием там доволен. То есть, О. С. своё обещание выполнил.

*

К нам прикрепили машину с шофёром. И — какую машину! Бывшую машину «вождя всех народов»! Хотя она была марки «ЗиС», что означало «Завод имени Сталина», делали её, в основном, за многие тысячи километров от Москвы. «ЗиС» считался правительственной машиной, в которую допустимо было садиться только высоким партийным и советским руководителям (на местах — не ниже первого секретаря обкома). Но машина «корифея науки» должна же была хоть чем-нибудь отличаться от «обычных» «ЗиС»ов. Этим «чем-нибудь» были маленькие клейма «Made in USA», которые можно было видеть на ВСЕХ металлических составных частях (деталях) машины. Где собирали машину, где, например, обтягивали сидения кожей, прочее — не знаю. Но кле'йма «Сделано в США» на блестящих никелевым покрытием частях машины производства «Завода имени Сталина» выглядели весьма символично.

Машину эту — одну из многих, имевшихся на прежней даче Сталина «Зеленая роща», когда-то передали сочинскому горздравотделу. Но большую часть времени она не использовалась, а «поджидала» именитых гостей. Действующих или действовавших (уже оставшихся в прошлом). По-другому, живых или мёртвых. (Как нам рассказали, не так давно перед нашим приездом машина — кабриолет — с откинутым мягким тентом использовалась в качестве автокатафалка на похоронах начальника милиции города.)

Почему к именитым отнесли нашу скромную группу — не ясно. Не могли же они предвидеть, что через несколько десятков лет меня причислят к «выдающимся учёным-терапевтам»? Или руководители города Сочи уже тогда просматривали

«исторические вехи» кафедры? Во времена «исторических съездов», сами понимаете, КПСС, в период «исторических решений» - ясно - её же, «исторических достижений» нашей промышленности, в том числе автомобильной... В те годы как раз свёртывалось производство такого «шедевра», как «Горбатый Запорожец», и там же, на Украине готовили новую модель «Запорожца» с нормальной осанкой, а в Ижевске налаживалось массовое производство удмуртских «Москвичей» - автомобилей мирового класса...
Нет, скорее всего, им позвонила из Болгарии Ванга.
В любом случае, цезарю — цезарево, а историческое — историческому. Посему, нашей кафедре — лимузин бывшего «руководителя и организатора всех наших побед».

Машина была, само собой разумеется, просторной. И в неё помещались мы все, сколько бы нас не было. Даже во время поездок, которые гостеприимные сочинцы нам устраивали — всему составу кафедры вместе с племянницей и детьми. В Дагомыс, на гору Большой Ахун, просто — в ресторан и, конечно, на дачу, в гараже которой когда-то стоял «ЗиС» генералиссимуса.
Рядом с шофёром сажали шефа, а остальные — на самом заднем (третий ряд!) очень просторном сидении. И — во втором ряду. А в центре, на малом откидном стульчике сидел я. В первый раз — случайно, а во все последующие разы — по привычке. Даже — если другие места были свободные.

Когда бывший охранник дачи в роли экскурсовода водил нас по этой, одной из приблизительно двадцати дач, которыми располагал вождь-скромняга по всей стране (исключая пустынные местности, районы вечной мерзлоты, полигоны испытания оружия массового поражения, и т. п.), он, проходя мимо ожидающей нас «нашей» машины, показал пальцем на «моё» откидное сидение и сказал: «А на этом месте всегда сидел Иосиф Виссарионович».

С этого момента сотрудники кафедры прислушивались к моему мнению, затаив дыхание... Иногда оговаривались: «Соломон Висса...Григорьевич».

Да, Сталин был болезненно мнителен и боялся даже собственной тени. Где бы он не жил, шторы на окнах, к примеру, никогда не доходили до пола: а вдруг за ними кто-то спрячется. Он не мог сидеть в машине у окна. Вокруг него должны были находиться те, кто примет на себя, в случае чего, первый удар.

Бывший охранник с придыханием поведал нам, насколько непритязателен был «лучший друг советских врачей (учителей, инженеров, пожарных...)». Указывая

на выложенные (инкрустированные) ценными породами дерева стены кабинета и библиотеки, на цветной паркет, пр. Мол, никакого золота, алмазов, слоновой кости... Но нигде не было и штукатурки, побелки — всё покрывало дерево!
«А как Иосиф Виссарионович лелеял лимонное деревцо, что вот тут росло!» (зачахло, видимо, не пережив разлуки с «лучшим другом советских садоводов»)!
«А купаться ходил Иосиф Виссарионович вот этой дорожкой...»

А я слушал бывшего охранника «вполслуха»: был под впечатлением открывшихся моих самых тесных контактов с «гением всего человечества»! Не непосредственных, правда, контактов и, как говорится, лишь «одним местом».
А когда нам показывали жилые помещения, то меня — почти приятеля «кавказца Сосо» (так называл себя молодой, приблизительно как я 1968-м, Сталин), уже просто распирал гнев. Там везде теперь стояли кровати: дача была превращена в Дом отдыха ЦК и Совмина (для технических работников, не для начальства, хотя для последнего предусмотрели один отдельный номер «люкс»). А на столе, который ещё помнил тепло сталинской руки, лежали чьи-то трусы. Именно тогда у меня возникла гипертония, которую, кстати, преднамеренно безуспешно лечили у «верного продолжателя дела Ленина» кремлёвские «врачи-вредители». Мой домашний врач справляется с этим лучше, поэтому я в состоянии САМ что-то написать. Конечно, мемуары «В татарской столице, в Казани...» не будут добровольно-принудительно досконально изучаться по всей стране, как это было с нетленными трудами классика марксизма-ленинизма: «Марксизм и вопросы языкознания» (1950) и «Экономические проблемы социализма в СССР» (1952). Написанными с посторонней помощью. Но всё же, всё же, всё же...

Дачу (и имя) Сталина эксплуатируют и сейчас: там можно провести отпуск («Новая Мацеста» - «Зеленая роща». Сочи. 2 этажа, 200 кв. м, 6 комнат. - из объявления в интернете).
Её можно посетить во время экскурсии на гору Б. Ахун (адрес в интернете: http://www.kp.ru/daily/25926.3/2876159/). Описание таково:

«10 минут от центра Сочи - и вот она, одна из любимейших дач Сталина (её еще называли «Зеленая роща»), превращенная в музей. С тех пор тут мало что изменилось - тот же шикарный вид на море и горы, тот же интерьер в зеленых тонах.
- Вот по этому ковру ходил Иосиф Виссарионович, - сообщает экскурсовод, и туристы делают шаг в сторону, чтобы не топтать экспонат. - В этом кабинете он встречался с Мао Цзэдуном, вот, кстати, подарок от него - письменный прибор из серебра. Тут играл в бильярд, здесь, на этом самом кожаном диване, курил трубку

и читал книги.
Народ живо представляет себе эту картину и потому особенно пугается, когда в одной из комнат (всего их шесть) наталкивается вдруг на воскового вождя, сидящего в кресле.»

За вход на дачу Сталина во время упомянутой экскурсии надо дополнительно заплатить 150 рублей. Нам же, прибывшим на дачу 45 лет тому назад на лимузине её владельца, вход ничего не стоил.
Только сейчас стала понятна вся полнота счастья, испытанного нами в тот июньский день 1968-го года. Запал в память сей день крепко. Помните, «это было будто бы вчера» у «Самоцветов»? И далее — у них же: «Не повторяется такое никогда». Жаль, однако.

Плавали мы на «Метеоре» или «Ракете» на подводных крыльях в Сухуми. На обратном пути — море слегка штормило — сразила сотрудников кафедры эпидемия морской болезни. Некоторые были укачаны «в стельку».

В Дагомысе мы посетили чайную фабрику. Дегустировали чаи. Получили в подарок по пачке вырождающегося (из-за расширения площадей под него в не подходящих для роста чая местах) русского (краснодарского) чая. Сортировкой чая на фабрике занимались дети. Только ДЕТИ. Не старше 14-ти лет. Не в Африке, а в Советском Союзе. Их нежные пальчики легко выбирали из горок ферментированного чайного листа чаинки того или иного качества, а острые глазки зорко следили, чтобы в чай «Экстра» не попали стебельки, корешки и тому подобное.

Потом нас отвезли куда-то в горы, где накрыли вбитый в скалы стол. Коньяк, овощи, лаваш, жарящиеся шашлыки. И рядом — стремительный ручей с ледяной водой. Всё-таки я купался в «корытах» - тех местах, где ручей, перекрытый поперечными выступами скал, расширяется. Есть фотографии, но решил их не обнародовать: я там без галстука.

*

С Леопольдом Владимировичем Дановским отношения были хорошие. Хотя он, ещё не защитивший диссертацию, работал на целую ставку, я — на половину. Вернее, не работа, а мой оклад был ополовинен. Однако, не его же вина, что так сложилось. Мы были «на Вы», но обстоятельства почти вынуждали нас предпринимать что-либо совместно. С нашими дамами у него вообще ничего общего не было и быть не могло. Конечно, и со мной — очень мало, кроме возможности вести беседы на «мужском языке». Даже покурить ему со мной, некурящим, не получалось. И всё же мы были настолько «близки», что — вы не поверите — «вместе ходили по бабам».

При прощании с Л. В. на кладбище его коллега по Лениногорску И. П. Арлеевский отметил непредсказуемость поступков Л. В. Об этом рассказывала мне Наиля Абдулловна, так как я находился после второй операции в Институте травматологии и ортопедии — и на похоронах не был. Какие такие непредсказуемые действия удивляли И. П. – этого мы не узнаем. Последним из них была, вероятно, внезапная смерть Л. В. в чужой квартире.

Но до кончины Л. В. — почти десятилетие. И повествуется о Сочи, а не о Казани. И настроение — отличное, у Л. В. – вдвойне: он приехал без подходящей для сочинской жары обуви, но на второй же день нашёл и купил, на его взгляд, подходящие (и очень дешёвые!) босоножки. Я о них упоминаю только потому, что они, как то чеховское ружьё, ещё выстрелят. Новые босоножки Л. В. были типичным ширпотребом, произведенным на Кавказе где-то в «левом» цехе и — для реализации тут же на Кавказе «диким» отдыхающим. Я – в принципе – открытой обуви никогда не носил. Мужик в костюме, при галстуке и в босоножках — для меня ничего ужаснее, что касалось одежды, не было. Но, как положено, я похвалил коллегу за экономность и порадовался вместе с ним его удаче. Критика в такой по-сочински праздничной обстановке была бы неуместной.

Утром третьего дня (профессор уже уехал читать лекцию, а нас забирала машина позже) встречает меня в гостинице возбуждённый Л. В. И, захлёбываясь от восторгов, рассказывает, какую красавицу он только что внизу, у входа видел. С ребёнком лет пяти. Я, честно говоря, удивился. На моих глазах он только два раза заказывал салат «Яйцо перепелиное под майонезом» и яйцо это было размером в напёрсток — а такой быстрый, прямо-таки разительный эффект. И всего от двух-то яичечек! Наверное, подумал я, где-то прикупил пару десятков и потребил сырыми.

«Как её звать?» - спросил я. «Не знаю», - я её только видел. «Ладно, в восемь вечера идём с ней в ресторан. Возможно, у неё подруга есть». Л. В. опешил: он знал мою решительность, но тут одной решительности было мало. «Если что», - добавил он - «то меня зовут Лёня и я — штурман-инженер дальней авиации». И вопросительно посмотрел на меня. «А меня зовут Саня и я — директор строящегося в Сочи цирка» (строительство шло недалеко от гостиницы). Л. В. ещё раз поразился. В этот раз — быстроте подхвата его блестящей идеи конспирации! «А теперь — разойдёмся. Начинать я должен один». Почти — по Остапу Бендеру: «Командовать парадом буду я!».

Ещё до отъезда на занятия я «вычислил» Марину. Действительно, она выделялась даже из пёстрой и далеко не будничной окологостиничной толпы. И мальчишка её выглядел красавчиком — прямо для журнальной обложки. Я подошёл к ней и спросил, как бы продолжая разговор: «Ну, что скажете про этого штурмана-инженера?». Она удивилась не столько тому, что я вот так просто подошёл и, словно мы знакомы, завёл разговор. Она удивилась самому вопросу:
- Какой это штурман-инженер?
- Да тот, которого Вы час тому назад видели.
- А, этот смазливый с сигаретой, что смотрел на меня с открытым ртом?
- Так точно: этот.
- Никакой он не штурман-инженер. Старшина-сверхсрочник.
- Чего так?
- Я увидела его босоножки...

Мне крыть было нечем. Но в восемь вечера она обещала с подругой пойти с нами в ресторан. «Если детей пристроим...», - добавила она, но я-то был уверен, что пристроят. Л. В. даже без модельной обуви выглядел для женщин привлекательно, а меня она в мыслях уже «пожертвовала» подруге.

Отработали, отобедали, я сходил в садик к сыну.
Встреча получилась какой-то натянутой. То ли Л. В. не мог поверить своему счастью, то ли я подруге не пришёлся. Подругу звали Тамара, была она по-цыгански жгуче-чёрной и обладала низким, почти мужским голосом с оттенком неудовольствия новым знакомством.

Мы двинулись. Недалеко была гостиница «Магнолия», в которой, в отличие от «Ленинграда», был большой ресторан. Мы очутились вблизи «Магнолии» минут через 5-7 после знакомства. Разговор почему-то не вязался. Ни «Лёня», ни «Саня» не смогли найти верный тон. Прежде всего, потому что с псевдонимами-то получалось, а вот с переходом «на ты» - нет. Подруги начали переглядываться, укоряя друг друга: «Кого ты нашла?» и «А ты могла бы быть приветливей!».

Вдруг Тамара как отрубила: «Так идём в кабак или нет?». Я ответил: «Давайте сначала немного ближе познакомимся.» «Что — денег нет? Я заплачу!» - Тамара

продолжала атаку. «Если так, то я, вообще, никуда не пойду» - я «обиделся». Наступила тягостная для всех пауза.
И вдруг великий конспиратор с какой-то безнадёжностью, обращаясь ко мне, спрашивает: «Ну, что будем делать, СОЛОМОН ГРИГОРЬЕВИЧ?».
Тамара кричит: «Шифровками заговорили?!». И я, давясь смехом, падаю на клумбу, у которой мы стояли...

Когда, отряхиваясь от прилипшей земли и травы, поднялся, около меня стояла только Марина. Тамара убежала, Л. В. поспешил за ней (но потерял её из виду, как он мне признался на следующий день). Вместе с ключом от номера дежурная вручила ему телеграмму от жены, в которой сообщалось, каким поездом приезжает их дочь. Совместное «хождение по бабам» с момента приезда дочери стало для Л. В. невозможным.

А мы пошли с Мариной в «Магнолию». И Тамара оказалась, на самом деле, приятной и умной женщиной. Обе были из Мурманска. Обе были замужем за моряками. Но муж Тамары плавал далеко и исчезал из дома на месяцы. Марина, у которой муж работал в порту, ей сочувствовала... Это так, чтобы закруглить повествование о «хождении по бабам» с Л. В.

А главное в этом рассказе — «Ну, что будем делать, СОЛОМОН ГРИГОРЬЕВИЧ?». Здесь — весь Л. В. («Лёня») с его непредсказуемостью.

*

После того, как я появился на кафедре и О. С. присмотрелся ко мне, он начал не только посылать меня — вместо себя — на совещания, посвящённые новому этапу в борьбе с алкоголизмом. пр. Давал мне другие разные мелкие поручения полурабочего-полуличного характера. А когда он похоронил мать, то даже просил, во время отъездов, ночевать в его квартире. Мне был выделен кабинет с диваном, остальные комнаты (исключая туалет) были закрыты на ключ. Отказать было нельзя — объяснения дома были, с пониманием, приняты.

С приходом на кафедру Л. В. эти функции перешли к нему. Он был не такой шалопай, как я. И имел в Казани, где он вырос и учился, массу знакомых (связей). Посему для меня «измена» О. С. (вернее, изменение ситуации) была совершенно понятной. А когда в течение года у О. С. жила дочь (она не поступила в вуз в Москве, поэтому он её устроил сначала на заочное отделение, потом перевёл на вечернее, далее — на дневное, а оттуда — в Москву), то её опеку, в отсутствии О.

С., осуществлял только Л. В. Профессор решил не рисковать. И тут всё объяснимо.
И дочь О. С. мне даже увидеть ни разу не привелось.

*

Возвратимся в Сочи. Надо же понять, почему О. С. желал моей поездки на море. А один раз — он как будто предвидел, что только я могу тут помочь — О. С., вообще, благодарил всевышнего за то, что я был рядом.

Шефа мы видели только на пересменках, когда он заканчивал лекцию, а мы ожидали начала практических занятий. В гостинице он бывал редко, на пляже — один-единственный раз, к счастью, зафиксированный для истории (коллаж 14.). Где он пропадал — можно только предполагать. Консультации, приёмы, поездки на природу?

И я вечерами не сидел в номере. Один раз, только я зашёл в номер, зажёг свет и открыл балконную дверь (было около полуночи), слышу сдавленный голос испуганного О. С.: «Зайдите ко мне срочно!».
Захожу. О. С., сжавшийся от страха в комочек, вжался в кресло. «Что случилось?» - спрашиваю тревожно. «Только я зашёл в номер», - тихо говорит О. С. – «мне навстречу бросается молодая женщина и, отстраняя меня, вылетает в коридор. Не успел я опомнится — её след простыл. Посмотрел — из моих вещей ничего не исчезло. Ко мне она могла попасть только через открытую балконную дверь. С соседнего балкона. [С другой стороны был мой балкон. Он был отделён от балкона О. С. бетонной стенкой. А от балкона Ф. Р. его отделяла решётка, через которую, при определённой смелости и сноровке, перебраться было не трудно. То есть, балконы были лишь попарно капитально отделены друг от друга]. Но там нет света. Она кого-то убила, наверное. Теперь и меня впутают в эту историю...»

Выхожу на балкон. Балконная дверь соседа О. С. открыта. Кричу — нет ответа. Иду к дежурной, рассказываю ей историю О. С. и его страшные догадки. Она идёт со мной. Кричим вместе — нет ответа. Дежурная приносит длинный шест. Стучу им по окну соседа О. С. Снова — никакого отзыва. «Стучите ещё», - говорит дежурная - «надо выяснить, или он живой». Стучу. Наконец, на балконе появляется абсолютно голый мужик, спрашивая нас, чего это мы... «Живой» - удостоверяется дежурная, забирает шест и уходит.

Обсуждаем с О. С. возможные варианты произошедшего: он запер входную дверь

на ключ - и ключ спрятал. Потом заснул, а ей надо было возвращаться...
О. С. постепенно приходит в себя.

*

В один из сочинских дней заводит О. С. со мной разговор на необычную тему. Вот, тут врач один никак не «добьёт» диссертацию. Надо бы ему помочь. Будете вторым руководителем (!!! - я сам лишь два года, как защитился). Чувствую, ему это очень надо. И мне-то честь какая!

Через пару дней везёт меня этот врач — заведующий терапевтическим отделением железнодорожной больницы — к себе на работу, знакомит (для чего только?) с начальницей больницы (со следами былой красоты и *десятью* кольцами на пальцах рук), показывает отделение (так себе).
Вечером я — у него дома на ужине. Представлен жене, дочке-школьнице младших классов.
О диссертации говорим мало. Он её только приводит в приемлемую для ознакомления форму. Договорились, что он прилетит на неделю в Казань — будем читать.

Так и произошло. О. С. не «вмешивался». Относительно быстро всё было готово, диссертация подана к защите в ГИДУВ, назначен день защиты, О. С. почти приказывает мне, второму официальному руководителю, провести это время в Москве, консультируясь по делам своей будущей докторской. Какая вдруг забота!

До конца не пойму и сейчас, что' это было.
Предполагал О. С. получить и подарок, предназначавшийся мне? Если это были кавказские фрукты (время было предновогоднее), то ему было кому их в Казани же передарить... За год до этого я получил из Сочи посылку подобного содержимого — жена не могла себе представить, как удалось сохранить груши до такого позднего времени.

*

И, наверное, последнее о командировке в Сочи.
Цикл был рассчитан на четыре недели. Мы задержались у моря на срок более 30 дней. Помню об этом, так как нас пытались выселить из гостиницы: по правилам тех лет проживание в гостиницах ограничивалось (только на бумаге!) тридцатью днями.

Но О. С. покинул Сочи ранее нас приблизительно на неделю, передав руководство доценту и... мне. Неожиданно я вынужден был прочитать несколько лекций, принимать экзамены.
Зато в качестве «подкрепления» прибыла из Казани врач-диетолог из клиники проф. Л. М. Рахлина. Зоя Михайловна (?) была мужем кого-то, уже съездила с ним и сыном «вокруг Европы» (очень дорогая туристическая поездка для избранных), пр. Словом, дама высшего света, требующая внимания. А мы с Л. В. оказались, каждый по разным причинам, такими не галантными в отношении неё. Но пожаловаться было некому: галантный О. С., целовавший дамам ручки, был уже в Москве.

Отъезд О. С. был неожиданным или им ранее запланированным? Врач, у которого я был в гостях однажды, а О. С., возможно, не один раз, восхищался молодым (под пятьдесят) профессором. И профессор, в принципе не пьющий (вследствие аллергии на некоторые вина, как он утверждал), не исключено, после пары рюмочек коньяка, хвастался, что, кто знает, возможно у него появится ещё один ребёнок. Сын Дмитрий действительно вскоре родился (08.04.1969 - данные из интернета). О своей московской семейной жизни О. С. никогда не рассказывал, о его казанской, пусть и не семейной, знали почти все. Население Казани приближалось к миллионной черте, но в медицинских кругах народа числилось значительно меньше.

*

Придётся всё-таки ещё раз, самый-самый последний раз обратиться к поездке в Сочи. Ещё до отъезда О. С. в Москву я получил телеграмму от легендарной завкадрами ГИДУВа Галины Измайловны Степановой. «Вас перевели на полную ставку», - сообщала она. «Это событие я отмечу посещением ресторана... (забыл название, где-то в районе Сочи, именовавшимся «Светлана»)», - известил я О. С. Он посерел лицом и дёрнул головой. Дело в том, что этот ресторан был известен тем, что там играл, пел и плясал Ансамбль цыган (по моей оценке, цыганский ансамбль, что касается музыкантов и певцов, состоял наполовину из евреев). И ещё тем, что там нередко разыгрывались нешуточные драки со смертельными исходами (как раз такой случай был перед нашим приездом). Не поверите, но О. С. не ложился спать, пока не увидел меня, вернувшегося в целости и невредимости «от цыган».

Опять же — вопрос, оставшийся без ответа. Он волновался за исход моего похода в ресторан просто по-человечески, боялся влипнуть со мной в милицейскую историю или я ему ещё действительно был нужен?

Может быть, поэтому О. С., после всего, что он сделал для (поначалу) и против (впоследствии) меня, сохранил со мной отношения. Мы встречались с ним в Москве, когда я был ещё в Казани, во время моей работы в Тернополе... О. С. даже подчёркивал интерес к моим исследованиям: «Я хорошо знаю, чем Вы сейчас занимаетесь...».

С другими он поступал совершенно иначе. В то время, когда я появился в Казани, в ординаторской много обсуждали вступление О. С. в «Ассоциацию медицинского права», его предстоящую поездку на конгресс этой Ассоциации в Токио. Доклад О. С. писал вместе со своим приятелем, профессором университета Давидом Исааковичем Фельдманом. Последний руководил с 1964 г. по 1975 г. кафедрой теории и истории государства и права, а с с 1975 г. по 1991 г. - кафедрой международного права. «Благодаря научной, профессиональной деятельности и организаторским способностям Д. И. Фельдмана была создана признанная отечественными и зарубежными учеными Казанская школа международного права» (http://kpfu.ru/main_page?p_sub=9032).

Поездка в Токио состоялась, О. С. снял там некоторые эпизоды узкоплёночным киноаппаратом, который он у кого-то одолжил. Мы с Виталиком-радистом (коллаж 15.) смонтировали кадры. О. С. рассказывал сотрудникам больницы о Японии, а мы крутили при этом беззвучный фильм.

Дружба О. С. с Д. И. Фельдманом продолжалась ещё несколько лет. Оба были киевляне по месту рождения и учёбы (О. С. на три года старше Д. И.), оба интеллигентны и, кроме прочего, сейчас у них было общее дело — международное медицинское право. Мне пришлось общаться с Д. И., когда в Издательстве Казанского университета готовилась наша первая с О. С. книга. Очень мягким и обходительным человеком был Д. И.

Потом О. С. порвал все отношения с Д. И. Причина: Д. И. не перестал, хотя О. С. это требовал, дружить с кем-то. Этот кто-то вроде бы обещал О. С. – при обмене квартир (об этом обмене я упоминал) – в придачу свой гараж. Но долго гараж не освобождал, а потом и совсем отказался отдавать.

Поругавшись в санатории «Казанский» (причина — комплексная, врачи санатория не были ни в чём перед О. С. виноваты), он запретил мне туда ходить.

(О подобном поведении и его истоках размышлял Зигмунд Фрейд, но не будем углубляться в психоанализ.) Я ему спокойно сказал, что его власть надо мной ограничивается кафедрой и больницей.
Он понял, что ничего не добьётся. Однако не мог о моих посещениях санатория слышать до самого своего отъезда. В санатории работала женщина, которой он — по вынужденным обстоятельствам — (я в детали не хочу вдаваться) помог приобрести и обставить кооперативную квартиру. Она ему рассказывала о моих визитах в санаторий, а мне — столь многое о нём такого, что О. С. и в ужасном сне не могло привидеться.

О. С. любил похвастаться своей властью, известностью, связями (часто — не существующими) перед женщинами и перед желающими заполучить его как научного руководителя диссертации или официального оппонента. «Вайнштейн у меня никогда не будет доцентом», - выпячивал он грудь перед сотрудницей санатория. «Сообщите ему, что я миную эту ненужную мне стадию» (так оно и вышло), - моя грудь колесом (я ведь занимался, в отличие от О. С., спортом) выглядела и без профессорского мундира убедительно. Но приятельнице О. С. нельзя было демонстрировать перед ним свою болтливость...

*

Я выше упомянул Виталика-радиста (коллаж 15.). С ним — винничанином моего возраста — меня свела сестра-хозяйка, знавшая откуда мы оба родом. Как раз на нашем шестом этаже ему - студенту авиационного института выделили комнатушку для оборудования больничного радиоузла. В обязанности Виталика входила трансляция зарядки по утрам, записи радиолекций врачей и передача их, согласно расписанию, по больничному радио: у каждой кровати была радиорозетка с наушниками.

Виталий Николаевич Михалевич окончил в Виннице электротехникум и поступил в авиационный институт, чтобы стать инженером. В Казань, как выяснилось, его увлёк мой бывший одноклассник, также решивший получить высшее образование после среднего специального.

Но у Виталика — высокого, поджарого, отличного пловца — инженерный диплом был максимум второй мечтой. Первой был автомобиль. Который стоил в сотню раз больше студенческой стипендии. Поэтому, занятия ушли на второй, третий и так далее план. А на первом было накопление денег.

Виталик был в техническом плане необыкновенно одарён. Больница покупала новый магнитофон, он снимал крышку, вынимал несколько деталей, объясняя мне, что без них магнитофон будет работать лучше. Так оно и получалось.
Не желая рано вставать и ехать из общежития в больницу, чтобы прокручивать утреннюю зарядку, он переоснастил как-то шахматные часы, программируя с их помощью работу магнитофона и на зарядку, и на — в нужное время — лекцию врача. Правда, раз в сутки надо было всё перезаряжать. В дни его отлучек это «поручалось» мне. А сёстры-хозяйки искали его (что-то сломалось): он ведь зарядку (или лекцию) транслирует, но почему-то на стук в дверь «радиорубки» не откликается.

Наше «сотрудничество» было полезным для обоих. Когда я получил учебную комнату в закоулке у лаборатории, в которой проявлялись рентгеновские снимки, с помощью Витальки я провёл (абсолютно скрытно!) туда от старшей сестры телефонный кабель и сигнализацию «Возьмите трубку, Вам звонят!». А вечерами, когда старшей сестры не было, мог полностью переключать телефон на себя. «Прошли» и капитальную стену, и десятки метров, отделяющие учебную комнату от кабинета старшей сестры. Больничное начальство кабель не смогло найти, хотя до него дошли сведения о незаконной телефонизации моего кабинета.

А Виталик со своим другом (у того был мотоцикл) разъезжал по городу, собирая в парикмахерских испорченные машинки для стрижки волос. Это о
строился ещё на одну работу. Находил дефект в машинке мгновенно, чинил быстро. Из Горького присылали девушку проверять, или действительно он так много машинок в короткие сроки способен починить. Убедил девушку из какого-то управления (она хронометрировала работу) на все сто процентов...

А ещё он демонстрировал в больничной аудитории фильмы, получая за это деньги как от кинотеатра, где он брал фильмы для проката, так и от профкома больницы. Рвал билеты редко, чаще бросал слегка смятыми в стоящую рядом корзину для мусора. После киносеанса гладил использованные, но не разорванные билеты утюгом и в следующий раз продавал их повторно.

Можно истории подобного рода продолжать...
В одно из зимних воскресений, катаясь на лыжах с крутых гор в парке, столкнулся с деревом (версия?). На следующий день я увидел его в Институте травматологии. Немалая часть черепной коробки раздроблена и при операции убрана. Половина лица — сплошная гематома. Остался ли глаз — вопрос. Потом отказали почки, что врачи связали с одновременной травмой и их. Я

настоял на отмене стрептомицина, считая его виновником почечных расстройств. Оказался прав: почки заработали снова, моча очистилась от эритроцитов.

Лечение было долгим. Остался дефект черепа, потеря слуха на одно ухо (разрыв слухового нерва при травме «пирамидки»). Глаз — в порядке. Моторика не нарушена.

Женился на студентке, с которой до того долго встречался. Родилась дочь. Купили кооперативную квартиру в том доме, который построила больница недалеко от её территории. Развёлся. Уехал в Винницу.

В Виннице ещё раз женился. Купил машину (как инвалид!). Родились ещё две дочери. (Их истории — для отдельной книги.) Жена запила. Развёлся. Родил ещё сына (на стороне).

Высшее образование дополучил (заочно) в Ленинграде. Но инженером не работал: то — в ресторанной сети, закупая, в частности, свиней для кухни (ездил однажды с ним в село, когда был в отпуске в Виннице), то — в цехе выпечки, налаживая автоматы по изготовлению пончиков, то — тренером в фитнесс-студии...

Уже давно Виталик живёт один (я был у него последний раз в 2015-м году), обслуживаемый сразу двумя (!) благотворительными организациями, одной из них - еврейской Хэсэд Эмуна. Еврейской крови у него, впрочем, меньше, чем у меня китайской.

*

Я обещал рассказать о тех небольших и побольше открытиях, которые я сделал в Казани. Начнём с самого простого.
В 1968 г. в «Лабораторном деле» (№4) была опубликована моя статья «Натрий и калий в крови собак». Казалось бы, кому это надо «… в крови собак»? Да ещё в тонком «человеческом» журнале, издававшемся всего шесть раз в году? Но нашли место, опубликовав, правда, петитом. Потому что содержание этих электролитов весьма важно (например, при исследовании нарушений ритма сердца), а собаки — весьма частый объект для экспериментов подобного рода.

У человека концентрация калия наивысшая — в эритроцитах, в плазме крови — намного ниже, а в цельной крови — что-то среднее. Концентрация натрия, наоборот, наивысшая — в плазме крови, и т. д.

В крови собак, что касается натрия, я получил результаты, подобные таковым в крови людей — и они соответствовали данным литературы. Что же касается концентрации калия, то я был обескуражен, прежде всего, тем, что в цельной крови концентрация калия нередко была ВЫШЕ, чем и в плазме, и в эритроцитах. Откуда же «попадал» этот «дополнительный» калий в цельную кровь?

Поискал в литературе: в désинститутской библиотеке, в Центральной медицинской библиотеке в Москве. По натрию мои данные совпадали с литературными. А по калию — странная вещь: разброс литературных данных о так называемых нормальных показателях был огромен, особенно, что касается концентраций в эритроцитах и плазме. Предположить, что это соответствует истине, мне было трудно. От концентрации калия зависит очень много — и такой разброс как бы нормальных данных маловероятен!

Начал перепроверять, определяя одновременно концентрацию калия в переходном белесоватом слое, лежащем — после центрифугирования крови — между красными эритроцитами и желтоватой плазмой. И что бы вы думали? Именно в этом переходном слое концентрация калия была наивысшей: в полтора - два раза больше, чем в эритроцитах! Стало ясно, что от количества засасываемого из пробирки, вместе с эритроцитами, переходного слоя и зависит, на первый взгляд, непонятный разброс данных концентрации калия в эритроцитах. И от большого количества переходного слоя во взятой для исследования плазме — высокие (выше, чем в эритроцитах!) концентрации калия в плазме (по данным некоторых авторов).

«При исследовании электролитов во фракциях крови собак мы считаем необходимым брать лишь самый верхний слой плазмы, а эритроциты отсасывать со дна пробирки после двукратного отделения не только переходного слоя, но и верхней части эритроцитарной массы; сепарировать кровь как можно скорее после её получения во избежание выхода в плазму калия из лейкоцитов и тромбоцитов, которые in vitro разрушаются в течение нескольких часов». Этими бесценными рекомендациями завершалась моя основополагающая статья. Как нередко бывает в науке, сенсационные, по сути своей, открытия не сразу находят всеобщее признание. И всё еще — через 45 лет после опубликования приведенных выше строк! — в научной литературе (я специально посмотрел в интернете) появляются работы, выполненные с нарушениями постулированных мною «золотых правил» исследования крови и её компонентов у собак на содержание в них натрия и калия.

Пора бы горе-исследователям одуматься!

*

Итак, книга была написана, издана (коллаж 22.), разослана всем, кому она была интересна, и многим, которые в неё даже не заглянули.
Я не «простаивал» (шли, например, своей чередой исследования в санатории), но привычное мне напряжение уже снялось как бы само собой. Я чувствовал себя поэтому дискомфортно. Почти — по Евгению Евтушенко:

«Я что-то часто замечаю,
к чьему-то, видно, торжеству,
что я рассыпанно мечтаю,
что я растрепанно живу.
Среди совсем нестрашных с виду
полужеланий, получувств
щемит: неужто я не выйду,
неужто я не получусь?»

И тут — непонятно с какой стороны — на меня «свалился» Алексей Андреевич Агафонов: 1926-го года рождения, русский, из служащих, беспартийный, женатый, бывший врач хирургического отделения дорожной больницы №2 Горьковской железной дороги, кандидат медицинских наук.

Конечно, я его знал и до этого. Не обратить внимание на высокого, плотного (но ещё не толстого) мужчину с красивым профилем лица, выразительными светлыми глазами, густым ёжиком волос и приятным тембром громкого голоса не мог никто — ни, в первую очередь, женщины, ни мужчины. Я увидел его первый раз внизу, в раздевалке, перебрасывающегося утренними приветствиями с другими врачами. Он смотрелся «центром событий», все остальные — сопровождающей вожака восторженной толпой. В наших терапевтических ординаторских нередко говорилось об Агафонове, многие были его возраста и называли Агафонова Лёшкой. А как ещё, если речь шла о его завоеваниях женских сердец, о совместных с уехавшим в Москву Аркашкой Калининым (впоследствии — профессором МОНИКИ — областного научно-исследовательского института) выходках, о его фронде (оппозиции) самому заведующему кафедрой хирургии профессору П. В. Кравченко?

Пётр Васильевич, когда клиника перешла из старого здания больницы в только что построенное новое, когда, кроме общехирургического отделения, открылось также небольшое отделение хирургии грудной полости (торакальное отделение), решил взять под своё попечение и это отделение. Отделением заведовал бывший главный хирург упразднённой Казанской железной дороги кандидат медицинских наук Абрам Овсеевич Лихтенштейн, который не позволил П. В., не имевшему опыта в грудной хирургии, и ногой ступить в отделение. (Вместе с А. О. работали хирурги Николай Никитич Морозов и Александр Яковлевич Вайсенберг. Оба — заядлые курильщики, набивавшие в мундштуки папирос вату, дабы меньше гадости вдыхать вместе с табачным дымом. И верящие в то, что такая «защита» делает курение почти безвредным.)

Началась борьба, в которой обе стороны применяли оружие, запрещённое международными конвенциями. П. В., в пылу борьбы перешёл границы, указывая на сердечные (внесупружеские) симпатии своего главного оппонента. Вынужден был на партийном собрании извиниться — и возвратился на исходные позиции, удовлетворившись, в конце концов, только отделением общей хирургии.

А. А. Агафонов пошёл добровольцем в ополчение своего давнего друга Абы (А. О. Лихтенштейна). Оперировать в общехирургическом отделении А. А. много не давали, от дачи наркоза (анестезиологи только-только начали перенимать эту функцию у хирургов) он отказывался, ссылаясь на свою пропитую, по данным анализов, печень. А эфир, которым невольно дышал вместе с пациентом и врач-наркотизатор, известно, и для здоровой печени — не подарок.

Выпивал А. А. и в ранней молодости, и во время нескольких лет работы хирургом на Севере, и — по возвращению в Казань. Конец попойкам положила (я утверждаю это со слов самого А. А.: «Я бы валялся под заборами, как многие мои прошлые собутыльники, если бы не она») Галина Ивановна Володина, прибывшая в Казань из Ростова. Г. И. работала доцентом-радиологом в ГИДУВе, проживала недалеко от железнодорожной больницы. Одинокая женщина с детьми: дочерью и двумя сыновьями.
Как я узнал во время «перемывания косточек» Агафонову в нашей ординаторской, он впервые увидел Г. И. в больнице, когда ту везли на операцию острого аппендицита. И с этого всё началось...

Галина Ивановна была, если не ошибаюсь, на год моложе А. А. Имела удивительно красивое лицо, всё остальное — тоже не вызывающее негативного впечатления. Но лицо — сказочное. И голос. И манера говорить: спокойная, уверенная и даже слегка поучающая. Словом, А. А. попал под её очарование, и —

на довольно длительный период времени. Он перешёл к ней жить, но свою квартиру на территории инфекционной больницы, которой когда-то руководил его широко известный отец-профессор, пока оставлял за собой. В этой квартире потом с Г. И., работавшей над докторской диссертацией, они развели животник. Были там облучаемые — для экспериментов — голуби, были и — с этой же целью — молодые свинки (не морские свинки, а обычные свиньи). Окружение этого «подпольного» (вернее, «надпотолочного») животника, из которого смердело и протекало на потолок ниже живущих, возмущалось — и А. А. пришлось уйти из квартиры, где он проживал с рождения. Полученную взамен этого двухкомнатную квартиру и трёхкомнатную квартиру Галины Ивановны супруги поменяли на огромное по тем временам жильё (четыре или пять комнат, большая прихожая, пр.) по ул. Сибирский тракт. Там я бывал многие разы.

В Казань перебрались и родители Г. И. Мать её я видел и у нас в больнице (она лежала с каким-то не очень серьёзным заболеванием), и на даче А. А. Очень бойкая, своенравная, упорная женщина с многочисленными «клипсами», употребляемыми нейрохирургами для пережатия сосудов в головном мозгу. У неё была доброкачественная опухоль головного мозга, её оперировали — всё завершилось удачно. Но «клипсы» на рентгеноснимках черепа производили эффект: такое видели редко. Несомненно, целеустремлённость Г. И. унаследовала от матери-еврейки.

От отца — стопроцентного русского, которого я видел пару раз на даче, Г. И. унаследовала своё открытое, как говорят, лицо. Опять же со слов А. А., любимой шуткой отца Г. И. была следующая. Во время застолья, обращаясь к жене, сетовал он: «Что-то, Ривочка, сегодня чай жИдок. ЖидОк чай, жидОк...»
А. А., не удовлетворённый работой в больнице, по совету своего закадычного друга — сотрудника медицинского института (о нём подробнее - ниже) и, несомненно, с одобрения Г. И. переходит на работу на полставки (!) ассистентом кафедры оперативной хирургии и топографической анатомии медицинского института. Это был его «шаг назад», дабы сделать не менее крупный шаг вперёд — утвердиться ассистентом, потом ещё один «сажённый» — защитить докторскую диссертацию, получить кафедру, стать профессором, сравнявшись «званиями» с женой.

«Шаг назад», решившись на таковой, сделать было всё-таки не так уж и сложно. И, в случае чего, снова найти место работы в больнице такому хирургу было относительно просто. Так что большого риска в этом переходе на «теоретическую» работу не было. А двигаться вперёд надо было наверняка:

возраст (переход в пятый десяток) подпирал.

*

Алексей Андреевич начал со мной конфиденциальную беседу (мы заперлись в учебной комнате) со слов, что ему рекомендовала меня Галина Ивановна. А я-то её совсем не знал. Наверное, А. А. полагал, что Г. И. считается в ГИДУВе большим авторитетом. Правда, она к тому времени уже в мечтах (а после смерти в 1967 г. профессора Д. Е. Гольдштейна — реально) заведовала кафедрой рентгенологии и радиологии. Но для меня Г. И. была тогда лишь одной из многих сотрудниц ГИДУВа. Ни более, ни менее.

Тогда А. А. бросил вторую козырную карту: он начал исследования под руководством профессора М. З. Сигала. О М. З. Сигале, пришедшим в нашу больницу в 1967 г. после смерти профессора П. В. Кравченко, говорили в отделении и больнице немало. У него в Москве в издательстве «Медицина» вышла книга о трансиллюминации при операциях на полых органах (1964), было много учеников и последователей. Но я близко М. З. Сигала не знал — это случилось позже. И я о М. З. Сигале ещё напишу.

А пока — только об его одном из учеников. А. А. Агафонов — это я хорошо не раз видел — был прекрасный рисовальщик. Рассматривая больничную стенгазету, я прямо поражался, как ему удаётся незначительными штрихами придать маленьким фигуркам нарисованных им больничных врачей такую узнаваемость. Не умея рисовать, я всегда проникался особым уважением (и, не скрою, завистью) к владеющим этим искусством.

И когда А. А. на листке бумаги начал при мне рисовать, как он будет расслаивать стенки желудка, как — удалять полностью или частично слизистую оболочку желудка собак … Словом, я был тут же захвачен и покорён и идеей, и методами её реализации, и способом представления будущего действа рисующей рукой мастера. А. А. был левшой, но мог перебрасывать карандаш, скальпель, молоток, пилу... из одной руки в другую — и работать дальше. На меня — фактически однорукого (левой рукой я могу только поддержать) — и это произвело впечатление.

Так началась наша пятилетняя совместная весьма интенсивная работа, завершившаяся в 1972 г. защитой докторской диссертации А. А. и в 1973 г. - моей докторской, часть которой составляли исследования, выполненные на кафедре оперативной хирургии и топографической анатомии медицинского института. Заведующий кафедрой, постоянно напевающий себе под нос арии из опер профессор Виктор Христианович Фраучи поначалу смотрел на меня косо. Это свойственно, впрочем, всем хирургам, имеющим дело с терапевтами, да ещё с незнакомыми. «Хирург — последнее средство в аптеке терапевта», - говорил знаменитый немецко-австрийский хирург Теодор Бильрот (1829-1894). Наверное, отсюда такое высокомерие хирургов.

Профессор П. В. Кравченко не называл интернистов иначе, как тИрапевты. И считал допустимым, преодолевая НА ЛИФТЕ вместе со свитой два этажа, разделяющие хирургическое и 1-е терапевтическое отделения, а затем крабоподобной (из-за чрезмерной полноты) походкой осиливая ещё тридцать метров от лифта до ординаторской, не выпускать при этом зажжённую папиросу изо рта. Лишь в палату к больному, которого его просили посмотреть, он не решался войти с папиросой. И тИрапевты должны были найти способ её устранения, так как пепельницы у нас в ординаторской не было.

В. Х. Фраучи в это время готовил к изданию свой учебник по топографической анатомии. Часть рисунков он выполнил сам, часть — была работой А. А. Показав на один из рисунков, В. Х. с некоторым ехидством (он, вообще, был весьма милый человек) спросил: «Что это?». Я, тоже не совсем лыком шитый, сразу узнал операцию перевязки семявыбрасывающего протока и отчеканил: «Операция Мао Дзедуна!» (в то время такая операция широко проводилась в Китае для уменьшения рождаемости и стремительного роста населения). В. Х. сперва не усёк иронический смысл моего верного ответа, но когда до него дошло (это длилось всего несколько секунд), он с удивлением посмотрел на А. А.: мол, есть, оказывается, и т а к и е терапевты?!

С того дня В. Х. всегда был со мной приветлив, показывал новые иллюстрации к будущей книге (она вышла в Издательстве университета).

Отмечу сразу: в работе с А. А. мне не принадлежала ни идея, ни её воплощение (технические детали операционной техники). Что в ней было А. А., а что - профессора М. З. Сигала — не могу сказать. Но, без сомнения, «агафоновского» так много, что сомнений в его исследовательских талантах быть не может.
Что же входило в мои обязанности? Исследование секреторной функции желудка у собак до и после оперативных вмешательств, биопсия слизистой оболочки во время её восстановления. Не всегда — помощь во время операций: например, инфузии. На лаборантов надеяться можно было с оглядкой. Старшая лаборантка

кафедры (врач!) заходит в операционную и жалуется А. А.: «У собаки шкура дырявая. Вся жидкость вытекает - и собака лежит в луже». Идёт операция другой собаки, первая собака выходит из наркоза. Иду к первой собаке: лаборантка пробила инфузионной иглой шкуру насквозь и конец её торчит из шкуры: из него капает раствор. И смех, и грех!

Но собак надо было сначала достать. Представьте себе, в сильный мороз, в кромешной тьме в четыре часа утра на дежурных трамваях и пешком добираемся с А. А. до места далеко за городом, откуда выезжают на отлов собак «специалисты» этого дела. А. А. заказывает собак — низкорослых, широкогрудых, совершенно не породистых. Эти лучше других переносят операции. Собаколовы получают спирт как задаток, адрес доставки.

А. А., приняв собак, тут же даёт им имена врачей железнодорожной больницы. И, как с рисунками в стенгазете, сходство заметно. Глаз у А. А. был намётанный. Кстати, среди множества талантов А. А. был один, где я в такой же степени (подчистую) проигрывал в сравнении с ним, как и в рисовании. Он умел найти общий язык и с воспитанным по-швейцарски профессором Фраучи, и с мужем профессора Ирины Николаевны Волковой - пожилым евреем, продрогшим на субботнике - его он отпаивал горячим чаем в своём кабинете. И со скитавшимися десятилетиями по тюрьмам волжскими браконьерами, сочувствуя им, не заработавшим пенсии («На немца что ли мы на лесоповале вкалывали?»). И с «непросыхающими» собаколовами. И с таксистами. И так далее. А мне это было недоступно, несмотря на мои «артистические способности», о которых была и ещё пойдёт речь.

Однажды в животнике началась эпидемия. Когда умерла первая собака, мы всполошились. Некоторые собаки были в эксперименте уже многие месяцы и им, как говорится, цены не было. А теперь вообразите себе невозможное. По улице к ветеринару (где-то на Булаке, ближе к Кремлю) следуют А. А. и я. У каждого в руках по 5-6 поводков с собаками. Народ не понимает, народ любопытствует, народ веселится, народ возмущается: мы занимаем весь тротуар.

Диагноз — чумка. Лечения, в общем, нет, но на всякий случай я прихожу и дважды в сутки ввожу собакам бициллин. К счастью, в больничной аптеке не знали, куда его деть (срок годности истекал) — и отдали мне с благодарностью. Больше ни одна собака не погибла.

А ещё заметил я, что после посещения животника и контакта с собаками (я этим занимался до работы!) в трамвае стоящие около меня пассажиры как-то дёргаются. «Расследование показало», что я сажусь на кольце в трамвай вместе с бесчисленными «зайцами» - собачьими блохами, пригревшимися у меня в штанинах. Но одевался я всегда легко, а у других пассажиров под одеждой было теплее. И они перескакивали к ним, кусались — пассажиры дёргались. Первоисточник напасти, слава богу, определить им было невозможно.

Когда собаки настолько «заблошивили», что постоянно дёргались в станке при заборе желудочного сока, А. А., посоветовавшись со специалистами, принял радикальное решение: объявить блохам химическую войну. На лесозащитной станции он раздобыл давно запрещённый к применению в домашних условиях инсектицид ДДТ (дихлордифенилтрихлорметилметан).

Для оснащения войск химической атаки А. А. приволок с кафедры любимой супруги костюмы радиологической защиты. Мы с ним с головы до ног облачились в эти пластиковые герметичные одеяния, одели маски и начали одну за другой «опылять» собак. В качестве пудрениц использовались стеклянные банки с ДДТ, закрытые марлей, пропускающей порошок (дуст).

Надолго нас не хватило. На пару собак каждого. Не более. Казанское знойное лето было в разгаре. Невыносимая в подобном одеянии жара и духота. Рядом, во дворе около животника маются абитуриенты, пришедшие то ли на консультацию, то ли на вступительный экзамен по физике. А. А. — я об этом упоминал — умел найти нужный тон в разговоре с любым. Подходит к абитуриентам. Перебрасывается с ними несколькими словами. И вот уже желающие стать врачами один за другим «опыляют» собак. А. А. стоит, разоблачившись до майки, в тенёчке с наветренной стороны (чтобы дуст на него не несло), посасывает сигаретку, даёт указания абитуриентам (коллаж 08.). Препаратор уводит и приводит собак. Как говорится, «и волки сыты, и овцы целы», и блохи больше ни собак, ни нас, ни пассажиров трамвая не беспокоят.

*

Общение с А. А. не ограничивалось встречами и совместной работой на кафедре оперативной хирургии, беседами в моей комнатушке в больнице, куда он нередко приходил (жил он, как уже упоминалось, недалеко от больницы), редким моим посещением его квартиры и — в исключительных случаях (раза два, не более после моей травмы и перехода в состояние загипсованности) — его моей. Очень много времени мы провели вместе на его даче, даже не на самой даче, а в прогулках по берегам Волги, в приволжских лесах. Это был и отдых, и разговоры о разном, в том числе, конечно, о нашей совместной работе. А. А. любил и понимал природу, деревья, древесину. И был не только умелым плотником, но великолепным мастером поделок из дерева. «Коронным номером» его деревообрабатывающего искусства в то время были торшеры. Я видел изготовленные им уникальные торшеры у него в квартире. Многие ушли в Москву как подарки от Галины Ивановны и от него за помощь и содействие в научных исследованиях и продвижении защищённых диссертаций. В одно необычное время я помогал А. А. в добывании сырья для торшеров.

Необычным время это было потому, что из широкой Волги ушла вода. То ли на Нижней Волге в том году была засуха и волжскую воду чрезмерно забирали для полива, то ли были другие причины того, что Волга практически возвратилась к состоянию до времени строительства плотин гидростанций. И Казанка превратилась почти в ручеёк.

Известно, что ранее приволжские леса, в том числе - дубовые рощи, подходили к самой воде. Перед тем, как Волга должна была разлиться на многие сотни метров, деревья вырубили. И вот, после спада воды обнажились огромные пни и отходящие от них корни когда-то мощных дубов. Но через десятилетия это были пни и корни не простого дуба, а уже морёного — с тёмной, твёрдой, прочной древесиной.
Пень распиливался пополам (от очень больших пней отпиливался сегмент), выбранные как подставка для торшера корни перепиливались на расстоянии полтора-два метра от пня или его сегмента. Половина или сегмент пня ставились на попа (пень-сегмент как основание) — и уже были видны очертания будущего торшера. Работа не лёгкая, требующая нередко подсобляющего (им был, разумеется, я). Да и дотащить это «сырьё» для будущих торшеров до дачи А. А. было не легко.

На даче или дома А. А. освобождал «сырьё» от остатков коры, очищал жёсткой щёткой под струёй воды от разных наслоений, прорезал (с незаметной стороны) с помощью переделанного зубоврачебного бора канавки для электропроводки, покрывал всё бесцветным лаком. Дерево приобретало потрясающую по красоте фактуру! Сеть бороздок от червячков, питающихся древесиной, придавала поверхности фантастический рисунок! Прокладывалась электропроводка, канавка зашпаклёвывалась и становилась почти невидимой. Навешивался подходящий абажур — изделие А. А. можно были выставлять в Музее народного искусства.

Реже А. А. изготавливал не напольные, а настольные торшеры. Или очищал и лакировал просто кусок древесины, небольшую ветку необычной формы, напоминающей что-то. Иногда дорабатывал древесину, ветку, придавая им вид мордочки зверя, головы змеи, пр.

Мне тягаться с А. А. было не под силу, да и площадей для подобной работы у меня не имелось. Я занялся изготовлением сов из сосновых шишек. К ним приделывались большие глаза из блестящих металлических или стеклянных пуговиц, крючковатый нос хищных птиц был из дерева. Самые подходящие («совообразные») шишки я обнаружил в Раифском заповеднике, попав туда во время велосипедной прогулки. Но — в той части, что была плотно отгорожена (территория исправительной колонии для подростков). Под забором обнаружил неширокую щель, кем-то (животными, подростками?) прорытую. Мне через неё было не пролезть. В первое же свободное воскресенье поехал туда на рейсовом автобусе с сыном. Возвращались с большой сумкой, наполненной сосновыми шишками (вид сосны не могу указать, но подобные шишки под деревом видел я однажды в Италии).

И появились в обоих терапевтических отделениях железнодорожной больницы на стенах в ординаторской, сестринской, в коридоре сосновые ветви с сидящими на них совами. И ещё — особые настенные цветочные горшочки (бра), которые я делал из наплывов на коре деревьев, из чаги. Выдалбливал в них большую лунку, что было — из-за необычной твёрдости дерева — не легче, чем наплыв спилить или сбить с дерева. Дно и стенки лунки заливал двухкомпонентной смолой (для герметичности). Покрывал всё бесцветным лаком — поверхность преображалась в цветовой гамме, бороздки и маленькие отверстия, проделанные жучками-короедами, выглядели орнаментом! Лунку засыпал землёй, сажал туда какое-нибудь растеньице. Приделывал сзади место для шляпки гвоздя — и все спрашивали: кто сделал?!

*

Через несколько дней после того, как Фарида Рашидовна защитила, наконец, кандидатскую диссертацию, сотрудники кафедры были приглашены на банкет. Он состоялся в одном из кафе, снятом полностью для этой цели. Сотрудники кафедры сбились вместе небольшой кучкой, в основном были родственники и приятели семьи Нугмановых. Был, конечно, и Рустем Яхин. Вместе с Мустафой он написал новый романс, посвящённый Фариде Рашидовне. Рустем Яхин сел за рояль, а исполнила романс солистка филармонии. Ф. Р. шепнула мне, что,

возможно, Рустем женится. И кивнула на неё. А женить Рустема всё не удавалось ни ей, ни другим.
Я говорю об этом для того, чтобы показать наши довольно дружеские отношения на тот период. Более того, один раз я встретил в районе озера Лебяжье Мустафу. Он сочинял стихи, об этом рассказывала мне Ф. Р., разгуливая по лесам. Дачи у них не было. Немного позднее, правда, они купили домик с небольшим участком (недалеко от железнодорожной линии, в городе). И Мустафа уходил творить туда. Вместе с Мустафой мы бродили по лесу около двух часов, он доверил мне свои трудности в преодолении барьеров, которые власть постоянно выстраивала перед татарской культурой. А что принесла эта власть? Повальное пьянство, чего среди татар никогда не было! Даже евреи запили, намекнул он на своего бывшего соседа — моего знакомого по Виннице. Тот действительно пил вино-чернила и водку с утра до вечера.

После отпуска Ф. Р. рассказывала мне, куда они ездили (к татарам Средней Азии, Прибалтики), какие там нравы, как их принимали. Словом, мои отношения с семьёй Нугмановых не были ничем омрачены. До определённого момента. До отдыха Мустафы в санатории «Васильево», где одновременно отдыхал ректор ГИДУВа. Как вы прочитаете дальше, во время прогулок с ректором вокруг их общего дома мой шеф выпрашивал себе звание «Заслуженного деятеля науки». Так же действовал и Мустафа, добиваясь доцентуры для жены. И. М. Рахматуллин не возражал. А чего бы ему возражать? Жена известного в Татарии человека, и т. д.

После кафедрального собрания с выдвижением к. м. н. Ф. Р. Нугмановой в доценты я решил с ней поговорить, пока ещё дело можно было завернуть. Объяснил ей, что не имея ни единой публикации после защиты диссертации, рассчитывать на положительное решение ВАКа не следует. А сразу же после решения Совета ей снимут с оклада половину лечебной ставки, которую получают ассистенты, но не избранные Советом доценты-клиницисты. Лишь после утверждения вторичного решения Совета (пробный год в должности и. о. доцента) ВАКом и получения диплома доцента начинают выплачивать доцентскую ставку, которая превышает ассистентскую. Но Ф. Р. отказалась меня понимать. Так же, как О. С., которому я пытался это же объяснить. Ему-то было всё равно, а тут ещё исходит сие продвижение по службе от самого ректора.

Ф. Р. полагала, что место доцента я хочу зарезервировать для себя. И долго была по отношению ко мне холодна. И даже отказ ВАКа (именно с той же аргументацией, что я ей приводил) не привели к оттепели в наших отношениях.

И лишь когда доцентом стал Л. В. Дановский, Ф. Р. пересмотрела свою позицию. Однако к тому времени мне стало безразлично всё, что происходило на кафедре.

*

В больничном отделении переливания крови, которым заведовала хирург Софья Михайловна Рудова — балаболка, основной источник новостей обо всём и обо всех, работала лаборантом врач Диляра Усмановна Рахматуллина. Невысокая, нежной конституции, сильно близорукая, скромная, надёжная, с ровным характером, исполнительная. Лучшей помощницы было не найти. Да и дело я ей предложил взаимовыгодное.

Прочитав где-то в иностранной литературе о связи возникновения язвенной болезни с выделительством агглютиногенов изосерологической системы АВО с секретами организма (слюной, желудочным соком, пр.), я решил заняться и этим. Первый в стране. Нашёл необходимые сыворотки в НИИ судебной медицины МЗ СССР, освоил методику. Но тут же понял, что один это не потяну. На кафедральных лаборантов рассчитывать было нельзя: диссертация моя не была запланирована, значит — никаких лаборантов в «личное пользование».

Пошёл убеждать Диляру Усмановну, что это может быть её кандидатской. Она, правда, стать кандидатом медицинских наук особо не стремилась, но — по доброте своей — согласилась титровать материал, который я ей буду доставлять. А доставлял я материал (слюну и базальный, то есть, не стимулированный, желудочный сок) в огромном количестве, боясь, что Д. У. передумает. В 1969 г. появилось наше первое сообщение (Радбиль, Вайнштейн, Рахматуллина) в материалах Всесоюзной конференции (Новосибирск). «Какое отношение имел к этому О. С.?», - спросите Вы меня. «Никакое. Но он сообщил мне о возможности послать туда тезисы.» На саму конференцию никто из нас не поехал.

В следующем году появилась наши совместные статьи с Д. У. в «Казанском медицинском журнале» и в «Материалах научной конференции молодых учёных ГИДУВа» (молодые ученые — до 35 лет). Назревала кандидатская диссертация Д. У. Увы, всё неожиданно прекратилось. Д. У. переехала к новому мужу в Набережные Челны.

*

Зато другую диссертацию я дожал до зашиты. У О. С. появилась новая заочная аспирантка — Алла Васильевна Чумакова, врач казанского аэропорта. Не обременённая семьёй. Работоспособная.

О. С. спрашивает меня: «Что будем делать?» (вы опять подивитесь моему хвастовству, но так оно и было — честное профсоюзное!). Говорю, что сейчас в моде аллергия, иммунные и аутоиммунные реакции организма при самых различных патологических состояниях. Почему бы этим не заняться? Но я в этом не силён, нужен руководитель, у которого я (да, я, а не заочная аспирантка) мог бы, при необходимости, получить совет. Решили взять вторым руководителем профессора Мухамеда Абдулаевича Ерзина — заведующего кафедрой патологической физиологии медицинского института. Пошли мы с Аллой Васильевой к Ерзину. Обсудили тему.

Но вскоре О. С. решил заменить М. А. Ерзина на ректора ГИДУВа И. М. Рахматуллина — ученика М. А. Второй второй научный руководитель (первым был, естественно О. С.) также не интересовался делами аспирантки, как и первый второй. А первый второй затаил обиду и после защиты диссертации Аллой Васильевной написал в ВАК письмо, в котором в самом нехорошем виде представил как соискательницу, так и её диссертацию. Не знаю деталей и подробностей ответа из ГИДУВа, где диссертация защищалась. Но — после проверки письма М. А. Ерзина — диссертацию ВАК утвердила.

С А. В. я опубликовал обзоры («КМЖ», 1971 и 1972), результаты исследований («КМЖ», 1974; «Врачебное дело», 1975 и «Терапевтический архив», 1975). Не хочу вникать в тонкости использованных нами методик, тяжесть работы (нередко я уходил с ней из больницы почти в полночь), а расскажу ещё об одной моей авантюре чисто научного характера. Исследование бластной трансформации лимфоцитов — в те годы очень модного метода познания иммунного статуса — было главной составной частью диссертации. Получили данные, но что с ними делать.

Первый научный руководитель ничего не понимал в иммунологии, второй — в клинической гастроэнтерологии. А. В. нашла путь к одному математику, который обработал наши данные по методикам, используемым для... поиска нефти (он на этом «сидел»). А. В. принесла мне рулоны с напечатанными ЭВМ цифрами: «что хотите, то с ними и делайте». Пошёл я сам к этому математику. Он сказал, что, по его расчётам, полученные нами данные зависят от трёх-четырёх факторов, удельная значимость которых у таких-то групп больных такая-то, у других —

такая-то, и так далее. Какие факторы — это не его дело. Мне предстояло эти главные факторы придумать и обосновать.

Ни разу до и после этого «придумывания» мой мозг не разогревался так сильно, как в тот раз. А напридумывал я такое, что ни редакция «Терапевтического архива», ни оба научных руководителя, ни оппоненты на защите диссертации не рискнули хоть что-то возразить, так как с этой сферой - высшей математикой - никто из них не был знаком. Только я решился вторгнуться без скафандра базовых знаний в эту (страто)сферу! И не задохнулся.

Помните, что О. С. мне предсказал? Так почему же вы снова удивляетесь моему заявлению о собственном незаурядном мужестве?

*

Я сейчас перейду к рассказу об ещё двух диссертациях, в которых моё участие имело решающее значение, а славу - всю или большую её часть - получил О. С. Но перед этим — о другом. Я не буду указывать имён, так как абсолютных доказательств не имею. Сейчас — вы знаете это из прессы — началась во всех странах травля диссертантов-плагиаторов. Интернет предоставил возможность точно определить, кто у кого списал(а), выдав заимствованное за своё.

В счастливое советское время в диссертационном зале Центральной медицинской библиотеке в Москве списывали, фотографировали, чтобы потом вставить это в свою диссертацию. Обнаружить источник плагиата было очень трудно. Но ещё чаще просто писали о сделанном, делать которое и не начинали. Приводили чи'сла больных, которых в таком количестве в той или иной клинике просто не могло быть. Кандидатами медицинских наук становились врачи (особенно на Кавказе), в аульской больнице которых было пять коек, а из анализов определялись только удельный вес мочи и гемоглобин крови. «Как Вы себе представляете работу над диссертацией в таких условиях?», - спросил один львовский профессор, мой приятель, у явившегося к нему будущего «учёного». «Не-ет, работать над диссертацией будете Вы», - объяснил ему сын гор - «а мы Вас за это будем *уважать*».

В столице одной из среднеазиатских республик работал известный на всю страну учёный-академик. Для подтверждения своего веса во всесоюзном масштабе он решил провести Пленум всесоюзного научного общества по своей специальности в родном городе, но в свой НИИ никого из участников пленума не пустил. «Там идёт капитальный ремонт». А была ли вообще или функционировала аппаратура, о которой он писал в своих работах?

О. С. посылал меня к своим иногородним ученикам, чтобы помочь и *проверить*. И я обнаруживал, например, что зонд для биопсии слизистой оболочки желудка лежит в дальнем ящике, ржавый. А набор материала «продолжался». Никогда, однако, не было им сказано, чтобы я подтвердил истинность представленных «исследователем» данных. Он просто давал понять, что меня больше не должно было это интересовать.
Однако такие «учёные» у него защищались. Как же сильно они должны были его «уважать»!

Мы ещё вернёмся к его сделке с Р. И. Хамидуллиным. Но удивляло, что на его глазах Р. И. превращал кафедру в мелкую лавочку, а О. С. это совсем не беспокоило. Конечно, сейчас можно только спекулировать по этому поводу. Однако, посудите сами. Р. И. набирает материал по описторхозу. Приходят — частным порядком — больные. Он никогда не рассматривает под микроскопом дуоденальное содержимое, полученное у больных где-то. Процедурная сестра (без сомнения, не за спасибо Рагиба Ибрагимовича) зондирует в стационаре а м б у л а т о р н ы х больных. Все пробирки относит Р. И. Он находит в дуоденальном соке яйца сибирской (кошачьей) двуустки. Возражения пациентов, что «никогда раньше не находили», парируются фразой «они не умеют искать». Лекарства в аптеках нет. Есть только у Р. И. Приходится покупать: кому хочется умереть от цирроза или рака печени, которыми их стращает Р. И.?

Так продолжалось немало лет при О. С., а потом было поставлено на конвейер Р. И. - заведующим кафедрой. Конец этой истории - «историческая веха», ибо такое в ГИДУВе случилось впервые... Ладно, оставим эту криминальную историю. Будут другие — не менее интересные.

*

Диссертация Наили Абдулловны Климовой планировалась ещё во время её ординатуры, но потом откладывалась по семейным обстоятельствам. То у мужа обострился туберкулёз, то его диссертационные дела вышли на первый план — и она была ему первой помощницей.

Только в конце 60-х (Н. А. временно перебивалась дежурствами в железнодорожной больнице) вопрос о её диссертации был поставлен перед О. С.

О теме долго думать не пришлось: оставались «вакантными» половые гормоны. Я попросил О. С. найти Н. А. второго руководителя — акушера-гинеколога, так как боялся «без страховки» свернуть на неверную (запретную) тропу. Однако профессор Зайнаб Шахиевна Гилязутдинова интересовалась своей подопечной ещё меньше, чем О. С. Да и что она могла посоветовать: наши исследования велись в совершенно чуждой ей области? Иногда Н. А. что-то спрашивала у неё, не более. Я с проф. Гилязутдиновой в плане диссертации Н. А. совсем не общался, а в её клинике, где забирался у некоторых пациенток желудочный сок, был лишь однажды.
У меня уже давно был чёткий план, претворить который с помощью трудолюбивой и выносливой Наили Абдулловны было не легко, но возможно. Как это у меня было заведено (прошу прощения за нескромность), работа велась широким фронтом: в ветеринарном институте, на кафедре патофизиологии (в виварии) ГИДУВа, в железнодорожной больнице и в акушерско-гинекологической клинике.

В ветеринарном институте мы пристроились, при содействии О. С., в лабораторию, возглавляемую радиологом Борисом Сергеевичем Березовским. Лаборатория, как и несколько десятков других в этом вузе, была секретной, субсидируемой Министерством обороны. Так что крыс (стоимость, если не ошибаюсь, каждой — 3 рубля) там было достаточно, чем мы во всю воспользовались. Б. С. обучил нас методам обращения с крысами. Он — участник войны — рассказывал ещё не мало того, что я не знал и знать не мог. Потому что информация в стране была перекошенной. Запомнил его замечания о том, как хорошо немцы были подготовлены к войне, по сравнению с СССР. Это проявлялось в «мелочах», например, в специально упакованном в вощёную бумагу хлебе, сохраняющем свежесть годами.

В ветеринарном институте мы изучали влияние половых гормонов на один из видов экспериментальных язв желудка у крыс, в виварии ГИДУВа — на другой вид. А в клинике я решил впервые в стране выяснить влияние половых гормонов на базальную секреторную функцию желудка у мужчин (у женщин побоялся, что могу спровоцировать маточные кровотечения). В СССР отсутствовали водорастворимые препараты эстрогенных гормонов. Внутримышечным введением масляного раствора быстрого возрастания содержания эстрогенов в крови не добиться, надо вводить масляный раствор в смеси с эфиром, как это делается при стимуляции родовой деятельности. Но как показать, что гормоны, а не масляный растворитель и не эфир, влияют на желудочную секрецию? Очень просто.

Надо сесть в самолёт, слетать в Харьков (переписка не привела ни к чему), там на заводе эндокринных препаратов выпросить необходимое количество так называемого косточкового масла (получаемого из сердцевины косточек слив), в котором растворяли эстрадиол-пропионат перед разливом в ампулы. И вот уже можно проводить контрольные исследования...

Сейчас, через много лет, должен признать, что этическая сторона всех этих экспериментов была не на высоте. Но вреда однократное введение короткодействующих женских половых гормонов мужчинам принести не могло, а всё остальное — увы, так было принято. Например, при взятии биоптатов слизистой оболочки желудка мы говорили больным, что забираем слизь. В противном случае — при объяснении истинной сути процедуры — были бы хотя и редкие отказы от неё, но зато — страх у многих. В том, что ничего произойти не может, я был уверен: глубина среза была небольшой. Ни повреждения крупных сосудов подслизистого слоя стенки желудка, ни, тем более, перфорации её (стенки) произойти не могло.
Я не буду вводить вас во все тонкости работы. Я только хочу вас спросить, сколько часов должно быть в сутках, чтобы успеть и то, и другое, и третье...

Но мы выдержали, диссертация Н. А. Климовой была выполнена и защищена, обеспечив ей на несколько десятилетий место ассистента кафедры. Сменялись заведующие кафедрой, доценты, ассистенты, уже не было на кафедре никого, кто при её избрании ассистентом там работал. А кафедра и ассистент кафедры оставались (коллаж 32.)…

Правда, наукой на кафедре давно не пахло, но ГИДУВ - не НИИ — и на первом месте стоял и стоять будет всегда учебный процесс. Его уровень при отсутствии науки — это совсем другой вопрос. И давайте не будем...

*

А если будем, то я вам сообщу следующее. До отъезда из Тернополя в 1988-м году я продолжал следить за медицинскими публикациями. И за эти девять лет не обнаружил ни в одном медицинском журнале статей сотрудников кафедры, которую я покинул. Не исключаю, что где-то одну-две статьи я не заметил, например, в журнале «Паразитология» статью будущего «академика». Но ведь за это же время (причём, два года ушло на организацию кафедры такой, какой я себе её представлял) только мною были опубликованы более тридцати журнальных статей, написаны (в соавторстве) три книги и получено около десятка свидетельств об изобретениях. Сотрудники кафедры публиковались и без моего участия: общее число журнальных работ было намного большим. Требуются ещё доказательства исполнения тайного желания О. С.: (после него) чем хуже — тем лучше?

*

Кто случайно открыл мои воспоминания на этом месте и даже тот, кто читал их с самого начала, не знает или уже забыл, что среди «птенцов гнезда Оскарова» числилась также Эмма Георгиевна Волкова, заведующая поликлиникой города Альметьевска. Та Э. Г., которая отказалась от места в очной аспирантуре, чем обеспечила возможность начала моей научной карьеры в Казани. Та, которой я остался благодарен по сей день, о чём я уже писал.

Зачисление в аспирантуру состоялось в 1963-м году, приближался год сверхюбилейный 1970-й (100-летие со дня рождения В. И. Ленина, 50-летие ГИДУВа), в котором началась перепись населения страны (с указанием наличия учёной степени, если таковая была)… Стоит ли продолжать, когда по диссертации Э. Г. к этому времени почти ничего не было сделано? Стыдно ей и её шефу — партийцам, позор мне — бывшему комсомольцу, которого шеф обещал вписать вторым руководителем.

Взяла Э. Г. положенные ей основной и дополнительный отпуска, обоих сыновей и на лето переехала к родителям в Казань. Обосновались мы на кафедре нормальной (или патологической?) физиологии опять же ветеринарного института, скармливали собакам отсутствовавший тогда в СССР трийодтиронин (прислала студенческая подруга Э. Г., вышедшая замуж за венгра), вызывая у них тиреотоксикоз.

Пробрались в эндокринологическое отделение, возглавляемое доцентом Всеволодом Васильевичем Талантовым, и пока он ещё раздумывал, как ответить на просьбу О. С. дать нам возможность набрать материал, сделали биопсию нескольким десяткам больных тиреотоксикозом.

До завершения диссертации не доставало немного того, другого, а, главное, времени у меня. В 1973-м году я защитил докторскую, в 1974-м Э. Г. - кандидатскую. Кроме защиты Э. Г. Волковой, 1974-й остался в истории как год начала строительства БАМа, выигрыша Германией чемпионата мира по футболу и изгнания из СССР А. И. Солженицыца.

А у Эммы Георгиевны от сего научного отрезка жизни остались не только диплом и пожизненное звание кандидата наук, но и рубцы от собачьих зубов на обоих предплечьях. Один-единственный раз я не смог поехать с ней в ветеринарный институт (было срочное дежурство) — и вечером она явилась ко мне в больницу (после посещения травмпункта) с забинтованными от кистей до локтя руками. Собаки, видимо, нашли эти места самыми лакомыми. Не случайно, однако. Помните, как Белла Ахмадулина писала: "И вид ее предплечья смутного дразнил и душу бередил..."?

*

От Ю. Г. Забусова я случайно узнал, что у его друга - доцента кафедры гистологии Эрнста Галимовича Улумбекова имеются линейные крысы. О таких я уже давно мечтал, но достать и, главное, содержать их мне было не под силу. Пошёл искать Эрнста Галимовича. В то старое университетское здание, в котором располагалась кафедра гистологии медицинского института, попал впервые. Подъезд поражал своей запущенностью. На кафедре Э. Г. не было. Жду. Явился: играл в настольный теннис на кафедре нормальной физиологии (в том же здании). Вид — самого младшего лаборанта: пропитанная по'том футболка моды времён «ворошиловского стрелка», непонятного покроя штаны (то ли — спортивные, то ли — строительного рабочего), «гармонирующая» с одеждой обувь. Сигаретка в углу рта. Но улыбается: то ли — эффекту, произведённому на меня, то ли — моему просящему выражению лица. То ли с его лица не спало ещё торжество победы над другом-соперником из кафедры, несколько карикатурно описанной в «Людях и степенях».

Умылся, переоделся — заметного перевоплощения не достиг. Не по росту и объёму давно не свежий халат покрыл тело так же «ладно», как мокрая простыня - не совсем завершённую лепную скульптуру . Сел за огромный стол. Слушает. Излагаю свою устную челобитную. Объясняю, что' конкретно хотел бы изучить. Слушает.
А потом, как заговорит. Да *как* заговорит! Витиевато, почти так, как в толстовских романах объяснялись. И французские слова вставляет в свою чисто российскую речь. Сейчас, думаю, в эту большую, беспорядком отличающуюся комнату зайдёт Пьер Безухов. Нет, Алексей Александрович Каренин: заведующий кафедрой гистологии, отец Юрия Георгиевича Забусова - Георгий Ипполитович, которого я уже видел, весьма подходил на эту роль (а его сын, в несколько

меньшей степени, на роль Пьера Безухова).

Следующая встреча втроём — вместе с аспирантом кафедры В. Т. Тюриковым. В результате - впервые в СССР изучены изменения в гипоталамусе при возникновении резерпиновых язв желудка у линейных крыс. Когда я был однажды у Э. Г. (уже заведовавшего кафедрой) и мы беседовали о его защищённой и моей готовящейся к защите докторских диссертациях, он любезно предложил мне списать методику исследований изоферментов лактатдегидрогеназы в тканях мозга. Не учёл он, что я уже всё давно переписал, когда его диссертация была перед защитой выставлена в библиотеке медицинского института. Да, переоценили меня только после того, как я забросил науку (помните: «выдающиеся учёные-терапевты», к которым я причислен на сайте бывшего ГИДУВа?). До того — недооценивали, в чём вы ещё не раз убедитесь.

Профессор Э. Г. Улумбеков вошёл в историю кафедры гистологии не тем, что он этой кафедрой немало лет заведовал, а потом работал ещё ряд лет там же профессором. Нет, он стал первым, кто перевёл науку на кафедре с узкоколейки классицизма на широкую колею науки конца XX-го века (гисто- и цитохимия, электронная микроскопия). Это признавал и его предшественник Г. И. Забусов (1899-1981), заведовавший кафедрой в 1958-1972 г.г., в своём представлении Эрнста Галимовича во время защиты докторской диссертации в начале 1971 г. Я сам слышал, а не кто-то мне рассказывал.

Только, как не пытался, не могу вспомнить знаменательный день защиты. То ли - 14-го января, то ли - 26-го января? Дважды, да ещё с невозможно малым интервалом, навряд ли он защищался. Хотя почти подобной «радости» удостоился заведующий кафедрой ортопедической стоматологии (1969-1990) медицинского института профессор Леонид Менделеевич Демнер. Защитил раз (один из официальных оппонентов — академик АМН СССР А. Д. Адо). Но быстро кто-то «накапал» в ВАК, что при защите были нарушены формальности — пришлось перезащищаться в том же 1972-м году. В этот раз вместо академика приехала из Москвы его «правая рука» - профессор Ляля Мухаметовна Ишимова.

Вспомнил — вот так и возникает деструктурированность мемуаров — о Л. М. Демнере следующее. Я с ним лично не был знаком, а то бы спросил, почему он МенделеЕвич? Отец-то его был, гарантировано, не великий химик, а звали отца просто Мендель. Обычное еврейское имя. Или боялся Л. М., что его упрекнут в менделизме? Профессор Яков Юрьевич Попелянский, — заведующий кафедрой неврологии (1967-1987) медицинского института — с которым я был хорошо знаком (мы оба — из Винничины), настоятельно советовал мне изменить отчество сына на Солонович (Солон, кто забыл — один из «семи мудрецов» древней Греции). Фамилия у сына уже была «подходящей» - Карташев. На этом настояла его бабушка (моя мама), когда узнала, что сын получил паспорт на мою фамилию. Бутылка коньяка — и в паспортном столе мою жену, которой была поручена смена фамилии сына, даже не спросили: «Почему?». Всем всё было понятно без разъяснений. А отчество осталось прежнее. В Германии, наоборот, отчество исчезло, а Weinstein возник снова. Да и с дочерью зря потратились (ещё одна бутылка коньяка) — у неё теперь арабская фамилия (коллаж 34.). За что боролись, на то и напоролись!

Чтобы уже закончить с Леонидом Менделеевичем: я однажды наблюдал, как он, прогуливаясь с сыном-дошкольником, разговаривал с мальчиком на немецком языке... Нет, не в Кёльне — в Казани, на улице Бутлерова. Если бы мы все так могли... Если бы мы все понимали тогда значение знания иностранных языков... (Теперь - внимание! - последует ловкий переход снова к Э. Г. Улумбекову.) А вот Эрнст Галимович это понимал — и радовался успехам дочери, уже школьницей переводившей стихи английских поэтов на русский язык. (Как я умело вырулил снова на Э. Г. Улумбекова! Учитесь!).

Кафедра располагалась в больших комнатах, заставленных старинной мебелью. Мне она напоминала знаменитую Кунсткамеру в тогдашнем Ленинграде. И не только размерами комнат, мебелью, выставленными препаратами. Кунсткамера — это ведь и этнографический музей. Так вот, сотрудники кафедры гистологии являли собой яркий пример разнообразия человечества. Часто на кафедрах многолетняя совместная работа притирает сотрудников друг к другу, они становятся как-то похожими один на другого. Если — не лицами, то — поведением, говором... Не то было на кафедре гистологии — и я этому удивлялся: столько разных лиц, совсем как в «Человеческой комедии» Оноре де Бальзака! Впрочем, там можно было удивляться многому.

Прихожу на кафедру, как всегда, без предварительной договорённости. Знаю, что если Э. Г. не читает лекцию, то всегда найдёт время для беседы. Не верю своим глазам: вокруг высокого, наверное, довоенного производства табурета, покрытого газетой, стоят и сидят сотрудники кафедры мужского пола. На «скатерти» - газетке, на положенном сверху листе обёрточной магазинной бумаги — порезанная на дольки колбаса. В руках сотрудников сосуды разнообразной формы, заполненные разведенным спиртом. Что-то отмечают. Появление незваного гостя [Не въ пору гость хуже татарина, как говорили в старину. „Bien venu comme un chien dans un jeu de quilles“, - сказал бы Э. Г., владеющий французским языком. «Ungeladene Gäste gehören nicht zum Feste», - говорю и я, с порога отвергая национальные разборки] смутило только Георгия Ипполитовича. Зато мой будущий соавтор В. Т. Тюриков чувствовал себя на таких «собраниях» великолепно. Потому уехал домой в Сибирь, так и не защитив диссертации.

Однажды звоню Э. Г. — отвечает скандированным голосом. Думаю, что он кого-то передразнивает. Начинаю и сам так говорить. «Не надо», - останавливает он меня. И сообщает, что во время поездки в Йошкар-Олу (он читал там лекции в университете) попал в автомобильную аварию, получил травму черепа. К счастью, постепенно речь полностью восстановилась. И Э. Г. мог без запинок, за чашкой чая, снова «резонёрствовать». Последнее слово не совсем точное, отражающее дух и стиль его рассуждений, но другого мне не удалось подобрать.

Чай у него всегда был отличный, какого в продаже не было. Обращал при заварке чая моё внимание на то, как раскрываются в горячей воде чаинки, какую красивую форму они принимают. Чувствовалась в нём художническая жилка. Чашки с блюдцами были изящные и благовидные, специально предназначенные для чаепития. Удивляло: всё остальное в комнате — случайные предметы. В том числе — фотография белой кошачьей головки на левой, от хозяина комнаты, стене. Правда, на стене, что за его спиною, висело изречение английского поэта и проповедника Джона Донна (John Donne, 1572 - 1631), которое тёзка - Эрнест Хемингуэй взял эпиграфом к своему роману «По ком звонит колокол»: «...смерть каждого Человека умаляет и меня, ибо я един со всем Человечеством, а потому не спрашивай, по ком звонит колокол: он звонит по Тебе». Думаю, что вот это — не случайно, как и наличие «е» в имени писателя (опять «лишнее «е», как и у Леонида Менделеевича). Чтобы вы не спутали Эрнста с Эрнестом …

Вернёмся к «резонёрству». Попили чай. Э. Г. тасует, раскладывает библиографические карточки. Не в духе. Что-то с утверждением диссертации. Но он не об этой «мелочи». О порядках в стране. Показывая на фотографию кошечки, сравнивает выражение её мордочки с изображениями членов Политбюро. Или, наоборот. При этом сам улыбается довольно ехидно. Не знаю, что он при этом имел в виду. Я-то видел бессмысленную кошачью улыбку, схожую с часто наблюдаемой у больных с тяжёлым склерозом мозговых сосудов. Но в предмет его рассуждений не углубляюсь, ибо всё это напоминает приглашение к беседе на скользкие в те времена темы. Знал я Э. Г. для таких откровенных разговоров недостаточно хорошо...

Наше общение продолжается до сих пор. Последний раз виделись в августе 2015-го, в Кёльне (Э. Г. Совершал вояж по Рейну). Не могу оценить написанный им с Ю. А. Челышевым учебник по гистологии — не специалист. Но совместный с давним другом - профессором математики Анатолием Николаевичем Шерстневым труд «Толковый словарь жизни российской по Н. Щедрину» - это, как говорят, неиссякаемый кладезь мыслей и цитат. Такой словарь не устаревает никогда.

Вроде бы, об Э. Г. Улумбекове — всё. Нет, было бы упущением, не упомянуть здесь о надёжном тыле Э. Г., позволявшем ему свободно оперировать на передовых позициях. О его верной супруге - Ляле Энверовне, подарившей Э. Г. дочь, которой могут гордиться не только родители, но и Татария, Россия. Ибо печётся она о достойной медицинской помощи не только для власть имущих и просто имущих — для всех. Да, не упомянуть здесь о Ляле Энверовне было бы большим упущением.

*

О. С. постоянно противился моему присутствию там, куда он выезжал. Я не понимал причину этого. Я же ему ничем не помешаю...

Первый раз я его ослушался в 1967-м или 1968-м году. Он отправился на какую-то конференцию в Таллин. И вдруг я узнаю, что ещё (до 30-летнего возраста) действует моя аспирантская льгота и я могу купить билет на самолёт за полцены. О. С. уже уехал (он всегда уезжал на пару дней раньше положенного и возвращался на столько же позднее, потому что ему нужна была, в первую очередь, Москва, а не съезды и конференции), Ашраф Закировна не возражала, чтобы и я побывал в Таллине. Ей-то всё — до лампочки.

О. С. не очень-то, мягко говоря, обрадовался, увидев меня в Таллине. Но старался виду не подать. В один из вечером была возможность сходить в кабаре — единственное в СССР (второе потом открыли в Пятигорске). Я спросил О. С., пойдёт ли он. «Нет, я тут договорился встретиться с друзьями.» Оглядываюсь по сторонам в кабаре — О. С. сидит немного дальше от сцены, чем я. Делаю вид, что не заметил.

Где-то через год - Пленум гастроэнтерологического общества в Минске. Банкет.

Огромный ресторан, кажется, «Фестивальный». Тот же разговор с О. С., тот же ответ: «Посижу с друзьями». И снова мы в одном и том же ресторане.

Сижу за большим столом вместе с главными терапевтами военных округов — полковниками. Из Куйбышева приехал бывший подполковник, начальник терапевтического отделения Казанского госпиталя, с которым я был знаком по Казани (куда я только не совался в попытке набрать быстрее материал для диссертации!). Полковники пьют здорово, мне за ними не успеть.

Танцы. Приглашаю даму, приятную во всех отношениях. Она слышала что ли моё выступление в прениях: говорит, что я танцую тоже не плохо. Спрашивает, где я в Казани работаю. Сообщаю, что в ГИДУВе. «Но там же Радбиль?» - громко, пытаясь перекричать музыку, удивляется она. И тут же, уличив себя в отсутствии сообразительности (простительно — выпила немного), восклицает: «Ах, что я? Радбиль же у Вас вторым профессором!».

А «второй профессор» стоит рядом и разговаривает с моим соседом по столу — полковником из Куйбышева (это О. С. проложил мне в Казани дорожку к нему, пытавшемуся сделать диссертацию под руководством О. С.). Слышал ли О. С., что он «второй профессор» у меня — не знаю. Не спрашивать же у него это. Думаю, что слышал. Потому что отозвал меня в сторону и шипя произнёс: «Знаете, с кем танцуете?». Я назвал фамилию этой дамы-доцента. «А знаете ли Вы, кто её муж?». Отвечаю, что сейчас это для меня не имеет никакого значения. «А надо бы знать: заведующий идеологическим отделом ЦК КП Украины!». Увидев, что я не испугался (это ведь не чемпион Украины по боксу), грозно добавил: «Будьте осторожны!».
Как он всего боялся! Боялся один возвращаться в тёмное время домой с улицы Красная позиция, где он купил кооперативную квартиру. И она его провожала, а потом возвращалась обратно.

Но всё это присказка. О. С. не желал, чтобы я слышал, как он выступает, как вешает лапшу слушателям на уши в духе некоторых «учёных» из Средней Азии. Он всегда говорил так, что было не понять: это литературные данные или полученные у нас на кафедре. На Всесоюзном съезде гастроэнтерологов он делал доклад (коллаж 16.), смешав всё и вся. Когда ему был задан вопрос, или это его (кафедры) данные, он ответил чётким «да», мотнув для убедительности головой. Но я, слышавший это, знал: туфта. Вот этого-то он, прежде всего, не желал.

*

«И, кстати, я замечу в скобках, что речь веду в моих строфах я столь же часто о пирах, о разных кушаньях и пробках …»
А. С. Пушкин. Евгений Онегин.

В 1970 году праздновали 50-летие ГИДУВа им. В. И. Ленина.
Торжественная часть состоялась в театре оперы и балета. Не помню, кто конкретно выступал, кто приветствовал. Среди последних были и ректора вузов, и директора заводов, пр. ГИДУВ уже одним своим необычным названием был известен почти всем казанцам. Плюс — доброй молвой о специалистах института.
Из основателей (первых сотрудников института) никого не было: либо судьба занесла их далеко от Казани, либо, скорее всего, не дожили. Бурно приветствовали прибывшего на юбилейные празднества ветерана ГИДУВа: если мне не изменяет память, то это был приват-доцент — первый заведующий кафедрой рентгенологии (с 1927 г.) Рувим Яковлевич Гасуль. Откуда он приехал на торжества — не вспомню.

А потом праздничное гулянье перенеслось в Дом татарской кулинарии. Это, как говорили тогда, предприятие общественного питания открыли незадолго перед юбилеем ГИДУВа, в 1969-м году. По сравнении с «забегаловками» выглядело оно прямо таки помпезно. Внешне, правда — банальный куб из бетона и стекла, но внутри — красиво и чисто. И еда — в основном татарские национальные блюда — вкусная. И — не очень дорого. Но вездесущие О - ЧЕ - РЕ - ДИ, которые, как я полагаю, должны были символизировать СССР и отображаться, вместо серпа с молотом, на знамени «первой в мире страны победившего социализма». Из-за очередей охота посетить ДТК возникала редко.

На банкет пришло не так уж и много сотрудников ГИДУВа (то ли стоило это дорого, то ли что ещё), но два зала на втором этаже были набиты голодными гидувцами и приглашёнными к застолью делегатами от других вузов и из иных городов. Столы ломились от блюд. Вак бэлиш, зур бэлиш, эчпочмак, бэккэны, перемячи, катлама с мясом, чэк-чэк, чельнек, баурсак... Не пойму — почему, но я был удивлён, как было в тот раз невкусно. Многие из блюд я пробовал там ранее — и они были приготовлены значительно лучше. Представиться и поклониться народу в ответ на аплодисменты вышел в полной поварской форме мастер Юнус Ахметзянович Ахметзянов (1927-1984) — главный специалист по татарской кухне.

Напитки были — и это не только на описываемом банкете — разнообразные, с красочными этикетками. Но какой вкус может иметь, например, азербайджанское вино, доставленное в столицу Татарии в металлических цистернах и разлитое в бутылки на Казанском винном заводе? Я уже не говорю о тех «технологических усовершенствованиях», которое претерпевало вино, дабы оно оказалось в количестве, обозначенном в накладной... Возможно, что на столе с особо почётными гостями были истинно натуральные вина, но на других - «чернило» или «получернило».

Так уж получилось, что я сидел совсем недалеко от этого, так сказать, центрального стола, за которым произносили здравицы и ужинали секретарь обкома по науке, прессе и т. д. Валеев и министр высшего образования СССР (с 1954 г. по 1985 г. !!!) Вячеслав Петрович Елютин (1907-1993). Министр был депутатом Совета национальностей от Татарской АССР (в течение ШЕСТИ созывов) и, по всей вероятности, находился в Казани по депутатским делам.

Министр тоже выступил со здравицей, восхваляя советских врачей. Рассказал, что многие годы страдал от болей в плечевом суставе, особенно при надевании пиджака, плаща, пальто. Пошёл к врачу — тот посоветовал просовывать в рукав первой руку с больной стороны. С той поры — никаких болей. Вот что значит передовая медицина! Министр-то высшего образования хорошо знал систему обучения и условия работы врачей по обе стороны «железного занавеса». Было ему с чем сравнивать.

Напротив меня сидела физиотерапевт из ГИДУВской клиники Дина Васильевна Подольская. Яркая женщина. О. С., по слухам, с ней крепко дружил (ещё до моего приезда в Казань), помогал с диссертацией. Наверное, рядом не было более подходящего собеседника, поэтому ей пришлось завести разговор с сотрудником её экс-приятеля. И рассказала мне Д. В., что провела определённое время с поэтом Евгением Евтушенко, который пару месяцев (несколько недель?) жил в Казани, работая над поэмой «Казанский университет». 1970-й год, напоминаю, был годом столетия со дня рождения В. И. Ленина.

Я, к удивлению Д. В., продекламировал ей несколько старых стихотворений Е. Евтушенко и несколько строк из новой поэмы, отрывки из которой печатались в казанских газетах. На следующий день Д. В. вручила мне машинописные тексты ещё не опубликованных произведений её московского приятеля. Среди них было и это, в котором давно любимому мной поэту удалось — по содержанию (идее) и технике стихосложения — ещё раз доказать свою незаурядность.

Не используй свой гений, поэт,
ореол, перед коим робеют,
и опальный отлив эполет
для добычи любовных трофеев.

Одиночества не оглашай,
не проси, чтоб тебя пожалели,
и трагедией не обольщай,
как Грушницкий солдатской шинелью.

И - так далее (стихотворение, датированное 1969-м годом).

Был я на творческих вечерах Е. Евтушенко в Кремлёвском Дворце съездов, в относительно скромном зале городской библиотеки Лейпцига, но и рассказ Д. В. Подольской о поэте не забылся. А с ним — и празднование 50-летия ГИДУВа.

*

В 1971 г. я решил, что материала для докторской диссертации набрано достаточно. Пора было придать моей работе официальный статус, то есть докторскую диссертацию следовало внести в план научных исследований института. Особых трений при беседах по сему поводу с О. С. и проректором по науке профессором Т. Б. Толпегиной не возникло. Мне предстояло изложить проверяющему состояние моих исследований суть работы, подтвердить сделанное фактическими данными, в том числе и публикациями, ответить на его вопросы. Проверяющим назначен был профессор Мойше Залманович (Михаил Семёнович) Сигал — заведующий кафедрой хирургии, базировавшейся в той же железнодорожной больнице, что и наша кафедра. Т. Б., вероятно, предполагала, что так удобней будет и М. З., и мне.

М. З. назначил мне встречу у него дома в 23.15. Это не опечатка. Таков был М. З. Сигал (1920-1990). Необычен во всём. Предполагаемые истоки этого я узнал всего несколько лет тому назад, когда получил от казанского профессора Игоря Владимировича Фёдорова (руководителя Центра обучения эндохирургии) электронную версию его книги «Врачебная династия Сигал».

Оказывается, М. З. родился в Каменец-Подольске Подольской губернии. До 1-й мировой войны СОРОК СЕМЬ процентов населения города составляли евреи (23430 чел.). Когда Мойше Сигал пошёл в школу, то евреев в Каменец-Подольске было «только» 29% (12774 чел.). Войны, включая гражданскую, погромы разбросали часть еврейского населения по другим местам страны. Немало погибло. Советская власть тогда ещё позволяла «национальное» — и на Украине, где проживало много евреев (http://proza.ru/2011/01/26/1225 - см. карту), существовали еврейские школы, техникумы, даже еврейские отделения рабфаков. Потом «национальное» постепенно стало «интернациональным», то есть русским — и в этом власти «обставили» даже Российскую империю - «тюрьму народов» (определение, использованное В. И. Лениным). [По всеукраинской переписи 2001 г. в Каменец-Подольском проживало 233 еврея.]

Несомненно, Сигал посещал еврейскую школу. Отсюда — не только его грассирующее произношение звука «р», отсюда — из изучения Торы, Талмуда, пр. - своеобразное мышление. Кто мог себе представить, что у М. З., с первых послевоенных лет живущего в Казани, такое необычное прошлое?! Говорил по-русски он без всякого акцента, но вот мелодия речи была каменецкой закваски (евреи называли город просто Каменец). Я понял это, прочитав книгу И. В. Фёдорова, потому что сам родом из города, входившего когда-то в состав Каменец-Подольского уезда Подольской губернии. Как печально, что я не поговорил об этом с самим М. З. Или хотя бы с его младшим братом Иосифом — профессором ГИДУВа, хирургом-фтизиатром. Мы с кафедрой фтизиатрии совместно проводили политзанятия, то есть, регулярно встречались у нас на кафедре. И вели беседы не только по марксистско-ленинской тематике.

Иосиф даже не картавил, и говорил почти по-казански. Жену его звали Фатыма Гареевна. У М. З. первая жена была русская. Вторая жена — татарка. Все — врачи.

Несколько слов о И. С. Сигале. Намного крупнее по стати, чем М. З. Но такой же заядлый курильщик. Был фтизиохирургом (бронхоскопия, операции на лёгких у больных туберкулёзом, возможно, что-то ещё). Кафедру туберкулёза в 1956-1964 г. возглавлял доцент Павел Лазаревич Винников. П. Л. был хорошим специалистом, хотя в то время наиболее популярным фтизиатром в Татарии считался профессор Берк Литманович Мазур из медицинского института. П. Л. – хороший приятель О. С. – консультировал у нас в больнице — и я его неплохо помню. Когда П. Л. Винников уехал в Пермь, на его место претендовал И. С. Сигал — тогда ещё, насколько я помню, не доктор наук. Против его кандидатуры на Совете резко выступил профессор Л. М. Рахлин (со слов О. С., Л. М. Рахлин угрожал, в случае избрания И. С., больше ни одного больного не посылать на консультацию в клинику туберкулёза). Избрали заведующим кафедрой Германа Алексеевича Смирнова из Кишинёва. Профессор Г. А. Смирнов заведовал кафедрой с 1964 по 1996 г. Два профессора, насколько я помню, ужились между собой и дружно, вместе с ассистентом Виленом Сергеевичем Анастасьевым, периодически появлялись у нас на кафедре, как уже упоминалось, для совместных политзанятий. Обогатившись знаниями марксистко-ленинской диалектики, потом сообща консультировали наших больных (в основном — смотрели рентгеноснимки лёгких, по которым и ставили диагноз).

Когда у М. З. Сигала умерла жена (она долго находилась на искусственной почке в Москве — и М. З. мотался между двумя столицами), многие (не передать!) одинокие женщины считали себя достойными заменить ему утраченную подругу жизни. И приходили к профессору на приём грудные железы показать (не опухоль ли?) и показаться. М. З. не давал им никакого повода надеяться — они искали другие пути. Одна из них — моя пациентка, вдова умершего от рака поджелудочной железы директора завода, врач — решила прибегнуть к моей помощи и в этом вопросе. Я, конечно, по возрасту и положению не мог завести с М. З. разговор на эту тему (да и не желал), но дама была настойчивой, упирая на то, что материально она обеспечена не хуже профессора. Пришлось мне обратиться к И. С. за «справкой». Тот разъяснил мне, а я, в свою очередь, моей пациентке, что вопрос о даме сердца М. З. давно решён.

Но вернёмся к вопросу, на который честного ответа до сих пор нет.
Почему коммунисты довели «дружбу народов» до такого состояния, что «народы» начали стесняться своих национальных имён и фамилий? Почему Мойше Зельманович стал Михаилом Семёновичем? А его сын-профессор в Ижевске Золтан Мойшевич — Вячеславом Михайловичем? (Почему М. З. назвал сына Золтаном — не пойму: Золтан — имя тюркского происхождения и восходит к слову «султан»? Слава - Вячеслав это ведь, скорее всего, от «султана»).

В то время в Казани был весьма популярен сатирик Борис Семёнович Бронштейн. Потом он стал Борисом Лариным (его жену звали Лара — так он объяснял происхождение своего литературного псевдонима). Интересно, что Борису Бронштейну удалось опубликовать в «Известиях» критическую, с издёвкой, статью о ректоре мединститута Хамитове (в ней шла речь о том, как ректор, попирая существующие положения, выстроил кооперативный дом для сотрудников института на месте детской площадки).

И ещё вспомнилось: и татары в Татарии (!) стеснялись своих имён. Например, мой приятель Сайфуллин Ханаан Фатахович (работник Оргсинтеза) представлялся «Саша».

Вернёмся к М. З. Хирургия, наука, преподавание были для него всем. В отпуск ездил он с чемоданом, набитом медицинской литературой. Думаю, что на другую литературу времени он не находил. Часто во время обходов пытался цитировать кого-то из мира искусств, но на «...э-э...» попытка большей частью заканчивалась. Забегает к нему в кабинет лаборантка кафедры Лина Сергеевна Каргина: «Михаил Семёнович! В Казань Высоцкий приезжает!». «Браво!» - радуется вместе с ней М. З. А потом тихо спрашивает: «А кто это такой?».

Оперировал М. З. Сигал виртуозно. Об этом подробно написал Борис Александрович Жевлаков: «Гастрэктомия по Сигалу (памяти профессора М. З. Сигала)».
Ю. Г. Забусов рассказывал мне, что при вскрытии умерших, оперированных М. З. больных, поражала чистота брюшной и грудной полости: никаких остатков тканей, крови. Когда М. З. оперировал, весь мир для него концентрировался на больном (его во многом не устраивала работа анестезиологов: собственно говоря, Л. И. Шулутко умер от того, что анестезиолог не смог стабильно удерживать артериальное давление оперируемого на нормальном уровне) и операционном поле. Помню, я присутствовал в операционной. Заходит туда в наброшенном халате, придерживая у лица маску, главный хирург МЗ Татарии доктор медицинских наук Михаил Юрьевич Розенгартен, чтобы сообщить М. З. о скором прибытии самолёта с генерал-полковником медицинской службы А. А. Вишневским. Хотел поторопить М. З., чтобы тот, возможно, передал окончание операции ассистирующему ему хирургу. М. З. привычным для него тихим голосом подтвердил Розенгартену, что понял того. И продолжал далее оперировать. Розенгартен поехал в аэропорт один, без М. З.
Что касается анестезиологов, то в железнодорожной больнице М. З. доверял более всего Альберту Ахметовичу Шамову — действительно хорошему специалисту.

На обходах, во время консультаций в нашем отделении М. З. нередко просил принести ему стерильный сухой шприц с толстой иглой и сам пунктировал ту или иную область. Меня одолевал страх, когда М. З. проталкивал длинную иглу, например, за рукоятку грудины: сколько там сосудов! Но М. З. знал анатомию безукоризненно.

Доцент-хирург Борис Леонидович Еляшевич рассказывал, что во время ординатуры на кафедре профессора А. Ю. Ратнера он не нуждался в чтении медицинской литературы. В те годы доцент кафедры М. З. Сигал при обходах сопровождал осмотр почти каждого больного микролекцией.

Вернёмся к моей диссертации. Я явился к М. З Сигалу с двумя тяжёлыми сумками, полными бумагами с данными исследований. Сверху была небольшая папка с основными материалами (но если потребует проверяющий, можно тут же достать из сумок необходимое дополнение).

М. З. завёл меня в кабинет, все стены которого до потолка были заставлены книжными полками. Держа папку в руках, я стоял у письменного стола рядом с предложенным мне стулом. М. З. сидел справа от меня за письменным столом, заваленным всякой-всячиной настолько, что не только мою папку, но даже спичечный коробок некуда было положить — лишь на что-то сверху. М. З. быстро оценил ситуацию, открыл огромный центральный ящик письменного стола, нагнулся вперёд, загрёб обеими руками всё, находившееся на столешнице, и смахнул это в ящик. Потом громко крикнул жене: «Нина (её звали, если не ошибаюсь, Ниной Николаевной), где табак?». Та из другой комнаты ответила, М. З. нашёл пачку курева, вспыхнула зажигалка — и мы начали.

Я был по возможности краток, особенно что касалось той части диссертации, где были представлены данные совместных с А. А. Агафоновым работ. М. З. был научным консультантом диссертации А. А. - и тут можно было только в нескольких предложениях рассказать об изменениях секреторной функции желудка у собак после различных операций. Эта проверка долго не продолжалась, чему я был несказанно рад. Предстояло ещё зайти в больницу (М. З. жил недалеко от неё), оставить сумки, а потом добираться домой. В полночь. Впрочем, не впервые.

Через короткое время диссертация была включена в план, а ещё через несколько месяцев, поздной осенью 1971-го года, я ушёл в творческий отпуск. Всё осталось, однако, без изменений в моём распорядке дня. Единственное: я не вёл больных и не дежурил по больнице. Целых шесть месяцев.

В мае 1972 г. - я только вышел из творческого отпуска - М. З. диагностировал у жены рак молочной железы. Облучение. Операция, выполненная М. З. Снова облучение. В конце августа мы, используя все связи, посещали онкологические учреждения Москвы. Были и в Институте онкологии МЗ СССР, в Институте онкологии им. Герцена МЗ РСФСР... Врач, осматривавшая жену в последнем НИИ, понравилась ей. И жена стала её пациенткой на долгие двенадцать с небольшим лет.

Подоспел законный летний отпуск, что было весьма кстати. Сына друг устроил в лагерь Оргсинтеза, за дочерью следила приехавшая тёща.

Диссертацию я подал к защите в срок.

*

Алексей Андреевич Агафонов защищал докторскую диссертацию ранней весной 1972 г К моему удивлению, он сильно волновался. Я не понимал, почему это? Диссертация, можно сказать, в лучшем смысле слова уникальная. «Коронный» оппонент — московский профессор-хирург Юлий Ефимович Берёзов (1921-1980) уже приехал и находится в гостинице, в лучшем номере, полном всего, чего душа пожелает. Другие два оппонента — свои люди. С ректором — председателем Совета по защите — отношения хорошие.

Я пришёл к А. А., по его просьбе, к нему домой за несколько часов до защиты. Пошли гулять дворами, закоулками. Снег уже почти сошёл, но на Волге начался ледоход — и снова похолодало, стало ветрено и с неба посыпало. Было мокро. Шагали медленно, обходя лужи. Говорили о всякой всячине. А. А. оставался в напряжении.

Расслабился он во время выступления на Совете. Перешёл на аристократический язык: «Глубокоуважаемый Юлий Ефимович, профессор Берёзов...». «Что за странное обращение?» - удивился я после зашиты. – «Так Виктор Христианович мне советовал.» – « Так глубокоуважаемый Виктор Христианович, профессор Фраучи мне советовал», - передразнил я его.

Банкет для дворян (начальства), духовенства (партийной элиты) и купцов первой гильдии (ведущих профессоров) состоялся в день защиты. Стол был соответствующий составу едоков. Это — со слов А. А.
Я на банкете не был. Во-первых, не был приглашён. Во-вторых, всё равно бы не пошёл, так как к тому времени уже не мог бы находиться с ректором Хамитовым за одним столом. Не переносил его — и всё тут. В-третьих — я не был купцом даже третьей гильдии, не имел прав, например, на содержание трактиров и постоялых дворов (в переносном смысле, разумеется).

На следующий (или через) день был дан «банкет» для мещан (рядовых сотрудников кафедры, лаборантов) и ремесленников (служителей вивария). Я был приглашён, но и там отсутствовал. Никто и не заметил. Или решили, что я был на банкете для, как сейчас говорят, VIP - Very Important Person (очень важных персон).

Наши отношения с А. А. оставались прежними. Пошли они на убыль, когда, по неизвестным для меня причинам, А. А. перестал говорить о намечавшейся вместе с ним книге. У него были связи, я быстро писал. Литература была собрана. Фактический материал — его и моя диссертации. Но...

Как воспоминание о несостоявшейся книге остался мой обзор зарубежной литературы «Ультраселективная ваготомия желудка» в «Вестнике хирургии им. И. И. Грекова» (1975, №3).

*

О дне защиты диссертации, понятно, было известно не только на кафедре, но и в больнице. Когда я утром в обычное время пришёл на работу, думали, что я что-то в больнице необходимое мне для защиты забыл — и забежал забрать. Но я посидел на планёрке, сделал обход в палате. Как ни в чём не бывало.
Всем стало ясно, что защиту отменили. Но не ясно, что теперь делать больничным врачам с заказанным и доставленным огромным букетом цветов. Никто не задавал мне вопросов: в доме повешенного не говорят о верёвке, как писал создатель славного рыцаря Дон Кихота Ламанчского.

Часам к двенадцати в больницу приехал мой десятилетний сын. Жене было сказано, что в институте будут премировать детей-отличников сотрудников ГИДУВа. Пришлось его освободить от нескольких уроков. Нарядить.

Взяли с ним несколько рулонов таблиц и пошли-поехали в клинику детских болезней, в аудитории которой проходили защиты диссертаций (всё ещё нет там памятной доски?). Развесили таблицы. Ждём других актёров представления и публику. Пытаюсь популярно объяснить сыну, куда я его привёл, что предстоит и как он должен себя вести. Посадил в первый ряд.

Всё шло по плану. Учёный секретарь зачитала мои анкетные данные, характеристики, перечислила поступившие отзывы. Один отзыв был из-за рубежа, от доктора наук Казимира Бояновича (Лодзь, Польша). Неслыханное дело! Спросили, имел ли я право отправлять автореферат (на правах рукописи!) за рубеж. В сознании советского человека рукописи, отправляемые за рубеж — диссидентские книги, открытые письма, прочая антисоветчина. К этому вопросу был дома подготовлен ответ: автореферат прошёл обллит (фактически — цензуру), значит — можно. Успокоились.

Затем выступил мой научный консультант. Выступил так, как я его просил. Не хвалил меня (это, на мой взгляд, выглядело бы лицемерно), а просто помахал толстой пачкой гранок вот-вот выходящей нашей совместной книги. Отлично: отработал оплату соискателем учёной степени доктора медицинских наук его проезда в мягком вагоне Москва — Казань — Москва (это было ЕГО условием приезда).

«Отстрелялся» и я. Ответил на непринципиальные вопросы аудитории. Слово получил первый официальный оппонент — заслуженный деятель науки РСФСР и ТАССР доктор медицинских наук, профессор Леопольд Матвеевич Рахлин.

*

Сделаем паузу — и я расскажу о моих впечатлениях о Л. М.
Общее моё впечатление я высказал в самом начале воспоминаний: это был законный и всеми признанный лидер казанских терапевтов, притягательной силе которого нельзя было противостоять. Классик, что ни говори.

Но лично для меня он был также человеком-загадкой. И то, что вы сейчас прочтёте, это — не против Л. М. Рахлина. Скорее — против меня, так и не разобравшегося за много лет и немало встреч с ним в сложной сути этой большой личности.

Я уже писал о том, что впервые увидел Л. М. при зачислении в аспирантуру. А второй и третий раз во время чтения лекции врачам-курсантам в аудитории железнодорожной больницы. В то время ещё практиковался «обмен лекторами»: Л. М. читал нашим курсантам несколько лекций по кардиологии, его доцент — Вениамин Николаевич Смирнов — по гематологии, а О. С. - врачам-курсантам кафедры терапии №1 — по гастроэнтерологии.

Так как другого повода, боюсь, не представится, немного — о В. Н. Смирнове, необычном во многих отношениях человеке (коллаж 37.). Невысокий, нормальной конституции с лицом азиата, несколько медлительный в движениях и речи. Был он, как мне рассказывали, ребёнком марийца и еврейки. Необычное сочетание, правда?

Больных он обследовал всегда с головы до ног, «цепляясь» при постановке диагноза за мелочи, которые другие врачи просто не замечали. Рассуждал и рассуждал. Для Л. М., которого «рвали на части», иметь такого доцента означало гарантию того, что в клинике не случится что-то, что может повредить её реноме. В. Н. «подчищал» все неясные и трудные случаи...

Пил В. Н. только дистиллированную воду, так как страдал мочекаменной болезнью. Хотя никто не доказал, что это предохраняет, лечит, и т. д.
Зато непрерывно курил. Курил во время чтения лекций (иногда садясь при этом на стол, что стоял на подмостках аудитории), курил при обсуждении больных...
Умер В. Н. от рака лёгкого.

Возвращаемся к Леопольду Матвеевичу Рахлину. Ему предстояло прочитать нашим курсантам две-три лекции по ревматизму. Пришёл Л. М. в больницу пешком (было холодновато, он жил тогда приблизительно напротив здания туберкулёзного диспансера, потом приютившего художественный музей — от больницы не близко). Провёл немало времени в отделении грудной хирургии, где находилась перед операцией больная с ревматическим порокам сердца. Её наметили для демонстрации во время лекции.

Обняв правой рукой девушку за плечо, Л. М. начал лекцию словами: «Шестнадцатилетняя Маша поступила в отделение грудной хирургии с жалобами на...». Рассказав всё о жалобах, данных физического исследования, лабораторных и рентгенологических данных, Л. М. предоставил нескольким врачам-курсантам возможность прослушать сердце пациентки. Диагноз напрашивался сам собою: ревматизм, стеноз митрального отверстия. Операция митральной комиссуротомии — единственно верный путь достижения лучшего состояния здоровья Маши. И далее лекция потекла по традиционному руслу: понятие о болезни, история изучения ревматизма, прочее.

Через несколько дней тема ревматизма продолжалась. Перед лекцией Л. М. зашёл в отделение грудной хирургии, чтобы проведать Машу, узнать подробности операции. И он узнал то, что жена заведующего отделением А. О. Лихтенштейна - врач терапевтического отделения А. И. Аблова уже сообщила нам, бывшим на первой лекции Л. М.: у девушки оказалась *чистая недостаточность митрального клапана* — и хирургу в 1964 г., когда всё это происходило, в таких случаях оставалось только зашить ушко сердца, через которое он проникал к митральному клапану, закрыть грудную клетку и вздыхать по поводу несовершенства методов предварительного исследования таких больных.

«Не может этого быть! Надо ещё проверить!» - Л. М. был шокирован. «Как ещё проверить? Я просто провалился пальцем из предсердия в желудочек, настолько митральное отверстие было широко, а на месте клапана прощупывались только его остатки.» На это Л. М. не мог ничем возразить и поднялся наверх с третьего этажа на шестой для чтения лекции.

Я сидел в аудитории, ожидая первых слов Л. М. Увы, ни в начале лекции, ни далее об этой диагностической ошибке врачам-курсантам Л. М. не сказал ни единого слова. Так и уехали они из Казани в неведении об ограниченной возможности правильной диагностики пороков сердца.
Конечно, вам покажется смешным, если я буду утверждать, что вот уже без малого половину столетия раздумываю о том, правильно ли Л. М. сделал, скрыв от врачей-курсантов истинную картину.

С какой целью скрыл?
Чтобы не показаться таким же подверженным диагностическим ошибкам, как и рядовые врачи, не выглядеть даже хуже них? Ведь они-то о своих ошибках, причём из первых рук (от кардиохирургов), никогда не узнавали — и им казалось, что их определения характера пороков сердца всегда верны.
Чтобы не нарушать стройность композиции лекции?
Или он так и не поверил до конца хирургам? И был уверен, что расспрос, перкуссия, аускультация, рентген, ЭКГ достаточны для прецизионной диагностики органических изменений клапанного аппарата сердца?

Если бы я или кто-то другой напрямую спросили Л. М., почему он поступил так или иначе, сомневаюсь, что ответ был бы исчерпывающим. Л. М. обладал выдающейся способностью выражать свои мысли «вообще». Так сильно «вообще», что вы потом резюмировать сказанное им были не в состоянии. Обладал, прямо скажем, высоким дипломатическим искусством освещать ситуацию, отвечать на вопросы. Но эти мои рассуждения впустую: кто мог решиться задать Л. М. т а к о й вопрос?!

К этому эпизоду два дополнения из того же 1964-го года.
В отделении гепатологии Института терапии АМН СССР в Москве я

присутствую на разборе больных заведующим отделением Анатолием Сергеевичем Логиновым (1924-2000), с 1973 г. - директором Центрального научно-исследовательского института гастроэнтерологии, впоследствии академиком АМН СССР.
Он с восхищением рассказывает о том, что за день до этого, во время консультации (скорее всего, в кремлёвской больнице) впервые в жизни наблюдал *в движении* клапаны сердца. Наверное, это была новая, не очень облучающая пациента рентгенологическая установка с высокой разрешающей способностью, позволяющей увидеть, скорее всего, кальцинированные (что имело место почти всегда после перенесенного воспаления — эндокардита) клапаны сердца. Пусть вас не смущает множество предположений в этом абзаце — детали, увы, не вспоминаются. Я этим примером хочу показать на каком, в сравнение с нынешним временем, низком уровне находилась медицина даже в Москве, насколько малы были диагностические возможности. Но мы были так уверены, что поднялись настолько высоко (сравнивая себя мысленно с ещё меньшими возможностями корифеев терапии — Захарьина, Остроумова, Боткина, пр.), что сомневались в верности того или иного диагноза очень редко.

Несколькими днями позже я находился в аудитории того же института на проводимом еженедельно под руководством самого директора академика АМН СССР Александра Леонидовича Мясникова (1899-1965) разборе неясных или демонстрации необычных больных. В первых рядах — известные терапевты, среди которых набирающий силу 35-летний, ещё худощавый Евгений Иванович Чазов. Кому могло прийти тогда в голову, что всего через год внезапно умершего А. Л. сменит на директорском посту Е. И.?
А я смотрю, буквально пожираю глазами человека, который подписывал заключение о смерти И. В. Сталина (принимал участие в лечении вождя в последние дни его жизни), по учебнику которого мы учились, о котором во врачебном мире ходят столько легенд!

Среди разбираемых нескольких случаев — пациентка молодого возраста, у которой, про всем признакам (рентген, ЭКГ) имеется недостаточность митрального клапана, но клинически — признаки недостаточности правого желудочка, характерные для стеноза митрального отверстия. Может быть, наоборот. Дело не в этом, а в том, что' сказал по сему поводу А. Л.
Он склонился над лежащей на кушетке больной, прикладывая к типичным точкам аускультации сердца деревянный стетоскоп (на несколько секунд к каждой точке), прослушал сердце и, распрямившись, сделал выбор и «вынес приговор», начинавшийся словами: «Меня не интересует ваша интерпретация

того или иного зубца электрокардиограммы. У больной...».
То есть, А. Л. не считал так называемые объективные методы исследования абсолютно надёжными, мог даже игнорировать их результаты.

В своей недолгой — всего девятилетней — деятельности заведующего кафедрой я, помня приведенные выше эпизоды работы больших специалистов своего дела, особое внимание обращал на разбор ошибок в диагностике заболеваний. Я всегда пытался понять причины возникновения таких ошибок. Истоки их нередко были в дефектах расспроса больного.

В Тернопольской области я консультировал в одном из районных центров больного с неподдающейся терапии хронической сердечной недостаточностью. Больного до этого осматривал главный терапевт области, но и его рекомендации не помогали. Больной — пенсионер, бывший первый секретарь райкома партии — находился в лучшей палате, всего на две койки. Его сосед из палаты не вышел и внимательно прислушивался, какие я задавал бывшему партийному руководителю вопросы. Одни за другими — много вопросов. Времени на осмотр больного было потрачено намного меньше.

Мы вышли из палаты в ординаторскую. Я подписал продиктованное мною заключение: диагноз - «первичный рак печени». И уехал. Через какое-то время через моего ассистента районный терапевт передал мне сообщение о том, что мой диагноз подтвердился на вскрытии.
А ассистент добавил то, что передавать его не просили. Оказывается, любопытным соседом по палате был начальник районного отделения КГБ. Он поставил свой диагноз. Не своему соседу по палате, а мне. «Нам (КГБ!) нужны такие люди». И это я рассказал не зря.

Помните приписываемые А. П. Чехову слова: «Если в начале пьесы на стене висит ружье, то (к концу пьесы) оно должно выстрелить»? Выстрелит. Ещё как пальнёт по моей жизни! КГБ со времён «железного Феликса» находился во всеоружии. Направленным, правда, чаще всего не в ту сторону, но это — мелочи...

*

Переходим ко второй загадке моего официального оппонента (Вы не забыли, откуда мы докатились до КГБ? Правильно, с защиты моей докторской. Ну тогда можем отвлечься ещё раз.)

Л. М. ведёт заседание терапевтического общества Казани. Если председательствовал он или стоял в программе его доклад, аудитория клиники была полна. А аудитория не маленькая. Кстати, вы не забыли, что это здание — символ ГИДУВа — было построено как банк? Что аудитория округлой формы — бывший кассовый зал банка. (Так мне объяснил полвека тому казанский сторожил.) Всё — больше уходить в сторону не будем. Нет, ещё раз, не более. На моей памяти только однажды ещё большая аудитория, что находится в больнице, расположенной напротив центрального парка, была на заседании терапевтического (или кардиологического?) общества (в отсутствии Л. М. Рахлина!) не только полна, но переполнена. Врачи сидели на подоконниках.

Это когда в программе значился доклад доктора медицинских наук ассистента С. Г. Вайнштейна о спорных вопросах атеросклероза. В пику моему приятелю И. П. Арлеевскому — как оказалось позже, внучатому наследнику кафедры Л. М. Рахлина (непосредственно после Л. М. кафедрой заведовала профессор Лидия Александровна Лушникова, о которой скоро пойдёт речь) — я все принятые концепции происхождения, профилактики и лечения атеросклероза поставил на попа вниз головой, основательно обосновав моё необычное построение. Это был доклад-провокация, доклад-подстрекательство. Гастроэнтеролог с открытым забралом шёл на кардиологов, причём сражение происходило на «кардиологическом поле».
И. П. и прочие апологеты наиболее популярных в то время теорий, объясняющих эпидемию атеросклероза и его последствий (инфарктов, инсультов, пр.) в индустриально развитых странах, не были готовы к такому повороту событий. Им, оказалось, «нечем было крыть». Договорились, в примирительной беседе с И. П., обсудить этот же вопрос на заседании общества через 10 лет. Прошло с той поры уже более 35 лет. Не привелось обсудить. И уже не приведётся. Помните пушкинское: «Иных уж нет; а те далече...»? Это о нас с Игорем Петровичем Арлеевским, с которым я бы и сейчас поспорил с большим удовольствием. Был он весьма разумным учёным.

Л. М. выглядел на заседаниях общества всегда свежим, живым, что нельзя было сказать о сидящих рядом с ним за столом президиума. Как никак, происходило это в конце рабочего дня и вели заседание общества не самые молодые его члены. Предполагаю, что Л. М. после работы практиковал короткий сон, что позволяло ему и вечером выглядеть бодрым. Не от него ли перенял привычку короткого сна после работы И. П. Арлеевский, считавший такой сон для себя обязательным?

Перед переходом ко второй загадке профессора Л. М. Рахлина упомяну об одном заседании кардиологического общества, которое тоже вёл Л. М. Оно было посвящено атеросклерозу и основным докладчиком был старый (в обоих значениях слова: «давний» и «немолодой», на два года старше по возрасту Л. М.) приятель Л. М. профессор - патологоанатомом Г. Г. Непряхин, о котором я уже рассказывал. Профессора были между собой «на ты», что придавало диспуту особую комичность. Г. Г. видел явную причину атеросклеротического поражения сосудов в острой форме кристаллов холестерина. И там, где резко изменяется направление кровотока (дуга аорты, устье подвздошных артерий, пр.), там и — в местах поражения кристаллами эндотелия сосудов — возникают атеросклеротические бляшки. Что касается профилактики атеросклероза, то не помню рекомендации Г. Г. слушателям, но хорошо помню основное доказательство его правоты: «… поэтому у меня атеросклероза нет» (Г. Г. прожил 84 года). Л. М., слушавший, усмехаясь, наивные размышления своего, практически, однолетки, завершая обсуждение и обращаясь к Г. Г. сказал: «Утверждение в нашем возрасте об отсутствии атеросклероза является явным доказательством наличия … атеросклероза сосудов головного мозга».

Да, Л. М. любил закончить своё выступление эффектной фразой. Вот он докладывает о Пленуме Всесоюзного общества терапевтов, состоявшемся в Ашхабаде. Завершает рассказом о том, что' было видно с высоты при полёте обратно. И пустыни, и оазисы, и реки, и Каспийское море... А под самый конец Л. М. произносит фразу, которая, как и сокрытие истинного диагноза у «шестнадцатилетней Маши», не блекнет у меня в памяти столько лет. Он сказал бодрым голосом пионера, приветствующего торжественное собрание по случаю юбилея образования СССР: «Велика и прекрасна наша родина!». И довольный, под аплодисменты аудитории, занял место в президиуме, ожидая вопросов по докладу. А я забыл тут же о Пленуме, я ломал голову: «Что' - это? Просто желание блеснуть под конец фразой, за которой должны (!) последовать аплодисменты? Или цель была — показать себя подчёркнуто просоветским? Но — на собрании врачей-терапевтов? Может быть, на торжественном заседании по случаю какого-либо р-революционного праздника было бы более-менее уместно, но тут? И ведь знает он из прессы о набирающем скорость «сморщивании» крупнейшего (ранее - четвёртого в мире по величине!) Аральского озера? О возникшей в связи с этим экологической катастрофе в туркменско-казахском регионе? Он ведь видел жизнь, нравы в Туркмении — неужели это тоже НАША родина?

Можете мне не верить, но после посещения Прибалтики и Средней Азии в 60-е и

70-е годы я для себя давно решил, что центробежные силы в СССР весьма интенсивны. Слишком много прошло лет с «добровольного вхождения», а у них под прозрачным покровом «советскости» - свои порядки. Не просто национальные, а явно антисоветские — прямо или завуалировано высказываемые и проявляемые. А тут из уст такого умного человека: «…наша Родина». Это Туркмения, Казахстан — наша родина?!

*

Бог троицу любит, как говорят марксисты. Прорабатывали, небось, тоже «Три источника и три составных части марксизма»? Нет? И не отмечали в марте сего, 2013-го, года столетие (!) со дня опубликования этого бессмертного (таковым считалось ВСЁ, вышедшее из-под пера вождя мирового пролетариата) труда В. И. Ленина? И не повторяете как заклинание парадоксальное утверждение из этого ленинского шедевра: «Учение Маркса всесильно, потому что оно верно»? «А — верно, потому что всесильно?» - так и хочется спросить. И не знаете, что «Философия Маркса есть законченный философский материализм, который дал человечеству великие орудия познания, а рабочему классу – в особенности»? И даже встречали рабочего, который об этом труде не слышал? И — не одного? Вам, определённо, повезло.

Так вот, третьей загадкой профессора Л. М. Рахлина было поведение, для которого я не могу подобрать другого слова, кроме «пижонство». Слово это, редкое сейчас, во времена моей юности было часто употребляемым. Имеет много значений: и франтовство, щегольство (этого у Л. М. не было, хотя одевался он всегда хорошо, был опрятен, чисто выбрит), и бахвальство (было в некоторой степени Л. М. присуще), и выпендрежник, позёр - человек, заботящийся о внешнем эффекте своего поведения, любящий рисоваться, принимать позу. Вот я — о чём-то подобном третьему значению.

Москва. Декабрь 1974 г. Холодно. Очень холодно.
Семнадцатый Всесоюзный съезд терапевтов. И не где-либо, а в Большом театре (это устроил друг Л. И. Брежнева, начальник IV Главного управления при Министерстве здравоохранения СССР, будущий академик, Герой труда, министр и пр. Е. И. Чазов — терапевт, ученик А. Л. Мясникова) состоится открытие съезда. Без меня?!

По ошибке, среди делегатов я не значусь. Но в Москве нахожусь и на съезд стремлюсь. С главного хода — тройной заслон против таких, как я. Служебных входов несколько. Попробовал с того, через который проходит балет. Первый же охранник по моему внешнему виду сообразил, что никакое фуэте мне не под силу. Сунулся через другой вход — там милиционер с пистолетом. Подумал, что, возможно, пистолет заряжен. Наконец, в одном из входов мне поверили, что я срочно должен передать в президиум съезда «вот эту рукопись выступления» (мой портфель был всегда полон всякими бумагами). Я, будучи от рождения скромником, не ринулся в президиум, где, как я увидел, на столах лежали и стояли дармовые салаты, бутерброды и бутылки с напитками, а сразу же — в раздевалку. Затем — в первые ряды, на пустующее кресло. И весь — внимание. Одновременно рассматриваю, кто есть кто в президиуме.

Обращаю внимание на председателя заседания съезда академика АМН СССР Е. М. Тареева. Он сидит рядом с ведущим заседание (забыл — кем), но выступлениям внимает вполслуха или совсем их не слышит. Не прерываясь ни на минуту, что-то корректирует, пишет, читает, прорабатывая лежащую перед ним груду бумаг. Вот откуда столько книг и статей у академика. Как говорится, ни дня — без строчки! Учусь.

В перерыве, не хуже делегатов съезда, степенно прогуливаюсь. Осматриваю театр и осматриваюсь. Ищу будущих свидетелей моего присутствия на съезде: если кто-то этому, читая сии мемуары, попытается не поверить. Поражаюсь отсутствию лиц, знающих меня. А пора бы уже многим, читавшим мои основополагающие статьи, познакомиться с автором лично. Ну, и что с того, что моя докторская до сих пор не утверждена в ВАКе?

И вдруг навстречу — мой глубокоуважаемый недавний оппонент Леопольд Матвеевич! Сейчас делегаты будут наблюдать дружескую беседу корифеев: настоящего и — в скором будущем. Буднично, словно встретил меня в полутёмном коридоре здания управления ГИДУВа, Л. М. кивнул мне. Мол, ну, здравствуйте, если вам это когда-нибудь понадобится для мемуаров. И — никакого удивления! И — величественно удалился. Я остолбенел!

Представляю, если бы на его месте был, к примеру, Николай Иванович Вылегжанин. Тот бы расплылся в улыбке, пожал бы мне руку, полуобнял. Ободрил бы признанием, что рад встретить земляка. Зная, что я не могу быть делегатом съезда, не начал бы с вопроса-удивления: мол, как Вы сюда проникли? Нет, сначала бы спросил о том, о сём. Но потом всё-таки полюбопытствовал бы: как пробрались? А я бы присочинил тут же, что получил в Минздраве СССР билет делегата с совещательным голосом (как на съездах РСДРП). Пошли бы в

буфет, выпили бы... по бутылочке кефира. Чокнулись за скорейшее утверждение моей докторской...
А тут — демонстрация невозмутимости в любой ситуации. Как будто, кроме как отсутствие восторга Л. М. от моего появления на съезде, у меня нет других причин считать себя непризнанным? Выпендрёж чистой воды!
Стоило ли с таким трудом «передавать в президиум рукопись выступления»?

Вечером для делегатов съезда давали балет. Был встречей с Л. М. Рахлином так расстроен, что на балет не пошёл (потому и название его не помню). Правда, билета на балет у меня тоже не было.

Но на второй день, когда съезд «переехал» в Колонный зал Дома союзов, пресса наконец-то опомнилась. И все районные газеты страны опубликовали снимок А. Пересветова, который я выбрал из десятков, представленных мне на выбор (коллаж 13.).

*

Леопольд Матвеевич спокойно, последовательно разобрал мою диссертацию, собрал всё затолканное в неё мною, подвёл благоприятный для меня итог. Но в конце — он любил, повторяю, звонкие концовки — прямо таки с отеческой заботой и тревогой за меня и мою диссертацию посетовал, что диссертация заканчивается девятью выводами. Слишком уж многими, по его мнению.

Так как то же самое было написано в его письменном заключении, которое я получил заранее, ответ был готов. После вежливых высказываний с десятками благодарностей оппоненту за то, другое, третье, и так далее, после реплик на мелкие замечания Л. М., я, глубоко и печально вздохнув, попросил его и аудиторию войти в положение. Моя фамилия звучит несколько иначе, чем Эйнштейн. Разница-то всего в двух буквах — но это помешало сделать всего один-единственный вывод: E = mc2. Тут, признал я своё поражение, Л. М. на все сто процентов прав.

Потом, боясь, что председательствующий сочтёт моё выступление оконченным, я быстро залепетал. И рассказал, что около полугода тому назад в Институте терапии в Москве была успешно защищена диссертация по атеросклерозу. И что диссертация уже утверждена. (Никто ещё не понимает, почему мне пришло в голову об этом рассказывать на своей защите.) Автор этой диссертации — доцент Лидия Александровна Лушникова, а научный консультант — глубокоуважаемый профессор Леопольд Матвеевич.

(Опять никто не поймёт, что со мной случилось: такая неуместная лесть в сторону оппонента. А Лидия Александровна — я вижу — стоит в самом конце зала, у двери с загипсованной рукой на перевязи. Она сломала руку, находилась на больничном листе, но обещала прийти, так как при защите докторской по терапии в Совете должно участвовать не менее трёх терапевтов - докторов наук. Без неё не было бы кворума. И умная Л. А. чувствует, что что-то тут не то. И уже улыбается в предвкушении развязки.)

А я спокойно, совсем нейтрально — не одобряя, но и не порицая — как-то даже слегка стыдясь своей щепетильности, уточняю: в этой (то есть, в диссертации Л. А. Лушниковой) двадцать два (это число я выговорил медленно, с максимально возможной чёткостью) вывода. [Помните, я писал, что в библиотеке мединститута еженедельно выставлялись авторефераты диссертаций. Там я его - реферат Л. А. - и увидел. И удивился такому большому числу выводов. Сейчас пишу о 22-х выводах, их могло быть на 2-3 меньше — точно не помню. Но у меня-то всего девять выводов?]. И я покорно опустил голову, ожидая удар лезвия словесного топора Леопольда Матвеевича.

Леопольд Матвеевич замахнулся, но рубить не стал: в зале был такой шум, что свиста топора всё равно никто бы не услышал. Мой сын заёрзал, начал крутиться на стуле, не понимая, что' и почему произошло.
Наконец, зал замер, ожидая видеть катящуюся с плахи отрубленную голову. Как притягательна она, жажда крови! «Давно ли друг от друга их жажда крови отвела?» - это о друзьях-соперниках Онегине и Ленском. А тут - вроде бы те, кто «за меня». Кто пришёл за меня «поболеть». Фанаты мои, так сказать.

И Леопольд Матвеевич сразу же оправдал их надежды, воскликнув голосом Василия Ивановича Качалова и с артистизмом последнего, воздев руки к небесам, одновременно укоризненно покачивая головой: «Ка-а-акой НАХА-АЛ!!!». И не дав развиться шуму одобрения залом его приговора, тут же добавил: «Но какой умный!». Не «умник» — у м н ы й!

Наверное, Л. М. Рахлин видел В. И. Качалова (1875-1948) на сцене. Не на казанской сцене последнего пятилетия XIX-го века, конечно. Позже, на гастролях. Или в МХАТе, например, в роли Юлия Цезаря. Иначе, откуда у профессора-медика такие отработанные артистические приёмы?

Я уже, можно сказать, защитился. Всё, что происходило после этого, не имело никакого значения. Вслед за Л. М. Рахлиным пошли по дорожке «за» почти все члены Совета. Я не знаю, как выглядел этот диалог в протоколе заседания Совета. Г. И. Володина могла и «срезать острые углы». Если сохранился он в оригинале, то прошу копию передать в Музей истории науки АН СССР.

Профессор-терапевт Ксения Александровна Маянская (1907-1997) робко спросила меня, анализировавшего роль выделительства агглютиногенов раздельно у русских и татар, как *такое* можно? Мол, попахивает расизмом или чем-то подобным. Получила ответ и извинилась.
Профессор-патофизиолог ветеринарного института Нина Александровна Крылова не копала глубоко в мало известных ей проблемах и ограничилась частными замечаниями.

Голосования было делом формальным. Поздравления со всех сторон. Букеты цветов. Сын радуется, его поздравляют тоже. Он благодарит, не очень-то понимая происходящее.

Снимаем таблицы, сворачиваем их. Собираем цветы в два или три больших букета. Едем обратно в больницу. Оставляем таблицы и букеты. Идём в ресторан «Север». Обедаем. Сын получает всё желаемое.
Опять — в больницу. Забираем цветы и — домой.
Жена довольна. Просим её угадать, что произошло. Угадала.
Через несколько дней звоню в Винницу матери. Говорим в основном о здоровье жены, о детях. Потом она спрашивает, что нового с защитой диссертации. Отвечаю, что только одна новость: диссертация уже защищена. В ответ — ОЙ!!!

*

Немного — о том, сколько времени я отдавал семье.
Конечно, меньше, чем другие. Но всё-таки...

В те времена на неделе был только один нерабочий день. Но его можно было использовать с удвоенной интенсивностью. Что я и делал, объединяя выход (выезд) за город с врачами-курсантами и с детьми. Жена длительные прогулки и до болезни не любила.

На Волгу мы выезжали редко. По простой причине: в пределах нашей достижимости берег Волги был так плотно застроен, что и остановиться было

негде. В единственном случае (коллаж 17.), где я с детьми и врачами-курсантами у Волги, у нас была «база» - дача одного из этих врачей-курсантов.
Почти во всех случаях избирался другой маршрут. Врачи-курсанты ехали пригородным поездом от остановки «ул. Новаторов», что рядом с общежитием, в сторону Дербышек, не доезжая до них одну или две остановки. А я с детьми по другой ветке — от дома туда же. Потом мы вместе шли лесными дорогами до Голубого озера. Само озеро курсантов не впечатляло, так как его особенности (глубина, постоянно холодная, родниковая по возникновению вода, наличие из живого мира только маленького рачка) не были визуально заметны. Правда, вода смотрелась иногда голубоватой. Но я знал и объездил там все тропинки и места, так что удивить курсантов было чем. Прежде всего, ручейком, что стремился по правому берегу Казанки, параллельно ей, но в *противоположном* Казанке направлении. Ручейков там было много (из родничков), но только этот имел столь парадоксальное направление, впадая, как и другие ручейки в конце концов в Казанку. И — ещё: на отдельных участках этого ручейка вода переливалась различными цветами, которые ей придавали покрывавшие дно странные растения или скопления очень мелких существ.

Иногда жарили шашлыки, часто разжигали костёр для чая с припасенными бутербродами. И почерневший снаружи чайник, и шампуры, и прочее необходимое у меня для этих целей имелось. А места «стоянок» я знал по моим велосипедным поездкам вокруг этого озера.

На обратном пути я всегда показывал огромный и крутой склон (недалеко от детского санатория), который можно было бы без особых затрат превратить в амфитеатр. И устраивать там молодёжные фестивали песен, и тому подобное. Правда, нормальной мощёной (не говоря уже об асфальтированной) дороги к этому месту тогда не было.

Домой возвращались через Кадышево, Сухую реку, пр. - до остановки автобуса. Иногда путь пролегал в обратном направлении. Или — по кривой. Я знал все дороги к Голубому озеру и от него.

Походы с врачами-курсантами ограничивались только тёплым временем года, так как у них не было соответствующей одежды и обуви для холодной и сырой погоды. К походам курсантов моей группы часто присоединялись врачи-курсанты других групп: у их преподавателей в программе внеучебного общения такое не значилось. Да и внеучебного общения не было. Это не похвальба (в мой адрес) или порицание (других преподавателей). Это — констатация факта, обусловленного разными установками. Я полагал, что в мою задачу входило передать врачам-курсантам не только медицинские знания. Кстати, с некоторыми группами никаких поездок за город не было. И не потому, что я их не желал или был очень занят. Причина была иной: группа не превращалась в коллектив, а это зависело уже от состава курсантов, который всегда был случайным. Фарида Рашидовна формировала группы, ориентируясь на иные признаки, чем желание участвовать в загородных поездках.

С детьми я пускался в рискованные дальние походы. Под конец они еле плелись. А однажды забастовали, отказавшись дальше идти (домой!): хотим есть. А всё уже было съедено. Рядом было убранное картофельное поле. Развёл костёр, послал их собирать оставшиеся редкие картофелины. Запечённый в горячей золе картофель (впервые в их жизни!) ели с удовольствием, после чего не только их руки, но и половина лица выглядели чёрными. Мать, увидев детей, даже испугалась. Зато с каким восхищением (после отмывания в ванне) они рассказывали матери о пиршестве у картофельного поля!

На велосипеде я ездил один. С малым сыном далеко было не уехать, а подросшему — с друзьями кататься интереснее. Ездил я до Дербышек, до Раифы, до Васильево, пр., по всей Казани до её границ с пригородными сёлами. Часто заезжал в тупиковые места. Сейчас — в интернетовскую эпоху — трудно себе представить, что единственными ориентирами были редкие дорожные указатели и *преднамеренно искажённые* карты. Нельзя же, чтобы шпион мог по советской карте, не сбившись с пути, достичь, например, Раифской зверофермы. Это засекречивание всего и вся имело параноидальные черты, как и многое другое в «самой свободной стране мира».

Наиболее идиотскую ситуацию я наблюдал у въезда в Тебердинский заповедник. На легальных картах (в отличие от секретных военных карт) Военно-Сухумская дорога была отображена как доступная для сплошного автомобильного движения. А оно было там приостановлено ещё в 1946-м году (камнепад, оползни, размывы участков пути). И вот, стремящиеся на автомобилях в солнечную Абхазию узнавали только у шлагбаума, что дорога для автомобилей непроезжая. Объезд, мне говорили, «стоил» им около 300 км.
Даже узкой тропой через Клухорский перевал (около 2800 м), который я однажды преодолевал, идти было не безопасно. Десять месяцев в году тропа считалась непроходимой.

А первая не искажённая карта улиц Москвы появилась в продаже осенью 1988-го года! До этого времени московские гиды пользовались выпрошенными ими у иностранных туристов картами. Парадокс? Да их было не перечесть!

В апреле 1976 г. в в селе Новый Кырлай Арского района открылся литературно-мемориальный комплекс Габдуллы Тукая. Месяца через два я решил съездить туда на велосипеде (около 25 км). В Арске потратил много времени на поиски здания ремесленного училища, в котором учился Ф. И. Шаляпин. Устал — всё время ехал против сильного ветра. При подъезде к мемориалу — по своей вине! — попал в аварию. Сломал несколько рёбер, ключицу (оскольчатый перелом), лопатку. Об остальном, возможно, напишу в другом разделе. Или умолчу. Замечу только, что это был весьма подходящий случай уже никогда более не волноваться в связи с всё ещё отсутствующим утверждением ВАКом моей диссертации. Но тот, кто на са-амом верху, решил по-иному, задавшись вопросом: диссертация-диссертацией — их тысячи, но кто тогда напишет о послевоенной Виннице, кто оставит уникальные воспоминания о медицинском мире Казани времён брежневского застоя? И всё, в конце концов, обошлось. Остались, как после многих ушибов этого периода моей жизни, только шрамы и рубцы. В данном случае — не очень глубокие.

Прогуливались мы и в лесопарке в районе озёр Лебяжье и Глубокое. К его границе (к фотожелатиновому заводу) ходил от 7-го завода (то есть, от нашего дома) автобус. Собирали там землянику.
Но намного чаще я бывал там зимой. На лыжне: от первого снега в ноябре и до последнего в начале марта (коллаж 28.). В рюкзаке: бутерброды, термос с чаем, маленький радиоприёмник, тихо передающий музыку. Лыжник я был не ахти какой (на Украине снега много не выпадало), но скользил по лыжне часами. Нередко терял ориентировку, потому что зимой хорошо известный мне (в летнее время) лес представлялся чужим. Помогали найти верный путь обратно слышимый далеко шум машин на Горьковском шоссе и видимый за много километров факел завода Оргсинтеза.
Боялся лосей, проносившихся рядом со мной, словно танки, через чащу кустарника. Их копыта были величиной с мою голову, но твёрже... К счастью, ни я, ни даже мои бутерброды их не интересовали. Не говоря уже о чае и музыке.

С женой мы выбирались в свет редко. Сначала дети были малые — оставить не на кого. Потом — только тогда, когда она работала с самого утра, и когда «мероприятие» было запланировано загодя. Отсутствие телефона (повторяю: все 16 лет — ожидание в очереди) не позволяло назначать место и время встречи (если неожиданно кто-то уступал дефицитные билеты) оперативно.

Возвращаясь из железнодорожной больницы домой, я мог иногда спонтанно сделать остановку, чтобы посетить театр оперы и балета им. М. Джалиля. Снимал, так сказать, напряжение прошедшего трудового дня. Знал всех солистов по фамилиям и лицам.

Жена зато знала и видела всех знаменитых артистов лучших театров Москвы. Она лишь однажды лечилась в НИИ им. Герцена стационарно. Все остальные разы — амбулаторно. Гостиницу получала легко как инвалид 1-й группы. Там же в гостинице и разживалась билетами в театр. Ходила, не стесняясь намеченных на шее точек облучения. Театр отвлекал её от недобрых мыслей.

В Казани у неё был свой круг знакомых, в основном, работники 7-го завода. Самые разнообразные. Врачей поликлиники, в которой она работала, среди близких друзей не было. Медсёстры — да.
В гости я ходить не любил, кроме моего винницкого друга никого вместе с женой не посещал. Но к нам в выходные приходили разные знакомые жены. Дети особенно любили приход Анатолия Христофоровича Панаиоти, чья жена работала также на 7-м заводе. Сам А. Х. - грек из Абхазии, 1918 года рождения, был тренером у пловцов. Впервые я увидел его в бассейне ДК «Химик». Попасть в бассейн было сложно, мне помог кто-то из моих пациентов (см. ниже — о взятках). А. Х. - стройный, как кипарис — ходил в плавках по бортику бассейна и давал советы всем, кто этого желал и кто их и не ожидал, так как не принадлежал к группе, за которую отвечал А. Х. Мне тогда он посоветовал одно, другое, третье. И у меня сразу же улучшился «наплыв», я перестал в воде быстро уставать, да и внешне мой «брасс» выглядел красивее. И сегодня (!) в нашем бассейне что на 31-м этаже соединённого с моим домом жилого здания, я не уступаю намного более молодым соседям, а уж об однолетках, вообще, помолчу.

В дни прихода гостей готовил угощение в основном я. И подавал напитки в изобретённых мною композициях. И заправлял магнитофоном с последними записями В. Высоцкого.

Кстати, о музыке. 7-й завод оказался для моей жены очень заметной подмогой. Когда она несколько отошла после операции и облучений, её устроили на полставки в лабораторию профориентации при заводе. Снабжали её, как до, так и после заболевания, путёвками: в санаторий и туристическими. Все, без исключения, сотрудники завода были невыездными, включая даже Болгарию, Чехословакию, Польшу, пр. Как бы компенсируя эту негативную сторону службы на номерном заводе, сотрудникам предоставлялась большая возможность для отдыха и поездок по стране. Отсюда - «горящие» путёвки, особенно в конце года, когда, для выполнения плана, многие ночевали на заводе (а потом в январе неделями занимались подлёдным ловом рыбы, так как завод почти полностью простаивал).

Когда мы уезжали, жена — под моим давлением — пошла к директору завода попросить стереопроигрыватель высшего класса. Завод выпускал такие, возможно, лучшие в стране, но в продаже их не было (стоимость их, если не ошибаюсь, была около 600 рублей — более месячного оклада профессора!). Бывшие в употреблении (где? как долго?), но почти новые проигрыватели, как рассказывали наши гости, работающие на заводе, можно было приобрести по льготной цене только с разрешения директора завода. Директор Лутфулла Валеевич Гизатдинов, выслушав просьбу моей жены, тут же распорядился. И стереопроигрыватель высшего класса — за треть цены! — появился в нашей квартире. В Тернополе такого не было ни у кого! А как звучали стереопластинки с органной музыкой И. С. Баха при проигрывании их на изготовленном в Казани аппарате! Не хуже, чем в Томаскирхе (церкви Святого Фомы), где Бах в течение 27 лет руководил церковным хором мальчиков. В том же самом Лейпциге, где я прожил только треть баховского срока, и за все 9 лет так и не удостоился руководящей должности.

4. ШЕСТЬ ЛЕТ ПОСЛЕ ЗАЩИТЫ ДОКТОРСКОЙ ДИССЕРТАЦИИ.

Защита докторской диссертации — это ещё далеко не всё. Необходимо было дождаться её утверждения Высшей аттестационной комиссией (ВАК) при Совете министров СССР. Утверждались, после внутреннего рецензирования в ВАКе, далеко не все докторские диссертации.

С кандидатскими диссертациями было намного проще. Учёная степень кандидата медицинских наук присуждалась Советом того или иного института, а ВАК только «выписывала» диплом. Кандидатские диссертации контролировались ВАКом редко, выборочно и, чаще всего, после поступления в ВАК открытых или анонимных писем, в которых «разоблачались» личность кандидата в кандидаты наук или его методы собирания материала для диссертации, пр.

Где-то через полгода после защиты моей докторской диссертации ВАК закрыли, скажем так, на реконструкцию. Если ранее ВАК входила в состав Министерства высшего образования СССР и возглавлялась министром, то с 1975 г. ей нашли приют «при Совете министров СССР» - и она начала функционировать снова. За период где-то двухлетнего простоя в ВАКе скопились горы диссертаций и разработке этих залежей научного сырья не виделось конца. К тому же у ВАКа долгое время не было постоянных помещений. В одном из мест временного складирования диссертаций я был. Посмотрев на лежащие кучей сотни диссертаций, я даже ничего не спросил у сотрудников этого «филиала» ВАКа.

Очерёдность рассмотрения диссертаций устанавливалась с учётом анкетных данных соискателей. Говорили, что первыми в очереди поставят участников войны, потом... (я эту градацию забыл уже, о ней мне рассказывала доцент Равиля Халиловна Бурнашева, которая, если помните, была первой, защитившей докторскую диссертацию в ГИДУВе). Честно говоря, я не очень переживал. С одной стороны, я был уверен, что чем больше времени пройдёт после защиты, тем легче такие диссертации будут утверждаться («есть же у них совесть»). С другой, о чём я всем, интересующимся моими делами, говорил: я считал для себя возможным, в случае чего, защищаться ещё раз. Место ассистента моё было незыблемо. И идей для дальнейших исследований хватало.

О том, что мою докторскую утвердили, я узнал со слов Н. А. Климовой в Институте травматологии и ортопедии, когда находился там после операции. Случилось это через несколько месяцев после утверждения ВАКом меня в учёной степени доктора наук. Т. Б. Толпегина уверяла после, что в ГИДУВе задержки с извещением меня не было: просто из ВАКа оно пришло с большим запозданием.

Между защитой и утверждением моей докторской диссертации — без отрицательных рецензий и связанного с этим затягивания вынесения решения ВАК — прошло ТРИ С ПОЛОВИНОЙ ГОДА (коллаж 33.).

*

Если моя кандидатская диссертация и сейчас мне представляется не только достойной, но и стройной, логичной, последовательной по замыслу и его воплощению, то с докторской — совсем не так.
Профессор Самуил Моисеевич Лейтес (1899-1972) — заведующий кафедрой патофизиологии ЦОЛИУв, где я в 1967 г. проходил усовершенствование и где освоил методики изучения жирового обмена, просмотрел в начале 1972 г. черновик моей докторской диссертации и назвал её «лоскутным одеялом». Хотя это определение большого учёного дано как уничижительное, я даже не буду пытаться его опровергать. С другой стороны, моя диссертация, как и лоскутное

одеяло, возникли из-за бедности. Одеяло — из остатков тканей, старой одежды, и т. п. Моя диссертация — из имевшихся в наличии аппаратуры, химических реактивов, экспериментальных животных, пр. А также (но кто в этом признаётся?) - из-за бедности идей и мыслей.

Если обобщать, то можно постулировать возникновение тем большинства диссертационных работ как использование имеющейся в наличии аппаратуры, освоенных новых методик для исследований желаемой болезни.
Особенно в небольших периферийных вузах кто-либо, освоивший, положим, в Москве новую методику, приобретший (при покровительстве начальства или «спонсоров») дорогостоящий аппарат становится «центром кристаллизации» новых публикаций (как соавтор — плата за «методическую помощь») - зародышей будущих диссертаций.

Так и я, например, побывав на кафедре у С. М. Лейтеса, взялся за изучение жирового обмена при язвенной болезни. А потом с большими дефектами в стыковке объединил в диссертации эти результаты с другими, не имеющие никакой связи с жировым обменом.

С другой стороны, лоскутное одеяло сейчас, когда бедность отошла в прошлое, представляет один из видов искусства (лоскутная мозаика). И изделия с использованием различных цветовых и геометрических решений высоко ценятся.

Я бы скорее сравнил мою диссертацию с шубой. Если снять подкладку, то станет ясно (хотя это уже можно было подразумевать), что даже гладкая, однородная, «вылитая» шуба состоит из многих отдельных шкурок с мехом. Но мех подобран так умело, что снаружи выглядит, как одно целое.
Есть диссертации-шубы, изготовленные из больших шкурок высшего качества (скажем, норки или каракуля) и есть диссертации-шубы, сшитые из менее дорогого меха (нутрия, котик). А есть диссертации-шубы, сшитые из недорогого, но редкого, в нашей стране ещё не использованного в скорняжном промысле меха (скунс, илька, пр.).

Сравнение, признаюсь, не очень удачное. Но именно так вижу я свою докторскую диссертацию: много редких, необычных кусков, несколько кусков ничего особенного из себя не представляющих — и всё это не всегда сшито так, что границы между шкурками не заметны. Общая концепция — стиль пошива — тоже желает быть лучшей, хотя некоторые детали оригинальны и обращают на себя внимание.

Эндокринный «профиль» цинхофеновой язвы желудка — оригинальное исследование на линейных (!) крысах, но ценность его проблематична. Исследование подобного плана на собаках — тоже пионерская работа, но опять же: кому нужна цинхофеновая язва, не имеющая почти ничего общего с гастродуоденальными язвами у человека? То же — о действии цинхофена на секреторную функцию регенерирующей слизистой оболочки желудка собак. Предложенная мною схема, отражающая ведущие факторы патогенеза цинхофеновой язвы желудка у собак, имеет много брешей.

Моя попытка эволюционно-исторического подхода к пониманию происхождения язвенной болезни у человека сама по себе любопытна, но открытие инфекционного начала болезни подмыло основы моего чисто теоретического построения. Интересно, что занялся я далёкой от клиники эволюционной теорией после ознакомления с некоторыми работами часто упоминаемого О. С. Радбилем академика Ивана Ивановича Шмальгаузена (1884-1963). До 1939 г. этот известный теоретик эволюционного учения работал в Киеве. Возможно, О. С. - студент биофака университета даже слушал его лекции. Сам О. С. в эволюционном учении не был силён, да и другие мне ничем помочь не могли. Опубликовал на свой страх и риск — никаких откликов нигде. Видимо, клиницистам — не по зубам, а биологам-эволюционистам — чуждо.

Выделительство агглютиногенов, о чём уже шла речь — совершенно новое направление в отечественной гастроэнтерологии. Но опять же мои работы были только приняты к сведению — не более того.
Функция щитовидной и паращитовидной желёз при язвенной болезни — далеко не самое важное, что надо было изучать. Липидный обмен — также, хотя изучался он впервые и методики были на нужном уровне.

Различные аспекты взаимоотношений половых гормонов и язвенной болезни, о чём уже тоже шла речь — тема, во многом, надуманная. Хотя всё сделано чисто, не подкопаться. И в эксперименте, и в клинике.
Исследования по ксилиту — и о них я уже писал — сбоку-припёку. Хотя сами по себе они были неплохи.

Что же касается совместных с А. А. Агафоновым исследований, то их идея была-то не моей. Конечно, исследование желудочной секреции, хитрая статистическая обработка данных, написание статей — моя работа. Но это — лишь приложение к чужой идее.

Сами видите, из какого количества «шкурок различных животных» состояла моя шуба-диссертация. Потому и называлась она не очень-то конкретно: «Материалы по патофизиологии и терапии язвенной болезни». По-другому, «Различные меха в подборе и изготовлении шубы как предмета одежды».
Её не «завернули», так как многие главы выглядели новаторски, рассуждения велись частично в не комфортной (неведомой) для рецензентов (атмо)сфере, да и пролежала она в ВАКе так долго, что отвергать её было неудобно: срок отрицательного решения уже как бы прошёл, а при положительном решении кто будет жаловаться, что столько времени минуло? Да и что такая жалоба даст: время-то не повернуть назад.

*

А что же такого я сделал полезного для науки, проводя исследования в санатории «Казанский»? За что Татарское курортное управление оплачивало мои многочисленные поездки на всевозможные конференции (коллаж 29.)?

Я уже упоминал работы по ксилиту, вошедшие в мою докторскую диссертацию. Они выполнены совместно с санаторными врачами. То же — работы по методике дуоденального зондирования, по pH-метрии желудка. Я нашёл в Подмосковье, во Фрязино оч-чень закрытое производство, которое изготовило pH-зонды по нашим рекомендациям.

Мы издали и разослали по стране ряд рекомендаций по исследованию больных в санаториях желудочно-кишечного профиля, по применению желчегонных средств (впервые представлена классификация желчегонных средств!), по современным классификациям заболеваний внутренних органов человека, опубликовали пару десятков работ в журналах и материалах конференций. Мы организовали несколько научно-практических конференций (коллаж 18.), на которых присутствовали курортологи из многих мест страны.

Самой значительной, мне представляется, была публикация (совместно с Юлией Васильевной Афанасьевой — биохимиком с университетским образованием, трагически погибшей через несколько лет) в «Клинической медицине» (1976, №7), в которой была поставлена под вопрос существовавшая концепция приёма минеральных вод. Последняя базировалась на работах И. П. Павлова о стимулирующем (из желудка) и тормозящем (из двенадцатиперстной кишки) действиях щелочных минеральных вод. Но И. П. Павлов вводил минеральную

воду собакам в 12-перстную кишку ЧЕРЕЗ ФИСТУЛУ. Дачей лечащимся в санатории больным минеральной воды «Боржоми» с водорастворимым контрастом (используемым для внутривенной холангиохолецистографии) и последующими, с интервалами в 5 минут, рентгенологическими снимками брюшной полости нам удалось показать, что минеральная вода очень быстро покидает желудок. Она просто не успевает вызвать так называемый пилорический стимулирующий эффект. Как бы тормозящий желудочную секрецию дуоденальный эффект минеральной воды, при приёме её обычным путём через рот, также не может особо проявиться, так как минеральные воды, особенно с низкой буферной ёмкостью (наши исследования), поступают в двенадцатиперстную кишку уже лишившись их щелочности. Это касалось даже воды «Боржоми» с наиболее мощными буферными свойствами.
Да, было над чем задуматься курортологам с их традиционными установками по времени приёма (по отношению к приёму пищи) и температуре минеральной воды.

На основании работ с изготовленными для нас на п/я во Фрязино врутрижелудочными pH-зондами я сделал ещё одно «открытие», правильнее сказать, раскрыл ошибочность применяемой в стране статистической обработки данных pH-метрии желудочно-кишечного тракта. Нутром я ощущал, что математическая обработка в этих случаях проводится неверно, но как это надо правильно делать, не знал и нигде не нашёл в литературе. Понимая, что показатель pH вычисляется как отрицательный (взятый с обратным знаком) десятичный ЛОГАРИФМ активности водородных ионов, выраженной в молях на один литр, я был уверен, что обычные математические действия с логарифмами ведут к ошибочным результатам и, соответственно, заключениям. Я решился предложить свои методы подсчётов — статья была опубликована в порядке дискуссии («КМЖ», №4). В ответ в редакцию из Перми поступило полное опровержение моих предложений. В «КМЖ» решили следующим образом. Публикуется означенное возражение проф. Якова Сауловича Циммермана (коллаж 27.) [с ним я был хорошо знаком и общался до последнего времени из Германии; в Перми в 2012 году широко праздновали 90-летие Почетного гражданина], написанное совместно с учёным-химиком (фамилию не помню, оттиск не сохранился), а после него — мой ответ. В заключение — заказанное редакцией резюме авторов из Казанского химико-технологического института («КМЖ», 1979, № 1). С последними я предварительно встречался. В результате — почти всё осталось неясным.
И лишь через несколько лет я обнаружил в американском журнале статью, где указывалось, как проводить обработку данных pH-метрии с помощью ЭВМ.

Авторам при этом удалось преодолеть две, казалось бы, непреодолимые проблемы: логарифмическую сущность показателя и его непрерывное изменение в процессе исследования среды в желудке.

Сказать, что с момента моего «открытия» этой ошибки перестали складывать и вычитать показатели pH, как будто это были обычные цифры, нельзя. Пользовались простыми арифметическими приёмами и защищали кандидатские, докторские...

А вот после опубликования наших данных о бесполезности применения пробы с метиленовой синью для дифференцирования пузырной и протоковой желчи (опубликовано в трудах Центрального НИИ гастроэнтерологии, 1977), проба быстро «вышла из моды».

*

Я уже упоминал, что при поддержке Татарского Совета по управлению курортами профсоюзов я опубликовал (1971) «Современные классификации заболеваний внутренних органов человека (пособие для врачей)», тираж 500 экз. Идея издать такое пособие сидела в моей голове уже давно, но времени на это всё не находилось. С официальными классификациями было просто, с другими — совсем, наоборот. Надо было выбрать, дополнить, видоизменить, наконец, определить круг заболеваний, классификации которых были важны для практических врачей. Издание было не без ошибок, но получило поддержку врачей-курсантов и прочих (я брошюру раздавал на заседании общества терапевтов).

Тогда мне пришла мысль издать расширенный и выверенный справочник в московском издательстве «Медицина». Получил отказ: мол, никому это не понадобится. Прошло совсем немного времени после этого — и ленинградское отделение «Медицины» издало подобные классификации другого автора! Автор - доцент кафедры ВТЭК Ленинградского ГИДУВа оказался не на высоте, тем более, что врачебно-трудовые экспертные комиссии использовали классификации, основанные не на клинических признаках, а, в основном, на степени выпадения функций тех или иных органов и систем, потери трудоспособности и инвалидности. Тут же я настрочил возмущённое письмо в издательство, обвинив его в том, что украденная у меня идея вдруг стала для издательства интересной. Разгромную статью на эту книгу «Терапевтический архив» не опубликовал. Я остался ни с чем.

Но не сдался. И в 1973 году научно-методический отдел ЦОЛИУв издал таки мои классификации. Нигде не был там упомянут Казанский ГИДУВ. Зато на субтитуле были перечислены четыре заведующих терапевтическими кафедрами ЦОЛИУв как консультанты (в рукописи *ничто* не было изменено!), а ниже: составитель — С. Г. Вайнштейн (кто? откуда?).

Это издание ЦОЛИУв демонстрировал на ВДНХ, в связи с чем в ГИДУВ был послан гостевой билет для участия в работе павильона «Здравоохранение». Кого командировал ректор по этому билету? Не угадали — моего новоиспеченного заведующего кафедрой. Тот привёз мне один экземпляр составленного мною пособия для лицезрения.

Когда я, приехав по другим делам в Москву, спросил в ЦОЛИУв, почему так получилось, они — взамен извинения — предложили взять со склада столько из оставшихся от 2000 напечатанных экземпляров пособия, сколько я унесу. Я взял сотню — и полетели-поехали во все концы страны бандерольки с пособием и дарственными надписями моим друзьям и приятелям.

*

Я бы мог ещё много рассказывать об истории написания и значении моих публикаций казанского периода. Их было более сотни. Часть, конечно — в тезисах «братских могил». Часть в газетах (коллаж 35.). На двух из последних я остановлюсь.

В 1978 году в «Медицинской газете» (№4/3722) была опубликована моя заметка «Составная часть аттестации». Я предложил прямую стыковку последипломного образования врачей с их аттестацией. Подробнее: я считал необходимым учитывать результаты экзамена после прохождения усовершенствования при очередной аттестации. Только и всего. Но тогда к курсам в ГИДУВах, по моему мнению, врачи начали бы относиться намного серьёзней. Конечно, ничего моя статья не изменила — никто не хотел лишней работы.
Необычным для данной заметки было то, что такую статью написал и осмелился послать только за своей подписью *ассистент* кафедры. Такие предложения, по неписанным правилам, должны были исходить от заведующего кафедрой, а ещё лучше — от него совместно с ректором ГИДУВа. Но за что я должен был с ними «делиться славою»?

В 1974-м году я прочитал, что вскоре исполняется 100 лет со дня рождения польского терапевта В. Ф. Орловского (1874-1966), профессора Казанского университета в 1907-1919 г. г. Тут же я засел за университетские архивы — и нашёл там много ещё неизвестного об этом удивительном человеке, одном из руководителей подпольного Варшавского университета в годы 2-й мировой войны. Среди журналов, которые я регулярно читал, был «Польский архив внутренней медицины» (началось с работ Казимира Бояновича, о котором я упоминал, объясняя, как возникла тема моей кандидатской диссертации). Читал по-польски не бегло, но понять смысл мог, даже не пользуясь словарём. Главным редактором журнала был 70-летний профессор по фамилии Орловский. Я и послал статью «Витольд Францевич Орловский — годы работы в России» в Варшаву, обходя необходимую экспертную комиссию и визу Минздрава СССР. Так как юбилей уже отметили, статья была немедленно опубликована без перевода на польский язык. Сын (полагаю) В. Ф. Орловского узнал из статьи новое об отце — как было не опубликовать?

Бандероль с оттисками почему-то была прислана на имя ректора. И. М. Рахматуллин спросил что-то типа «Прямо в Варшаву посылали?», но события из этого делать не стал. В конце-концов послал в город, где в 1955 году был подписан Варшавский договор, а не в Брюссель с его штабом НАТО!
Ученицей профессора Витольда Францевича Орловского была заведующая кафедрой терапии ГИДУВа (1930-1953) профессор Р. И. Лепская.

На следующий год, при посещении Кавказских минеральных вод и местного музея, я обнаружил, что там значение В. Ф. Орловского для развития курорта неизвестно. А ведь В. Ф. состоял с 1897 г. действительным членом Русского Бальнеологического общества в г. Пятигорске. Написал статью для «Кавказской здравницы» - была опубликована (коллаж 19.). И в музее курорта появились материалы о В. Ф. Орловском.

*

Наверное, в начале 1977-го года состоялась так называемая внутренняя защита докторской диссертации Л. В. Дановского. Собрали на кафедре Л. М. Рахлина сотрудников 1-й и 2-й кафедр терапии и всё началось, как на настоящем Совете по защите.
Доклад Л. В. Дановского. Выступление оппонентов. Зачтение внешних отзывов. Кто вёл собрание (доцент Маргарита Кузьминична Фёдорова?), кто выступал — не помню.

Помню, что главным козырем, как указывал(а) председательствующий(щая) был положительный отзыв академика Александра Михайловича Уголёва (1926-1991).

Чтобы понять последующее, надо рассказать об Уголёве (коллаж 27.). Ещё в 60-е годы О. С. ездил на заседания Академической школы-семинара «Современные проблемы физиологии и патологии пищеварения», организованной московско-ленинградской «командой» под руководством А. М. Уголёва. В подмосковном доме отдыха собирались на десять дней физиологи, морфологи, клиницисты, пр. и обсуждали актуальные проблемы пищеварения. Мне О. С. появляться на этой Школе категорически запретил (причина была объяснена выше).
После отъезда О. С. в Москву я не пропустил ни одной Школы (собиралась один раз в два года), включая и мой тернопольский период.

Там я впервые увидел академика АН СССР физиолога А. М. Уголёва (1926-1991). О. С. мне раньше рассказывал о нём немало, включая такую деталь. А. М. много курил, в том числе и во время заседаний (ему всё позволялось), причём любимым сортом его папирос был «Север». Это были дешёвые небольшие папироски с крепким табаком, упакованные в невзрачные пачки из плотной бумаги.
Когда я увидел А. М. впервые (1974), он уже перенёс тяжёлый инфаркт и не курил, а постоянно сосал какие-то конфетки (или таблетки). И руки у него слегка подрагивали. Но мозг работал превосходно.

Выступал А. М. отвратительно. Постоянное э-э-э, слово-паразит «вот», длинные паузы. Но его книги — совершенство и по логике изложения, и по стилю, и по построению. Я ими восторгался: научные алмазы наивысшей чистоты. Слава его началась, когда ему было лет тридцать, с открытия им так называемого пристеночного пищеварения. К этому открытию он относился очень ревностно: всех, установивших что-то, не полностью укладывающееся в его схему пищеварения, где основным считалось пристеночное пищеварение, считал своими личными врагами. Ходили слухи, что ему вот-вот дадут Нобелевскую премию по физиологии (не исключаю, что источником этих слухов был он сам). А. М. был мощным генератором новых идей, но держал ухо востро, находя в выступлениях других идеи, о которых сами выступающие не подозревали. А. М., приехав с конференции, тут же эту идею перепроверял. Если подтверждалось предполагаемое, то тут же публиковал. До источника этой мысли тогда доходило, что он «подпитал» академика. Но приоритет был уже застолблён.

В 1986 г. Школа, как всегда, проходила в Калуге во время зимних студенческих каникул (в этот период преподавателям вузов было легче найти время на поездку). Конец января — начало февраля. А. М. Уголёв, закрывая Школу, ДВАЖДЫ напомнил участникам, что 9-го марта 1986-го года ему исполняется 60 лет. Это следовало понимать, как «не забудьте поздравить!», а для прямо зависимых от его мнения - «стучите ногами!» (руки заняты подарками). Коль уж ему это было так важно, то я поручил ассистенту (ныне профессору) кафедры, работающему над докторской, послать поздравительную телеграмму от нас двоих. Пусть и его фамилию академик введёт в компьютер со знаком «+».

Мне всегда нравилось находить ошибки у крупных учёных, у «мелочи» (типа меня) ошибок — пруд пруди. Например, мои предложения по статистической обработке результатов pH-метрии («КМЖ», 1977, №4) были, мягко говоря, не без изъяна. А у больших учёных ошибки случаются редко: их работы до публикации проходят через многие руки — кто-то да заметит огрехи. Правда, обнародование ошибок в печатных работах видных учёных сопровождается всегда комментариями — по отношению автора «разоблачений» — типа цитаты из Крылова: «Ах Моська, знать она сильна...», что не очень приятно. С одной стороны, учёный мир видит, что грешники есть и на небесах науки, с другой — зависть, что нашёлся некто, обнаруживший и не побоявшийся...

С А. М. Уголёвым мы познакомились уже при моём первом участии в работе Школы. Я часто выступал, а на банкете разбрасывался рифмованными едкими тостами, правда, его лично не касаясь. Ещё не созрел я для этого, да и книги его сотворили для меня из него кумира.

Когда я был уже в Тернополе, на одной из Школ в Калуге А. М. попросил с ним прогуляться после обеда. И высказал пожелание о проведении Всесоюзной конференции «Физиология и патология пищеварения» в Тернополе. Конференция состоялась, но перед её началом А. М. решил расправиться со мной.

Дело вот в чём. У А. М. была не угасающая мечта стать вождём клиницистов-гастроэнтерологов. По до нельзя простой схеме: высказал он идею, установил что-то на собаках, крысах, а клиницисты это подтвердили практикой профилактики, лечения. Никак ничего не получалось: пристеночное пищеварение осталось достоянием физиологов — в клинике же ничего не изменилось, даже диетологи не отреагировали. И вот в Ленинграде весьма «пластичный» профессор-терапевт А. А. Крылов взялся за осуществление мечты академика. Вскоре А. М. опубликовался, наверное, впервые вместе с клиницистами — командой А. А. Крылова из Ленинградского ГИДУВа. И не в каком-либо физиологическом журнале, а — в «Терапевтическом архиве». В этой статье мой аспирант и я нашли колоссальные огрехи, особенно в математической обработке результатов. Мы написали об этом главному редактору журнала академику Е. М. Чазову. Захочет — опубликует. Но «академик академику глаз не выклюет»: нам был направлен из редакции вежливый отказ, хотя правомерность наших замечаний не оспаривалась.

Прибыв в Тернополь, А. М. Уголёв поспешил к ректору мединститута представиться и пожаловаться на меня. Ректор сказал: «Милости просим!» и послал академика подальше, то есть к проректору по науке. Последний вызвал меня из дома (я жил в 50 метрах от админкорпуса) - и вот мы уже сидим втроём. Уголев не находит поддержки, волнуется, злится, говорит совсем не о том... Ошибку в своей статье не оспаривал, но как я посмел его перед Чазовым!.. Ушёл он от проректора ни с чем.

О. С. всегда стремился сблизиться с А. М. Уголёвым, у которого в руках было много ключей, в том числе и от издательства АН СССР «Наука». Увы, их совместный труд «Уголев А. М., Радбиль О. С. - Гормоны пищеварительной системы: Физиология, патология, теория функциональных блоков. М.: Наука, 1995.-238 с.» вышел через несколько лет после смерти обоих (О. С. умер, я узнал об этом из интернета, в 1993 г.). Для О. С. книга была очередной компиляцией: сам он никогда гормонами пищеварительной системы не занимался.

Диссертация Л. В. Дановского должна была стать мощным связующим звеном между академиком и заслуженным деятелем науки ТАССР. Подтверждением руководящего и направляющего для гастроэнтерологов учения А. М. Уголёва. А к этому времени уже было доказано наличие внутристеночного пищеварения в тонкой кишке и разгадан механизм полостного, на комочках пищи, пищеварения. В своей схеме о механизмах действия пищевых волокон я учёл эти открытия — и схему на конференции в Тернополе долго рассматривал ещё не до конца успокоившийся академик (частично представлена в интернете по адресу: http://www.gastroportal.ru/php/content.php?id=1275#top).

Мы возвращаемся в аудиторию терапевтической клиники ГИДУВа. На несколько лет назад, до приезда А. М. Уголёва в Тернополь — тогдашний ведущий, во всесоюзном масштабе, центр гастроэнтерологической науки (детской гастроэнтерологией занималась кафедра педиатрии; её заведующий-ректор института профессор И. С. Смиян был избран членом-корреспондентом АН Украины). Начинаются «прения сторон». Продолжались они не очень долго.

Я спросил ведущего (-щую?) собрание: на что именно дал отзыв академик А. М. Уголёв? На диссертацию, не принятую к защите, де факто не существующую? На автореферат, которого ещё нет, потому что он не может быть напечатан?
Я спросил Леопольда Владимировича, как оказались фотографии из моей докторской диссертации в его работе, которую мы должны обсуждать?

Оба вопроса остались без ответа — ибо оправдательных ответов не имели. Обсуждение отложили до выяснения обстоятельств. Через пару недель на Учёном совете диссертация доцента Л. В. Дановского была официально снята с защиты. Вот ещё один пример руководства О. С. «наукой». Пример довольно печальный.

А радовался по настоящему такому исходу другой "крупный учёный", будущий «академик». Р. И. Хамидуллину предстояло в 1978 г. переизбираться на должность заведующего кафедрой, а диссертации-то не было (защищена в 1984 г.). От Вайнштейна ещё не избавился, а тут ещё один вот-вот доктором наук скоро станет. Ужас! Пронесло, однако...

А теперь ещё раз — назад.
Леопольд Владимирович не был моим конкурентом. Знание электрокардиографии — не самое большое преимущество на кафедре, основной темой научной деятельности которой являются проблемы гастроэнтерологии. Других преимуществ не было, скорее, наоборот. Если не считать умение стелиться под начальство.

Л. В. занимался тонким кишечником, исследовал биоптаты из тощей кишки. Такие исследования были длительны, тягостны для больных. Если биопсия слизистой оболочки желудка занимала у меня не более пяти минут, то при биопсии тощей кишки надо было дождаться продвижения головки зонда дистальней двенадцатиперстной кишки. Требовался, значит, рентгенологический контроль.

Л. В. был в запарке. Из-за личных проблем он, как и прежде О. С., вынужден был приобрести (не для себя) кооперативную квартиру. И ему удалось попасть в список будущих владельцев квартир в доме, который строила железнодорожная больница прямо за забором её территории. Квартира в кооперативе стоила немалых денег. Отсюда — консультации где только было можно. И — книга-руководство для врачей по электрографии, которую он написал и издательство университета напечатало. С выплатой гонорара (понимаете, почему я это подчёркиваю?).

Поэтому часто биопсию за него, убежавшего из больницы по разным делам, делал я. Не то, чтобы процедура была сложной. Но лаборанту поручить нельзя: возможны кишечные кровотечения — тогда беды не миновать. А из врачей опыт биопсий был только у меня. Сам процесс забора тканей занимал не много времени, посему я Л. В. ни разу в его просьбе не отказал. Даже после того, как мне стало ясно, что он с Р. И. Хамидуллиным временно объединились, чтобы вытеснить меня с кафедры. Каждый — своим методом. У Л. В. в Казани — его родном городе было много знакомств, жена работала в спецбольнице, где пациентами были влиятельные люди. А Р. И. пошёл напролом (см. несколько ниже).

Наличие моих фотографий препаратов (он их заимствовал в прозектуре больницы, где изготовлялись препараты с обычным окрашиванием тканей; другие препараты мне изготовляли особо) я обнаружил, листая скреплённую рукопись его диссертации. Для заведующего прозектурой Василия Петровича Маслова (1929-1991) все кафедральные представляли нераздельное понятие. Поэтому он ничего в этом необычного не находил, отдавая мои препараты Л. В.

Такое поведение Л. В. было для меня плевком в лицо. Не побояться украсть и выставить как своё! Нет, чтобы спросить у меня, не осталось ли не использованных в моей диссертации препаратов? Нет, чтобы поискать где-либо в ином месте и выдать за свои? Нагло воровать на своей же кафедре, у того, кто не много, но всё-таки работал на него!
Должен был я это, в свете всего выше сказанного, «не заметить»? Имел ли я право «не заметить»? У каждого есть порог достоинства — мой был перейден. В грязной обуви...
«Жадность фраера сгубила», - так выражались в подобных случаях в Одессе.

*

Не то, чтобы ещё убедительней оправдаться, а для прояснения не сведущим в ситуации, поведаю кое-что об «исторических вехах» кафедры, на которой я работал. С 1973-го года и до отъезда из Казани я был членом месткома института. Причём эта общественная нагрузка меня, с одной стороны, не тяготила, и, с другой, не могла рассматриваться завистниками как ступень к продвижению наверх. Нет, член месткома не получал никаких будущих льгот. Более того, начальство навряд ли могло перечислить состав месткома. По чьей инициативе я туда попал — не было ясно. Но работал в месткоме охотно.

Председатель местного комитета все эти годы — ассистент кафедры психиатрии (впоследствии, как положено, доцент) Майя Александровна Шмакова была компанейской женщиной, не «задирала нос», с ней сотрудничать было легко. И заседания местного комитета всегда проходили в непринуждённой обстановке, даже весело. Ни разу не было тяжелых разборок, никто никого не оскорблял, даже если мнения расходились. В институте за те годы было немало конфликтов (на кафедре педиатрии, ЛОР-болезней, пр.) - решали всё, конечно, в парткоме, но и мнение месткома запрашивали. Не всегда мнения парткома и месткома совпадали.

Против доцента кафедры отоларингологии Я. М. Вертлиба было заведено уголовное дело в связи со смертью пациентки после удаления глоточных миндалин. Судебному процессу предшествовали многочисленные экспертизы. Невиновность доцента была ясна. Месткому было предложено выдвинуть на судебный процесс общественного защитника. Но по прошению, которое было кем-то составлено и одобрено в парткоме, доцент Я. М. Вертлиб представлялся ВИНОВНЫМ без всяких оговорок. Чтобы показать парткому, как неуклюже предлагает он защитить сотрудника института, я потребовал назначить общественного ОБВИНИТЕЛЯ на этот процесс. Только тогда стали ясны прорехи в представлении парткома.

В начале 70-х Л. В. Дановский перенёс инфаркт миокарда. Незадолго перед этим приехала к нам в ординатуру его бывшая курсантка. Не хочу вдаваться в детали... После выписки из клиники проф. Рахлина Леопольд Владимирович написал заявление в местком о предоставлении ему путёвки в кардиологический санаторий «Васильево». И тут выяснилось, что Л. В. Дановский ДВА ГОДА не платил членские взносы в профсоюз. Можете себе представить реакцию членов месткома на это заявление? Пришлось мне вступиться, да и Майя Александровна не была злопамятной.
Л. В. Дановский об этом моём противостоянии мнению ряда членов месткома так и не узнал.

*

В 1978-м году произошли два события, которые несколько изменили мой взгляд на самого себя и на окружающую меня среду.

В начале того года, а то и раньше по институту пошли слухи, что И. М.

Рахматуллин покидает свой пост. Даже мне было ясно (я об этом уже упоминал), что он тяготится ректорской должностью. Материально она давала немного: к ставке профессора-заведующего кафедрой добавлялась не очень значительная сумма за прочитанные лекции. Правда, ректор имел ряд привилегий, важнейшей из них, возможно, была автомашина «Волга». Но и ту ему в последнее время приходилось делить с Т. Б. Толпегиной, избранной членом Бюро Татарского обкома. Это приравнивалось на уровне Татарии к членству в Политбюро в Москве. Только портреты её не несли на праздничных демонстрациях. Словом, и ей уже в трамваях ездить не пристало...

Самое главное достижение И. М. (в личном плане) было получение бывшей квартиры Первого. Бедноватый (см. ниже) Ф. А. Табеев сменил своё жильё на не то, чтобы более скромное, а на более «авторитетное». Раз при нём «Татария стала авторитетной республикой» (см. ниже), то и жильё её руководителей должно было стать таким же. В особом доме на крутом берегу Казанки, с огромными квартирами, с великолепным видом из широких окон... Как ему только удалось обставить все эти комнаты? Наверное, покупал мебель в рассрочку.

И вот-вот освобождалось место заведующего кафедрой патофизиологии в медицинском институте — кафедре с такой историей! Там И. М. стал доктором наук, туда хотел и возвратиться. Правда, на кафедре уже был молодой доктор наук, ожидающий ухода на пенсию профессора Мухамеда Абдулаевича Ерзина (1908-1986), заведовавшего кафедрой с 1953 года! Но «мы же из табеевцев», - рассуждал весьма логично И. М. -, «а для Марселя Миргаязовича Миннебаева найдут подходящее место». И — нашли. Место же заведующего этой кафедрой пришлось ему ожидать в течение 15 лет. Я пишу о М. М. потому, что мы с ним познакомились в мединститутской библиотеке ещё в аспирантские времена. Потом он стал, в соответствии с должностью проректора, как ему она виделась, очень важным, но молодым (он на три года моложе меня) был разбитным и общительным.

Все гадали, кто же будет очередным ректором: из институтских, из пришлых? Секретаря парткома Мунира Шарафутдиновича Билялова как-то никто в счёт не брал. Слишком просто он вёл себя с людьми, не стеснялся на людях выпить. Свой парень, но — ректор? Нет. Таково было мнение большинства.

Я не знаю, кто ещё уже видел себя в ректорском кресле. Но об одном «кандидате» на это место придётся рассказать. Потому что это — и обо мне. Нет, что вы, я стать ректором и во снах не помышлял. Не думал я, что мечтает об этом и она.

Вроде бы, умная женщина — а такая пустая мечта! И — каким скользким путём она собиралась этого достичь! Сейчас узнаете.

Я в это время был почти полностью территориально и мысленно оторван от кафедры, да и от ГИДУВа во многом тоже. Сидел в больнице завода киноплёнки («Тасма»), работал рука об руку с опытной заведующей отделением А. Горячкиной, консультировал до позднего вечера (даже привозили больных из ГИДУВских не терапевтических клиник), иногда ездил читать лекции на основную базу кафедры, изредка принимал курсантов у себя (расстояние между железнодорожной больницей и стационаром «Тасмы» было большим и трудно преодолимым).

Однажды звонит мне Алексей Андреевич и спрашивает, буду ли я вечером у себя на «Тасме».
- Конечно, буду.
- Можно нам с Галиной Ивановной приехать?
- О чём речь?..
А сам думаю, что же могло случиться?!
Приехали на своей «Волге». И началось...
Излагаю кратко. «Рахматуллин Вас не желает. Вам надо ему отомстить. Напишите в обком, какой он такой-сякой. И особенно, что он ректор никудышный. А вот подходящая личность для занятия поста ректора ГИДУВа — профессор Володина. И такая она хорошая, и сякая ещё лучше.»

Я не верил ни ушам, ни глазам. Говорила своим поучающим голосом приятного тембра Г. И., а А. А. ей поддакивал, находил дополнительные эпитеты: негативные для И. М. И, разумеется, самые позитивные для Г. И.

Уже во время монолога Г. И. и суфлёрства А. А. я пытался что-то спросить, возразить, но мне это не удавалось: обработка избранного тандемом Володина-Агафонов будущего жалобщика (клеветника, правильнее сказать) шла по накатанной домашними заготовками схеме.

Я знал некоторые слабости Г. И., потому что за последние годы встречался с ней и у неё дома, и на даче, и при согласовании плана облучения опухоли у моей жены. Например, перед приёмом у себя дома или на даче по какому-нибудь случаю она просила ту или иную знакомую — когда все будут сидеть за столом — сказать: «Галина Ивановна, Вы сегодня великолепно выглядите». Я, правда, не понимал, для кого это предназначено, но относился к подобным слабостям снисходительно: в конце концов, доказательства «великолепности» налицо (или, вернее, на лице). И каждый может сам решить, много ли в этом правды или — только лесть.

Однажды ехал в Москву в одном вагоне с Г. И. Там же оказались и другие, кроме Г. И., профессора ГИДУВа. Втиснулись, после традиционного вечернего чаепития, в одно купе — и пошли разговоры на близкие всем темы. Меня в это купе тоже пригласили: несмотря на моё ассистентское звание, был я в ГИДУВе известен.
Г. И. рассказывает о Пленуме всесоюзного общества рентгенологов, на котором её, такую ещё молодую, упомянули при перечислении ветеранов отрасли. «Мне даже стало как-то не по себе», - добавила Г. И.

Но что Г. И. претендует на капитанскую должность в команде мастеров, будучи третьеразрядницей — этого я себе вообразить не мог. Место на капитанском мостике смел занять, по существующим тогда негласным правилам, только коммунист (она была беспартийной). Кроме того, очень желательной была принадлежность к коренной (титульной) национальности и весьма нежелательным — еврейство по матери. «Володина» и «Ивановна» хороши для прессы, но наверху знали и о подающей «чай-жидОк» матери Г. И. Таким, как она, даже путь в Израиль был открыт. Не дай бог, попросится! Что касается третьего явного недостатка Г. И. - женского пола (с мужиками-ректорами было, например, министерским мужикам проще: и выпить, и дельце провернуть...), то о нём я умалчиваю. Потому что Г. И. — я был в этом уверен — считала своё неотразимое женское обаяние почти решающим фактором победы на всех фронтах.

И вот он — этот решающий фактор — не функционирует уже на отдалённых подступах к цели: нет, быть этого не может! А я продолжаю: не Рахматуллин меня не хочет, а — система, в которой ректор — винтик. Система намного хуже, чем ректор, не пекущийся о кафедре для меня. А почему он это должен был делать, если мой учитель обосрал меня перед ним с ног до головы? До получения квартиры Табеева Рахматуллин жил в одном доме с О. С. Они вечерами прогуливались вместе, играли в шахматы. О. С. вымогал, угрожал уехать, если ему не дадут звание «заслуженного деятеля науки ТАССР». А заменить его некем. Вайнштейн — не годный для должности завкафедрой. Хамидуллин пока не созрел. И выклянчил таки это звание — Рахматуллин запустил ходатайство в Президиум Верховного совета республики. Прошло.
(Сам рассказывал об этом своей пассии с такими деталями, что я не мог ей не

поверить.)

Рахматуллин мне ни разу не вставлял палки в колёса. То, что я подал докторскую ранее Равили Халиловны Бурнашевой, а она защищала на том же самом Совете ранее меня, то это не «происки» ректора, а правила системы. Коль Совет получил право на приём к защите докторских диссертаций, то первой должна защищаться женщина-татарка. И чего было мне печалиться и обижаться из-за двух месяцев? (Г. И. была Учёным секретарём Совета — наверное, поэтому выплыл и этот тезис о зловредности ректора).

Что мне надо будет сказать плохого о Рахматуллине, я скажу об этом ЕМУ. Не через обком партии, который меня не хочет в десять раз сильнее, чем ректор. Но — сказать нечего. И если бы (это — фантастика) ректором стала Г. И. и захотела мне помочь, ей бы это ни в коем случае не удалось.

Тут мне вспомнился визит в спецбольницу, когда там лечился А. А. В одной палате с ним находился весьма ухоженный относительно молодой человек, разговаривавший на татарском языке с пришедшими навестить его. Когда мы с А. А. вышли из палаты, чтобы не мешать им, он мне объяснил, что его сосед по палате — первый секретарь райкома. И как мединститут, так и ГИДУВ находятся в епархии этого райкома (Вахитовского?).

А далее А. А. , довольный своей смекалкой, поведал, как он первому секретарю характеризовал (в сравнении) ректоров означенных институтов. Для Ханифа Сабировича Хамитова (ректор мединститута в 1963-1989 г. г.) у него имелась только белая краска, для И. М. Рахматуллина — только чёрная.
Я думал, что это А. А. пытается мне показать, что и он борется против ректора, перекрывшего мне все пути наверх. Борется всеми силами своего организма с подорванным здоровьем! Ан-нет! Он наивно полагал, что неуклюжей пропагандой несовершенств по всем статьям И. М. Рахматуллина выстилает красную дорожку к ректорскому креслу своей Галочке.

И ещё мне стало понятно особое положение на кафедре профессора Г. И. Володиной ассистента Ильдара Абдуллаевича Гилязутдинова. Она дружила с матерью Ильдара - заведующей кафедрой акушерства и гинекологии №2 Зайнаб Шахиевной Гилязутдиновой (1918-2007). Ильдар — единственный сын З. Ш. был для неё всем. Она могла подолгу рассказывать о его достоинствах. Да, Ильдар был парнем неплохим. Только он так стремился показать свою близость к верхам (партийно-комсомольским, театральным, телевизионным, прессы — всех не перечесть), что выглядел из-за этого несколько странным. Некоторое заикание, которым он страдал, усиливало этот эффект комичности.

Однако для Г. И. важным было не то, что ассистент Гилязутдинов — сын её приятельницы. Важно было другое: Ильдар был членом парткома. И регулярно, обстоятельно в конфиденциальных продолжительных беседах информировал её о ситуации «наверху». О чём говорили, что решили. Главное — о планах в отношении будущего ректора. Г. И. и А. А. в разговорах со мной часто ссылались на полученную от Ильдара информацию.

*

Коль он уже попал в наше поле зрения, поговорим немного о Х. С. Хамитове (1928-2003). Доцент кафедры нормальной физиологии и проректор института по учебной работе — он находился в творческом отпуске по завершению докторской диссертации, когда его вызвали в обком и в Москву, чтобы назначить ректором. На этом посту он пробыл более четверти века.

Я никогда не был с Х. С. Хамитовым в одной компании и не хотел бы быть, если бы был приглашён. Я неохотно нахожусь в обществе, в котором присутствуют люди, «застёгнутые на все пуговицы». Хотя, повторяю, я его в полностью неофициальной обстановке никогда не видел. Возможно, тогда он расстёгивал хотя бы ворот рубахи, приоткрывая душу.
Сказать, что такое поведение — генетическое, тоже не могу. Его родная сестра, которую я знал и с которой однажды вытанцовывал, была по характеру совсем иной. А ведь как-никак — сестра самого' ректора медицинского института. Нет, это был, на мой взгляд, используя определение психологии, глобальный оперативный образ, который Х. С. себе придал. По крайней мере — для чужих.

В общих чертах он мало чем отличался от других ректоров вузов. Слушался исправно обком партии, умело принимал в Казани министерских работников. Ведя, как мне представляется, абсолютно здоровый образ жизни — без алкоголя, табака, переедания, и т. п. (к этому, дополнительно к моральным установкам, «принуждала» его артериальная гипертония), он хорошо понимал, что приоритеты визитёров из Москвы могут от присущих ему правил здоровой жизни отличаться. Посему институт имел и «ответственных за распитие» с гостями, и — чего тут уж строить из визитёров полусвятых — хорошеньких студенток, так сказать, гейш, скрашивающих тоску командированных по их

московскому или иному дому.
Скажете, что это происходило без ведома ректора? Нет, Х. С. как настоящий хозяин контролировал в институте всё.

Я уже писал, что у ректора в Чувашии был закадычный друг — главный врач одной из районных больниц. Он (Кулаков — его фамилия) пытался перенести разработанные А. А. операции на слоях желудочной стенки в клинику. Не получилось, так как получиться не могло из-за важных различий в тонком анатомическом строении желудка человека и собаки. А потом он отправил сына — Евгения в Казань, в аспирантуру. Тот считался вроде бы аспирантом Хамитова, но материал набирал на кафедре А. А. Конечно же, по вопросам обработки материала аспирант двух профессоров был направлен к ассистенту (то есть, ко мне).

Женя (Евгений Петрович) оказался просто идеальным парнем. Вежливым, скромным, работоспособным, дисциплинированным... Совсем был бы он без недостатков, если бы не курил. Одну папиросу за другой... Я Жене помог не мало. Он приходил ко мне и мы обсуждали его исследования. Это я писал нашу первую совместную статью с А. А. и Женей (1973). Это я писал тезисы (Хамитов, Агафонов, Вайнштейн, Кулаков) для конференции в Андижане (1974). Женя был с Хамитовым давно и близко знаком, приходил к нему домой и просиживал там часами (со слов А. А.). Я пишу об этом, чтобы объяснить, что ректор мединститута не мог обо мне не знать.

На конференции в Андижане Хамитов, как было принято не только в Средней Азии среди местных ханов, всегда ходил с толпой сопровождающих. Это были и местные (в Казани вскоре должны были защищаться двое андижанцев, ученики тамошнего заведующего кафедрой нормальной физиологии профессора Геннадия Феодосьевича Коротько), и, конечно, взятые в основном для этой цели молодые сотрудники Казанского медицинского института, среди которых был и Женя. Меня Хамитов не замечал, при встрече молча смотрел сквозь меня.

Не «узнал» он меня и через несколько лет, когда я был у него на приёме в связи с освободившейся терапевтической кафедрой в медицинском институте.
А Женя — молодец. Уже в 1975 г. стал кандидатом наук («Влияние желудочной интрамуральной ваготомии на систему ацетилхолинэстераза, секреторную и моторную функцию желудка» - секреция и моторика изучалась при моей консультации), работает в мединституте доцентом- хирургом. К его заслугам я бы ещё отнёс обучение А. А. вождению автомобиля.

*

Тему личного автомобиля при советской власти я обойти не могу никак. Все граждане СССР делились по партийности, национальности, образованию, семейному положению, прочая и прочая. Но одним из важнейших признаков различия между ними, хотя таковой и не фигурировал в листках по учёту кадров, было наличие (редко-редкое) или отсутствие (часто-частое) личного автомобиля. Конечно, только легкового автомобиля. Наличие личных грузовых автомобилей могло довести, по мнению партии, до возрождения капитализма в первом в мире государстве рабочих и крестьян, Так что, увольте: больше о личных грузовиках — ни слова.

Если в сельской местности, где было ужасно плохо с общественным транспортом, где надо было привести то или другое домой из магазина, со склада или, наоборот, свозить из своего подсобного, как говорили (хотя многие в основном с него жили), хозяйства на базар, легковой автомобиль был (бы, если бы был) предметом первой необходимости, то в больших городах автомобиль являлся одним из важнейших элементов престижа. Показателем высокого социального и материального положения, средством ослепления, прельщения...

В стране выпускали не только плохие по качеству и в мизерных количествах автомобили, в стране не хватало и для этого мизера колёсной резины, запасных частей. Не была решена проблема гаражей — вынужденно обязательного тогда приложения к автомобилям. На улице, во дворе и в прочих не отгороженных местах оставлять автомобили было актом отчаяния. Автомобили «раздевали», оставляли без колёс, пр.

Я, наверное из-за этого, из-за роковой необходимости превратиться в зависимого от ремонтников, снабженцев и прочих лиц, причастных к техосмотру автомобиля и его ремонту, ПРОСИТЕЛЯ, никогда об автомобиле не мечтал. (С ремонтом велосипеда я справлялся сам.) Но если бы и мечтал, приобрести таковой мне было просто не под силу.

Нормальная магазинная цена на автомобили была, в сравнении с зарплатой, чудовищно высока. На не очень подержанные автомобили — ещё выше. СССР был и в этом отношении «впереди планеты всей». В какой ещё стране пользованные автомобили могли стоить дороже новых? А при вопиющем дефиците автомобилей в СССР это было логическим следствием плановой, с одной стороны, и рыночной, с другой, экономики.

Существовали, конечно, где-то очереди на автомобили. Но как «быстро» они продвигались — знали даже не числящиеся в этих очередях. Если уж в очереди на телефон я простоял шестнадцать лет — и не достоялся...

У О. С. была, как я уже упоминал, поначалу старенькая «Победа» (с занавесочками). Стояла она в гараже больницы (как он этого добился?) и ухаживал за ней начальник гаража (старший шофёр) Виктор. Расплачивался О. С. с Виктором просто: во времена нередких отлучек О. С. из Казани автомобиль был в полном распоряжении Виктора. В другое время — только по согласованию с О. С.
Та же договорённость продолжала действовать после приобретения О. С. «Волги». Он же, Виктор перегнал «Волгу» в Москву, он же вызывался О. С. в столицу для ремонта машины, слабые места которой он хорошо знал.

М. З. Сигал приобрёл машину неожиданно для всех. Не то, чтобы были сомнения в его материальных возможностях для таких покупок. Нет, само представление о М. З. как о несколько медлительном, субтильном, мало интересующемся техникой (исключая медицинскую технику — инструментарий) человеке... И вдруг — М. З. и... «Лада».

Но, видимо, М. З. решил уплотнить свой рабочий день ещё более и не дожидаться машин, перевозящих его из одной больницы в другую для операции или консультации. Машину, помнится, он приобрёл осенью, но не переставал ей пользоваться всю зиму. Побил машину, побил все ворота, через которые въезжал, но водить машину научился. Купил новую, а старую отдал сыну Вячеславу.
М. З. с удовольствием подвозил просивших его это, но всегда предупреждал: «Если Вам Ваша жизнь не очень дорога,…»

Металлический гараж М. З. купил и поставил во дворе своего дома. Там же пристроил свою машину в похожем гараже А. А. Это было сложно, но связи обоих с верхами были крепкими и надёжными.
У железнодорожных насыпей были ряды гаражей, но это было далеко от домов как М. З., так и А. А. Кстати, стоимость такого фундаментального гаража доходила до половины стоимости машины!

А. А. и не менее его — Г. И. давно мечтали о личном автомобиле. Само собой — не о «Ладе», которую, особенно в первое время её появления и в недалёких от

Тольятти местах (транспортировка в дальние края была ещё не отработана), можно было приобрести, не имея больших заслуг перед партией. Другое дело - «Волга».
Когда стали и она, и он профессорами — терпение иссякло. Сначала где-то приобрели старую-престарую «Волгу» (главное — кузов с номером и документы на него), потом долго превращали её в какой-то автоколонне в нормальную машину. Продав последнюю, наверное, минимум по цене новой «Волги», купили таковую. Когда через год после убытия я в последний раз (в 1980 г.) приехал в Казань и жил около месяца в санатории «Казанский», А. А. заехал за мной туда. Но не ждал меня у ворот, а проехал под запрещающий въезд знак вглубь территории санатория. Ещё больше располневший, предельно гордый собой и принадлежащей ему машиной. Во время езды по городу информировал меня о достоинствах этого автомобиля. Я — далёкий от знания предмета восторга — внимал ему с почтением.

В тяжёлые времена А. А. - пенсионер, умеющий найти нужный тон в разговоре с начальством, академиками, работягами, уголовниками, и пр., о чём я уже писал, подрабатывал как самодеятельный таксист. Писал мне в Германию, что эта его подработка трудна, но семье необходима.
В дальнейшем сообщал, что ему дали сколько-то часов преподавания на его бывшей кафедре — и на работу на автомобиле его возит дочь Арина.

В одно из жарких лет главврач спецбольницы Н. Чугунов и А. А. поехали на «Волге» к морю, где Чугунов «забил» для них краткий отдых. А. А. тогда был ещё «безмашинным» — и был полон впечатлений о свободе передвижения, которая возникала с приобретением машины.
Когда мы с ним, не помню уже, по какому поводу, были на работе у Чугунова, «бойцы вспоминали минувшие дни» поездки. Чугунов был в хорошем настроении, благоухал великолепным заграничным парфюмом. Когда А. А. куда-то вышел, рассказал мне, как выводил своего сына, немного заблудившегося в молодости, на верный путь. Сына - врача-хирурга я бегло знал: видел его на кафедре А. А.

Потом вернулся А. А. - и снова о поездке. «Мы постоянно держали скорость девяносто», - восхищался Чугунов собой и машиной (а это он всё время вёл «Волгу»). Странно, но я почему-то очень часто вспоминаю эти его слова в последние 15 лет. С тех пор, как на 60-м году жизни вынужден был купить — из-за разъездной работы — автомашину. Когда бортовой компьютер моего лимузина BMW показывает на автобане цифру скорости, превышающую более, чем в два раза число прожитых мной лет, всплывает в памяти «скорость девяносто»…

*

Пардон, что я перескочил во время настоящее, хотя речь-то идёт о былом и думах о нём. Спешно возвращаемся к визиту тандема Володина-Агафонов. Ладно, думал я, они — снобы. Они должны быть, по их мнению, всегда «в струе»: не зря, Г. И. нацепляла парик, когда какое-то время парики были в моде. Они считают себя носителями высшей интеллектуальности и изысканных вкусов. Другие, включая, возможно, в первую очередь меня — во всех отношениях ниже их.

Г. И., по большому счёту, не очень умна. Вспомнил её выступление на знаменитом общеинститутском собрании, когда перед снятием ректора он был публично линчеван (1968). Незадолго перед тем умер профессор Д. Е. Гольдштейн, на кафедре которого доцентом работала Г. И. Если все выступавшие на означенном собрании говорили об упущениях ректора, что-то предлагали (тогда я впервые услышал А. Ю. Ратнера, заметно выделявшегося среди выступивших), то Г. И. убеждала собрание в том, что её докторская диссертация уже готова (нельзя было упускать кафедру). Большинство поняли, в чём дело, и удивились примитивной «хитрости» Г. И.

Я знал, что Галина Ивановна имеет немало черт характера горьковской Вассы Борисовны Железновой— владелицы пароходной компании. Она так же любит своих детей. Дочь устраивает к себе на кафедру. Одного сына удачно женит, отправив, как говорят на Украине, «в приймы», снабдив его «приданным», «вплоть до новых комнатных туфель» (последнее — слова Г. И. мне). Другой сын — будущий врач женился и поселился с молодой женой в квартире Володиной-Агафонова. Как только между молодожёнами начали возникать конфликты, тут же они были выписаны из квартиры, устроены в общежитии... водоканала (не делить же, в случае развода, квартиру), и нелюбимая невестка была под давлением направлена на медицинское вмешательство. Только о последнем я узнал со слов знакомых молодожёнов, остальное рассказал мне сам А. А.

Но откуда эта уверенность, что я стану марионеткой в их руках?
Что сяду за сочинение клеветнического письма на Рахматуллина?
Откуда эта глупейшая убеждённость, что моя клевета «убьёт» Рахматуллина?
Кто на неё, вообще, обратит внимание?
И — самое главное: чем дал я им повод так обо мне думать??!!

Получилось, что я не только не знал Г. И. и А. А., но я и не знал, оказывается, самого себя.

Я так и не нашёл ответ на эти, особенно — последний, вопросы до сих пор. Некоторый проблеск в моих рассуждениях, правда, возник, когда я случайно наткнулся на вот эту публикацию:
http://zvezdapovolzhya.ru/obshestvo/rifik-15-04-2013.html.
«Рифик
15 апреля 2013 года

Хлопотливое самоутверждение любой ценой, любыми средствами; желание превосходствовать, повелевать; тщеславие от сознания главенства своей национальности – основные качества моего давнего знакомого. Ему свойственны та же скаредность и лживость. Сейчас это – полуразвалина по физическим и умственным параметрам. Это состояние соответствует и моим психофизическим качествам! Одним словом, так что же на протяжении длительного времени сближало меня с этим человеком? Прежде всего, его эрудиция, незаурядность в оценке людей и событий, наблюдательность, скептичность к «родному» коммунистическому правительству, что вполне совпадало и с моим отношением к «родной» советской власти. А также трепетное отношение к природе и хорошее чувство юмора.

А. АГАФОНОВ,
профессор.»

Речь в эссе идёт о Рифкате Закуановиче Богданове, который в молодые годы, по словам знавших их обоих, был А. А. ближе родного брата.
В тот период, когда я много времени проводил с А. А., Р. З. Богданов работал ассистентом (доцентом?) на кафедре нормальной физиологии.
Близко с А. А. он уже не общался.

Однажды — я был у А. А. на даче — говорит он мне: «Пошли к Рифику! Надо у него стул забрать.» Пошли. Дача Рифика была в пределах досягаемости пешком от дачи А. А. Там было несколько дач сотрудников кафедры нормальной физиологии: профессора И. Н. Волковой, ректора Х. С. Хамитова, других. Пришли. Рифик встретил нас приветливо. Показал дачу. Красочно объяснил, как обманул проверяющих, контролирующих запрет на превращение второго этажа в жилое помещение. Попросил нас подняться наверх — он продемонстрирует. Откинул прикреплённый внизу на шарнирах деревянный щит, закрывавший прорезь в крыше. Установил его горизонтально с помощью откидных «ножек». Получилась широкая столешница у окна с чудесным видом на Волгу. Придвинул стул. Сел на него, показывая, как удобно ему тут работать.

Стул оказался агафоновским, данным «на прокат» Рифику давным-давно. Старый, видавший виды обычный стул. А. А. потребовал его обратно. Рафик не возражал. А. А. снёс стул вниз, взвалил его на плечо — и мы пошли обратно. А. А. говорил что-то нелестное о Рифике. Повторять не хочется, тем более — не могу ручаться за правильную передачу обличительной речи А. А.

Я ничего не понял тогда. Если бы попросил А. А. объяснить, то ему чётко сформулировать их «идеологические расхождения», думаю, не удалось бы. Сейчас мне кажется, что А. А. ещё в то время увидел в Рифике свои — неприятные ему самому — человеческие качества. Помните выражение: смотрись, как в зеркало, в другого человека. Отречься от себя невозможно — вот он и отрёкся от Рифика.

Это эссе А. А. Агафонова, как и его некоторые другие публикации в интернетской «Звезде Поволжья», наделали много шума. В чём только А. А. не обвиняли! Во многих грехах, включая антисемитизм. Как это часто принято, отрицаются подобные обвинения (в нелюбви или даже ненависти к представителям какой-либо национальности) просто: посмотрите, как много у него в друзьях (даже в родне!) евреев, татар, русских, пр.

И я бы мог возразить: да самым близким другом его до самой смерти был еврей Яшка — Яков Владимирович Дамский (1934-2009)! Один из самых известных спортивных журналистов СССР, чемпион Казани и Татарии по шахматам, мастер спорта СССР, международный арбитр, автор получивших всемирное признание книг о шахматах и шахматистах, комментатор Всесоюзного радио и телевидения...

Я. В. Дамского — тощего молодого человека, принимавшего пищу в столовой нашего отделения лишь *после того*, как все поели и возвратились в палаты, я видел только в 1964 г. при выше приведенных обстоятельствах.
Потом А. А., возвращаясь из Москвы, куда Я. В. переехал в 1965 г., много рассказывал об его успехах. Если надо было найти ту или иную иностранную статью, важную для нашей совместной работы, я заказывал её А. А., а тот переадресовывал заказ Яшке. Последний бросал все дела — и ксерокопия статьи лежала у А. А. в почтовом ящике.

Отсутствие толерантности к быту и нравам, особенностям характера, пр. других национальностей — до желания искоренить последние! — может быть слепым, основанным на чьём-то «неоспоримом» мнении, на постулате. Последним может быть глава из «Нового завета», сура из Корана, проповедь радикального деятеля того или иного культа или главы секты, слова главы строго религиозного семейства.

Но может быть и простое отсутствие интереса к жизни — быту, языку, культуре — других народов. И это — при довольно товарищеских, даже крепко дружеских отношениях с отдельными представителями этих народов. Не запретишь называть сие национализмом (великорусским шовинизмом, антисемитизмом, и так далее) — но здесь, мне кажется, дело в другом. В воспитании, ограниченном лишь кругом лиц своей национальности и культуры. В понятие «по-другому» (что касается иных народов) вкладывается смысл «неправильно», «хуже, чем мы, чем у нас».

Я не переставал удивляться тому, что практически никто из русских, евреев и прочих, родившихся и выросших в Татарии, не знает татарский язык. Я не видел ни в драматическом театре им. Г. Камала, ни в Дворце спорта (во время ежегодных больших концертов деятелей татарской культуры) лиц не татарской внешности. Не забуду, как поражена была заведующая кафедрой педиатрии ГИДУВа (1967-1978) профессор Г. Ф. Султанова, увидевшая меня в театре им. Г. Камала. А ведь там в первых десяти рядах можно было подключить наушники и слушать пьесу в переводе на русский язык.

А. А. оказался в этом отношении похож на мою жену. Но она родилась в исконно русской деревне, выросла на курской земле и с татарами ранее никогда не общалась. У неё в Казани появились даже закадычные подружки-татарки, посещавшие наш дом очень часто, но никакого интереса к «татарскому национальному» (исключение — приготовление блюд) она не проявляла. Ничего — «против», но и — не «за».

А. А. воспитывался и вырос во время, когда все иные народы, кроме русского, считались «младшими братьями». А на младших братьев не всегда обращают внимание, с их мнением не особо считаются, и пр.
Сейчас же, когда преобладают, судя по прессе, иные, временами прямо противоположные тенденции, возникает — и это объяснимо — защитная реакция. Нельзя ни А. А., ни мою покойную жену считать «великорусскими

шовинистами» (был такой термин распространён — и я его использовал, конечно, не всерьёз, во время наших домашних диспутов). А упрекать его в незнании языка и культуры народа, с которым он прожил бок о бок всю жизнь, вполне легитимно.

Я горжусь тем, что меня воспитали по-иному — и не случайно моя семья, и семьи моих детей стали многонациональными. А что обе невестки — татарки — следствие «татарской импрегнации», которой подверглись я и мои дети в описываемые мной казанские годы.

*

Как-то надо завершить рассказ об истории с натравливанием меня на ректора И. М. Рахматуллина. Завершу я его предположением, что, возможно, это была первая «идеологическая» трещина в отношениях между Г. И. и А. А. Конечно, они свой промах обсуждали — и каждый винил другого. А вскоре и новый ректор нашёлся — М. Ш. Билялов.

Для А. А. – уже тоже давно профессора, жена-профессор не представляла теперь никакой особой ценности. Вот если бы она стала ректором...
И деньги появились у А. А. Через так называемые хоздоговорные работы. Это явление превращения безналичных денег в наличные получало всё большее распространение. Что привело к инфляции, к дефициту товаров — по всей стране. Но зато на кафедре оперативной хирургии и топографической анатомии появился отличный магнитофон, из которого лились задушевные песни Булата Окуджавы, а также ряд других приобретений на хозрасчётные деньги. И в карманах прораба этих «работ» появились шальные деньги. В хоздоговорные команды можно было записать любого. Начальство тоже не забывали. Я не попал ни в основной состав, ни в запас. Хотя консультировал отчёт о хозработе (правда, всего однажды).
Прибавка к заработной плате заведующего кафедрой оказалась далеко не символической.

И вот уже А. А. не интересует более ни совместная с Г. И. поездка в Трускавец, ни — как свидетельство принадлежности супругов к высшей касте — в Карловы Вары (а какие были восхищённые возгласы при рассказе о поправке здоровья там!)… Он отплывает с друзьями в «кругосветку» по Волге и Свияге. А Г. И. аттестует его мне, прикатившему на их дачу на велосипеде, как «предателя». Далее было уже вне моего присутствия в Казани. О новой жене, родившейся дочери А. А. сообщил мне по телефону в Тернополь.

Казалось бы, при чём всём этом я? При том, что начало непростой истории развода и раздела совместно нажитого, так мне представляется, имело место в моём кабинете больницы завода "Тасма".

*

Самое время упомянуть ректора ГИДУВа (1978-1980) Мунира Шарафутдиновича Билялова (1928-1980). Вот уж с кем у меня были отличные отношения, никогда и ничем не омрачавшиеся.

Познакомились мы довольно близко в день выборов в Советы (какие — не помню). Институт был ответственен за избирательный участок в общежитии (небольшие избирательные участки были также в клиниках). Я был членом избирательной комиссии (от месткома), а М. Ш. как секретарь парткома нёс общую ответственность за порядок, за соблюдение «Положения о выборах». Сидели, вяло болтали о разном. Позвонили из райкома, попросили доставить туда письменное сообщение о количестве проголосовавших. Пишущая машинка стояла в выделенной для комиссии комнате (машинку заимствовали в библиотеке), но, оказалось, что НИКТО из присутствовавших печатать на машинке не умел. Кроме меня, чьё значение для комиссии мгновенно значительно выросло. Отстукал — отослали. То же самое — с окончательным сообщением (после подсчёта голосов). Решили отметить. Попали сначала к Ларисе Александровне Мовчан, которая жила «на Кубе», на островке между общежитием и больницей. Но это была только первая пришвартовка …

С той поры после торжественных вечеров часто продолжали праздновать в разных местах. Нередко — на кафедре марксизма-ленинизма, где всё организовывала Эмма Викторовна Азарова — старший лаборант кафедры. Мунир всегда был с нами. Он имел возможность оценить мои некоторые способности — и просил часто помочь в том или другом. Его общение с народом (в том числе, и со мной) было настолько свободно от начальственного тона, что отказать его дружеской просьбе было невозможно.

Однажды — звонок в больницу. Вечером состоится в Доме офицеров торжественное собранию по случаю 8-го марта, есть приглашённые для концерта артисты филармонии, участники художественной самодеятельности (не помню — откуда), а ведущего нет и не предвидится. Выручай!

До собрания и концерта — всего несколько часов. Бегу из больницы (где покой может «только сниться») в санаторий «Казанский», запираюсь там (у меня в санатории почти своя комнатушка — помещение, используемое лишь по утрам) и начинаю прокручивать в голове варианты.

Концерт начинается при закрытом занавесе прочтением (под Юрия Левитана) приказа по ГИДУВу (поздравление всем, объявление благодарности — женщинам). Л. И. Кринкин потом говорил мне, что от первых предложений (так мне похоже удалось сработать под Левитана, которого я «живьём» слышал в винницкой филармонии в конце 40-х годов) у него мороз пошёл по коже. Наверное, и у других: в зале установилась мёртвая тишина. А я продолжал читать приказ, стоя за кулисами и поднеся микрофон к самому рту. До конца приказа левитановский тон я не выдержал. Голос осел, торжественность спа'ла. Длительное напряжение оказалось мне не под силу: попытался «слевитанить» впервые.

А происходило это в переполненном сотрудниками и курсантами большом зале Дома офицеров. Начальник сего заведения был мужем заведующей курсом лечебной физкультуры Марины Александровны Самсоновой, одно время — секретаря парткома. (М. А. была общей любимицей и её ранняя смерть от острого лейкоза глубоко опечалила многих). Поэтому ГИДУВ имел возможность чаще других организаций в предпраздничные дни снимать на вечер залы, как говорили, бывшего Дворянского собрания.

Потом я приветствовал, перед объявлением следующего номера, кого-то из институтских женщин. В основном в стихах, которые сейчас не вспомнить. Хотя... Заведующую курсом физиотерапии, защитившую незадолго перед этим в Ереване докторскую диссертацию (диссертацию, увы, ВАК потом не утвердила):

Привезла Ида Евсеевна из Еревана
не виноград и не колбасу сырокопчёную,
а содержимым её чемодана
была докторская ...защищённая.

Объявляю исполнение татарского танца. Начинаю долго и нудно рассказывать о царице Сююмбике, о башне Сююмбике, о том как царица выбросилась с седьмого яруса кремлёвской башни, названной её именем... Словом, известную легенду с моими приукрашиваниями. Все заинтересованно слушают и гадают,

как же об этом будет сказано языком хореографии. Наконец, заканчиваю. Направляюсь за кулисы. Пройдя половину пути, разворачиваюсь, возвращаюсь к микрофону и спокойно поясняю удивившимся моему манёвру зрителям: «Рассказанная мною история к объявленному татарскому танцу никакого отношения НЕ ИМЕ-ЕТ».
Можете себе представить, как отреагировала публика.

Теперь надо сначала объяснить ситуацию. В те годы не только в Казани и Татарии был весьма популярен певец-баритон Владимир Тимофеевич Степанов (1930-1998). Его жена Юлия была у нас в 1969 г. на курсах, в моей группе. Работала она терапевтом в НИИ ортопедии, иногда консультировалась со мной. Жили Степановы с сыном Вовкой-младшим напротив НИИ ортопедии в большой квартире, стены которой были завешаны плакатами с фотографиями певца. Я бывал у них дома. А однажды (в середине восьмидесятых) я удивил В. Степанова до невозможности. В Виннице, где гастролировал оперный театр из Горького (в котором тогда работал певец) и куда я приехал из Тернополя к родителям, после представления вручил ему на сцене огромный букет цветов. Обменялись несколькими приветствиями и пожеланиями — не более: жизнь развела.

Владимир Степанов то числился солистом театра, то уходил в филармонию (разъезды по стране приносили больший доход). Выступал он и на институтских вечерах (местком платил умеренно, но за исполнение всего-то двух-трёх песен в зале, что рядом с домом).
И вот: выхожу я на сцену заметно медленней, чем обычно. Оборачиваюсь, как будто ещё перебрасываюсь репликами с кем-то, стоящим за кулисами. И начинаю...

Сейчас пришло время объявить главное. Некоторые, правда, об этом уже знают, многие — догадываются, но большинство — ещё не ведает. Солист Татарского театра оперы и балета им. М. Джалиля (оживление а зале, аплодисменты), заслуженный артист ТАССР (громкие аплодисменты) Владимир Степанов (бурные аплодисменты) в нашем концерте — делаю паузу — и скороговоркой добавляю «участия не принимает» (небывалое волнение в зале, крики, зрители встают, машут в мою сторону руками). Те, кто прогуливался в коридоре, стоял у развёрнутых столов-буфетов устремились в зал, чтобы понять происхождение бури.

Улеглось. Дважды одураченная публика приняла розыгрыш. Концерт продолжался. Но мои объявления нового номера слушали настороженно, с явной долей скепсиса.

Для артистов филармонии и некоторых участников самодеятельности накрыли стол в отдельной комнате. Мунир поручил «веселить артистов» мне. А потом веселились мы сами на кафедре марксизма-ленинизма.
Во время пароходной прогулки в Набережные Челны с экскурсией по городу и КАМАЗу (участники получили оплачиваемый нерабочий день) Мунир угощал, в том числе и меня, вяленой утятиной. Я жевал впервые в жизни это не прожевываемое мясо и думал, как выживают те, кто его запивает крепким алкоголем. А такие находились.

Итак, плывём на пароходе (огромное число работников ГИДУВа) в Набережные Челны. С нами на теплоходе — народный артист СССР Натан Рахлин. Он во время недавних гастролей в Чехословакии перенёс тяжёлую холецистэктомию (так я слышал), поэтому ему готовят на кухне манную кашку (его слова). Рассказывает, что на днях оркестр под его управлением будет исполнять музыку Д. Шостаковича к балету «Болт». Болт — объясняет — от слова болтовня. Я, далёкий от музыки, но слышавший об этом балете с непривычной, во время её создания, музыкой, считал, что речь идёт всё-таки о металлическом болте. Что-то тут не то, подумалось мне. Вообще, рассказы Н. Г. Рахлина произвели тогда на меня странное впечатление (коллаж 26.).

Став ректором, Мунир не очень изменился. И вёл он себя почти по-прежнему, и костюмы его были такими же мятыми. Я к нему со своими проблемами не обращался, понимая, что начинающий ректор помочь мне был бессилен. В последний раз мы виделись, когда я написал заявление об увольнении. М. Ш. сидел в президиуме какой-то конференции невропатологов. Попросил его завизировать. Он тут же подписал. Сидевший рядом с ним профессор Александр Юрьевич Ратнер подсказал М. Ш.: «с объявлением благодарности за долголетнюю безупречную работу». Так и записано в моей трудовой книжке (коллаж 20.).
А. Ю. Ратнер подсказывал ректору многое: М. Ш. «на ректора явно не тянул». Постепенно утопал во всяких мелочных делах... Мне, однако, всё это было уже «до феньки».

Эта благодарность была всего-то - навсего второй и последней за все мои 29 лет работы в СССР. А первую благодарность я «вынес себе сам». Перед каждыми праздниками на кафедру приходила записочка из отдела кадров с просьбой сообщить о кандидатах на благодарность (утверждали в ректорате). О. С. считал лишним заниматься такими пустяками, как ответы на подобные просьбы. А я записочку эту в середине апреля прочитал, вписал туда свою фамилию и сам отнёс её в отдел кадров. На торжественном собрании по случаю 1-го Мая зачитали в приказе ректора и мою фамилию. О. С., сидя в президиуме, по привычке мотнул головой, но отнёс вынесение благодарности на счёт ректората. Глубину моего «юмора» так он до конца и не понял, не осознал. Остальные мои знаки отличия представлены в коллаже (коллаж 21.).

*

Помните, я описал моё удивление по поводу того, что Д. М. Табеева отказалась, несмотря на бедность их семьи, от половины ставки ассистента ГИДУВа? Вы определённо решили, что я тут перепутал семью Табеева со своим семейством.

Да что вы такое думаете? Я ведь из учёных — и оперирую только фактами. Иногда пытаюсь им дать объяснение, прокомментировать. Сделаю это и в этот раз, тем более, что на ниже приведенные откровения Ф. А. Табеева до сих пор (уже много лет!) комментариев не поступало. «Народ безмолвствует», как указал бы и сейчас поэт-гений, посетивший Казань в 1833 г. - 180 лет тому назад.

Итак, дадим слово Фикряту Ахметжановичу, утверждающему в беседе с журналистом Андреем Морозовым: «При мне Татария стала авторитетной республикой». См.: Фикрят Табеев / Daily Talking, 2000-12-30, Андрей Морозов Политика / опубликовано 02.12.2009 / Комментарии (0)
(http://dailytalking.ru/interview/tabeev-fikryat-ahmedzhanovich/84/)
Я привожу лишь часть интервью (там есть ещё немало других «перлов»):

«– Говорят, что верхушка партийной элиты была очень привилегированной частью общества. Они пользовались многим – госдачи, море коньяка, море водки, килограммы икры. Это правда?
– Брехня всё это. Нынешний режим создал себе больше привилегий.
[Получается, что Ф. А. наличие привилегий не отрицает (что же тут БРЕХНЯ?). Но считает, что теперь, у нынешнего, как он выражается, РЕЖИМА их просто больше. Сейчас, значит, РЕЖИМ, а раньше что было — ВЛАСТЬ НАРОДА? Ну, как тут не улыбнуться?]
Что значит – дача? За дачи мы платили. Даже я, первый секретарь обкома, платил за дачу.
[Даже ОН платил — какая несправедливость! А что плата была символической (смехотворной) мы уже забыли?]

– Какая у вас была зарплата?
– Пятьсот рублей.
[Это верно (было бы). Если не считать дополнительный(е) оклад(ы) в отпуск, бесплатные путёвки (для жены — тоже) и многое другое, чего я точно не знаю, почему и не упоминаю.]
– И никаких премий?
[Вопрос поставлен не совсем корректно.
Премии могли быть самые разнообразные. Например, включали партийных работников в списки авторов изобретений, представленных на получение авторских свидетельств, и т. д. Включали их в состав делегаций от предприятий, закупающих иностранное оборудование, для ознакомления с работой этих систем, станков, пр. за рубежом, то есть, у продавца. Там принимали по-королевски, но, в конце концов, всё оплачивал покупатель, то есть, государство. И так далее — всего не перечесть.]
– Никаких. Я тебе честно скажу, мы очень бедно жили. Семья у меня была небольшая – жена, двое детей, но жена у меня работала. Попробуй-ка прокормить такую семью на одну мою зарплату. А ещё нужно было взносы заплатить – партийные, профсоюзные. Икра килограммами… Это всякое дурачьё порет такую чепуху!
[Прошу вас перечитать это ещё раз: «мы очень бедно жили». И ещё раз: «МЫ ОЧЕНЬ БЕДНО ЖИЛИ». Не верите, что это слова первого секретаря обкома, члена ЦК КПСС, депутата Верховного Совета СССР — членство, депутатство дополнительно оплачивались, то читайте ещё и ещё. Весь советский народ, как нас уверяли, постоянно повышал своё материальное благополучие, а они — первые секретари и иже с ними — бедствовали. Какая вопиющая несправедливость!]
– Но, наверное, спецзаказы были какие-то?
– Да нет! Не было никаких спецзаказов.
[«Что-то с памятью моей стало», - как пелось в песне: ещё как были! Привозили на дом, по графику, перед праздниками и регулярно - в будни, не спрашивая — никто не отказывался.]
Костюмы я шил у одного портного-еврея на улице Ленина. Он прекрасно шил костюмы, двести рублей брал за костюм.»
[В швейной мастерской ЦК костюм стоил в несколько раз дешевле. Одно время в московском универмаге «Москва» можно было случайно наткнуться на такой, забракованный, видно, заказчиком, костюм. В универмаге костюмы стоили не более 80 рублей, сколько же — в самой мастерской? Жаль, ни один мне не подходил по размеру.
О коммерческих сделках первого секретаря с беспартийным портным-евреем

ничего сказать не могу: я у того не шил. Не считался бедным. А только бедным доступны были такие портные и такие цены...]

Все мои комментарии — из уст обслуги разных рангов, работавшей на первого секретаря и его ближайшее окружение. Эти мои пациенты (в основном — по звонкам свыше), желая показать свою близость к верхам, как бы между прочим, рассказывали мне то или другое. Почему я им *всем* не должен верить?

Я бы ещё добавил.
Например, Ф. А. забыл рассказать корреспонденту газеты о так называемых «охотничьих домиках», разбросанных по всей Татарии. В этих домиках в любой день года, без предупреждения явившись, первый секретарь и его компаньоны находили приют, свежайшую изысканную пищу, пр.
Когда Ф. А. был с делегацией в Африке, мой знакомый — тот ещё махинатор, закупавший для предприятий древесину - посетил один из домиков, так как был с супругами, опекавшими этот домик, знаком. Попробовал из холодильника многое, что там хранилось и постоянно заменялось свежим. Особенно понравилось ему взбитое домашнее сливочное масло...

Позабыл, это уж точно, Ф. А. посещение ресторана «Акчарлак» («Чайка») вскоре после его открытия. Директор ресторана (еврей по фамилии, кажется, Вайнер; жена его — молодая, красивая, очень скромная татарка работала в железнодорожной больнице врачом-рентгенологом) каким-то образом заполучил супругов Табеевых к себе. Бедствующий Табеев воспользовался случаем не только вкусно поесть в ресторане с таким приволжским названием, но заодно и продемонстрировать свою близость к народу (народ-то, конечно, в этот вечер профильтровали). И как дополнительный аргумент единства партии и народа в качестве застольных друзей были избраны беспартийные профессора Алексей Андреевич Агафонов и Галина Ивановна Володина. Заодно в этот вечер народ мог убедиться, насколько крепка дружба между татарским (Табеевы), русским (Агафонов) и полуеврейским (Володина) народами. Увы, к печали Агафонова и Володиной, через несколько лет ставших уже бывшими супругами, эта встреча не имела желаемого ими продолжения.
Ах, да: интересно, оплачивали ли гости директора ресторана ужин? Уверен — нет. С бедных какой спрос?

Едет Ф. А. в Москву. Конечно, фирменным поездом. Половина вагона — его с помощниками, половина — для тоже не совсем простого люда. Стоит у окна, любуется пейзажами родины. Подходит к нему коммерческий директор

Казанской обувной фабрики, обращает внимание Первого на его и свою обувь. Объясняет, что теперь в моде не этот (что на ногах у Табеева) фасон, а — этот (тычет пальцем на свои туфли). Табеев особенных эмоций не высказывает. Но возвратившись в Казань, получает на фабрике две пары новых туфель модного фасона. Всё решилось по телефону, а мерка ноги Табеева на фабрике, полагаю, давно имелась. Об оплате не знаю, коммерческий директор (показал, насколько он близок к самому Первому!) об этом умолчал. Как вы думаете, Ф. А. за особый заказ переплатил? Вообще, не платил? Да вы что!

Коль мы уже попали на железнодорожную станцию Казань, то задержимся на её перроне. Подали фирменный поезд «Татарстан». Я — честно не скрываю своих привилегий — получил билет через знакомого (пациента) из Управления казанским отделением Горьковской железной дороги. В вагон, соседний с вагоном для самых избранных. Эти два вагона (№№ 5 и 6?) стояли так, что к ним можно было подъехать на машине. Напротив соседнего вагона, у противоположного края платформы — группа провожающих. Судя по одежде, медленным жестам — из высокого начальства. Среди них — тут не спутаешь — два генерала в армейской форме. По краям — ребята из охраны. Кого провожают? Ф. А. снова возглавляет нашу делегацию в одной из арабских стран: мы же — из вагона не для самых избранных — тоже читаем газеты и слушаем радио. Кого же?

И тут, за пять минут до отправления, к вагону подруливает чёрный лимузин. Из него выпрыгивает бодрая Дина Мухамедовна Табеева, спешно пожимает руки дюжине «провожающих» (все желают ей доброго пути, всех она благодарит) и исчезает в вагоне. Поезд трогается. Все машут ей руками. Вагон скрывается из виду. Уставшие и озабоченные «провожающие» рассаживаются по своим «Волгам»: «...опустела без тебя земля. Если можешь, прилетай скорей». Машины увозят начальство в различных направлениях. Ребята из органов свободны... Finita la comedia!

*

Это было ВРЕМЯ ВЕЛИКОГО ВЗЯТОЧНИЧЕСТВА. Такого, наверное, не было и во времена царизма, когда взятки государственным служащим были официально узаконены.

Строительство КАМАЗа курировал из Москвы тогдашний секретарь ЦК КПСС Андрей Павлович Кириленко (1906-1990). Посему в Казани он бывал часто. И отправлялся домой (возможно, не всегда) «Татарстаном» в том «правительственном вагоне», о котором шла речь выше. Москва так плохо снабжалась, что даже секретарю ЦК там было многого не достать. Иначе, чего бы-то в вагон загружали подарки всех видов — промышленных и продуктовых, причём в таком количестве! Не стесняясь наблюдавших и понимавших, что происходит, из соседнего «полуправительственного вагона», в котором ехал я. Даже «не простые» люди, ехавшие в этом вагоне, не могли удержаться от едких комментариев. Можно было, конечно, загрузить вагон подарками для Секретаря ещё при формировании состава, но кого, извините, стесняться?! Кто, мол, не знает, что так принято...

Ни один директор крупного предприятия Казани не ездил в Москву «утрясать план», выбивать лимиты на металл, кабель, древесину и т. д. (на чтО не было лимитов?) без подаяний. «Всяк труд мзды своей достоин», - гласит русская поговорка, а уж труд министерских работников, ну, сами понимаете. Что дарили? Конечно, только «сувениры». Например, модные тогда шапки из нерпы. Или — дублёнки (судя по накладным, их выписывали с меховой фабрики как тулупы для сторожей). Не могу всё перечислить. Пишу только о том, о чём рассказывали мои пациенты, бывшие в роли особо доверенных «носильщиков» у генеральных директоров. И редко кто из «носильщиков» не напомнил какому-то врачишке о своей близости к Герою социалистического Труда — директору, аргументируя это рассказанным выше. Кстати, даже орденами «расплачивались». Нет, Татария не имела тогда собственных орденов. Орденами московского, а не казанского Кремля. После пуска чего-то (завода, автоматической линии по производству...) из Москвы посылалось сообщение, сколько и каких наград за такие успехи в социалистическом строительстве полагается. Завод, комбинат и т. д., в свою очередь, отвечали Москве поименным списком отличившихся (с указанием, кто какой награды достоин). Во всех таких списках присутствовали работники соответствующего министерства...

Были и особые случаи. В Казань, где находились авиационный, моторостроительный (для самолётов), вертолётный заводы часто наезжал министр авиационной промышленности Пётр Васильевич Дементьев (1907-1977). Память о нём увековечена в столице Татарии (улица и колледж получили его имя, установлена бронзовая памятная доска): П. В. был министром без малого четверть века! Так вот, возможно, к 60-летию министра или по иному поводу один из упомянутых выше заводов решил преподнести П. В. Дементьеву особый подарок. «Разведка донесла», что министру нравятся резные изделия из дерева. А на заводе был как раз рабочий с таким «хобби» - резьбой по дереву. Причём, большой мастер этого дела, участник выставок народного творчества.

Помните, в пушкинской поэме «Руслан и Людмила» есть такое место: «Тогда от ярости немея, стеснённой злобой пламенея, надулась голова; как жар, кровавы очи засверкали; напенясь губы задрожали, из уст, ушей поднялся пар — и вдруг она, что было мочи, навстречу князю стала дуть; напрасно конь, зажмуря очи, склонив главу, натужа грудь...». Вот их (голову и всадника) как раз и изваял из дерева народный умелец. Министр был польщён: разное ему дарили, но чтобы такое... Умелец — удовлетворён: наконец-то, получил он от завода долгожданную двухкомнатную квартиру. Думаю, что и придумавший всю эту комбинацию не остался без своей доли.

Я бы мог продолжить перечень достижений советской власти в совершенствовании системы взяточничества, заложенной ещё во времена осады и взятия Казани войсками Ивана Грозного в 1552-м году. Положа руку на сердце, должен признать, что взяточничество существовало и в Казанском ханстве, но тогда «взятка» именовалась как-то по-иному: «ришвэт», «бакшиш»? Потом — в Российской империи — «мздою», а в советское время — подмазкой, хабаром (ой), хапанцами, барашком в бумажке... Сколько занимательных, прямо таки сказочных историй поведали мне мои пациенты! Но расскажу лишь об одной из них, в буквальном смысле слова — «Сказочной».

Кто полагает, что советская власть не боролась должным образом с повальным пьянством, ошибается. Издавались Постановления ЦК и Совмина « О борьбе...», «О дальнейших мерах по борьбе», даже «О дополнительных мерах по...». А на местах, в том числе и Казани, открывались (и быстро закрывались, так как там был малый «навар») «Студенческие кафе» (естественно, безалкогольные), «Рюмочные» (рюмка водки продавалась ТОЛЬКО одновременно с закуской), «Бутербродные» (того же плана)… В Казани решили радикально усовершенствовать борьбу с пьянством с помощью воспитания поколения непьющих. И поэтому в самом центре города на улице Баумана открыли для детей кафе «Сказка». Алкогольные напитки там, естественно, не подавали. И дети, посещая предприятие общественного питания, не видели вокруг себя ни единой пьяной р... (ну, понимаете сами, кого). Зато видели рожицы забавных зверюшек: не только кукольных огромного размера, но и — ЖИВЫХ. Оформители кафе действовали сразу в двух направлениях: и в самом кафе было деткам на что посмотреть, и с улицы видны были в витринах белочки, птички, рыбки. Меню — рассчитанное на детей, с умеренными ценами. Город ликовал!

Но «недолго музыка играла, недолго фраер танцевал», как выражались те, кого «Сказка» с её соками, лимонадами и компотами не интересовала. Вот что я слышал от непосредственного посредника сделки, которая будет описана ниже.

Не могу сказать, ни кто был инициатором, ни как участники «проекта века» нашли друг друга. Но приехали из Ленинграда два молодых парня — и посредник повёл их к самому высокому лицу в учреждении, которое ведало, в частности, кафе и им подобным заведениям. Ленинградцы сказали, что если им позволят открыть в помещении «Сказки» (мало доходной во всех отношениях) первый в столице Татарии коктейль-бар, то высокое лицо будет получать от них ежемесячно в конверте...(была названа, по моим представлениям, фантастически крупная сумма, которая теперь, когда я за прошедшие годы перебрал в руках купюры пары десятков валют разных стран, никак не придёт с полной уверенностью мне на память). Впрочем, дело не в сумме — дело в возможности того, о чём я повествую. Все расходы по переоборудованию джентльмены удачи из города Революции брали на себя.
Высокое лицо пожало им руки — и всё остальное произошло с невиданной в стране долгостроев быстротой. Молодые люди сняли в Казани четырёхкомнатную квартиру, вызвали жён, обеспечивающих им тыл. Да, «Сказка» сказалась в этот раз быстро... Как и последовавшее за ней дело...

Я специально заходил в этот коктейль-бар, чтобы убедиться в достоверности рассказа «посредника». Два молодых парня — один довольно красивый, другой толстоватый и рыжий — артистично смешивали в шейкерах, заполненных кубиками льда, джин, виски, ром, ликёры, вина из бутылок необычного вида с экзотическими этикетками, добавляя туда ещё мёд, молоко, специи... Либо заливали смесь в блендеры, нажимали кнопку и к звукам непрерывно звучащей музыки примешивалось жужжание электрического смесителя. Никелированные стойки, разноцветное освещение... Столица Татарии в этом месте стала напоминать самые весёлые города мира!

Из чего состояли на самом деле эти диджестивы, аперитивы, шорт- и лонг-дринки (батида, кобблер, беллини и т. д.) - не меньшая тайна, чем рецепт кока-колы. Тут требовалось высокое искусство химичить так, чтобы и высокому лицу, и себе хватало.

Через несколько лет питерские бармены покинули Казань. О «Сказке» к тому времени уже и позабыли. А кто помнит и сейчас, тот подтвердит, что я не сказочник, а бытописатель.

*

Прибегал ли я к взяткам. Конечно. Естественно, мне не были доступны для дарения ни модные в 60-е годы шапки из нерпы (из-за их цены), ни пыжиковые — из шкурок с мехом телёнка северного оленя — шапки (из-за их цены и дефицитности). Но в то время из обрезков этих мехов изготавливали мелких зверюшек (ту же нерпу, например), цена которых была невелика. Я закупал их перед поездками в Москву, чтобы иметь чем «подкупать» дежурных администраторов заштатных столичных гостиниц.

Кстати, если кого интересует, сам я ходил зимой поначалу в папахе из цигейки, в сильные холода — в кроличьей шапке (заправляя под мех верхушки ушей). Затем один курсант меня постыдил, заметив, что у них их величества врачи такие шапки не носят — только пыжиковые. «А Вы — кандидат наук...». Мол, позор-то какой!
Поэтому я нарисовал эскиз шапки с высокой тульей — и мне её связала подружка моей жены. Так я в самодельном головном уборе и красовался долгие годы (коллаж 28.).

Старшему научному сотруднику НИИ судебной медицины МЗ СССР доктору медицинских наук Михаилу Ивановичу Потапову я возил американские сигареты. Надо же было как-то отблагодарить его за иммунные сыворотки системы Льюис и экстракт анти-Н.
Эти сигареты доставал в Виннице мой сводный брат через систему потребкооперации. Надо было видеть, как быстро прятал блоки с такими сигаретами в ящик своего письменного стола М. И., предвкушая первые затяжки душистым табаком. Напомню, что сигареты «Союз Аполлон» со знаменитым вирджинским табаком от американской компании Philip Morris в СССР появились только в 1975 г.

Интересна история с курением, но повёрнутая на 180 градусов. Речь идёт о «взятке лестью». Для исследования липолитической активности крови мне понадобился простой аппаратик, обеспечивающий стабильную температуру 37 градусов сыворотки крови и её постоянное встряхивание. Пошёл на завод медицинской аппаратуры (он располагался тогда, в конце 60-х, недалеко от ГИДУВа). Говорят, что нужно разрешение директора. Попал на приём к нему. Ни я, ни необходимый мне аппаратик директору были не нужны. Понимал, что отвлекаться на такую мелочь никому не захочется. И стоимость аппаратика —

мелочь.

Сказал, что понимаю и принимаю его аргументы. Забот у него и без моего аппаратика хватает. И, тем не менее, он, в отличие от почти всех директоров заводов, подчеркнул я, не курит (я обратил внимание на отсутствие пепельницы на его рабочем столе и на не пропитанный никотином воздух кабинета директора). Директор странно посмотрел на меня и, как бы оценив мою наблюдательность и поблагодарив за комплимент, который он, наверное, впервые услышал, взял из моих рук прошение и написал на нём «Изготовить!». «Спасибо!» - и, боясь. что он опомнится, я рванул в технический отдел завода.

Фамилия директора была Абдрахманов, И. и О. точно не помню (лишь инициалы - Н. М.). Но зато помню, что он был мужем профессора Раисы Шарафутдиновны Абдрахмановой, заведующей кафедрой факультетской терапии медицинского института в 1971-1982 г. г. Её докторская диссертация по функциональной пульмонологии выполнялась с помощью аппаратов, разработанных и производимых на заводе, которым руководил муж. Р. Ш. была рослой и красивой женщиной, с тонкими чертами лица аристократки. Но об особой красоте его жены я директору завода сказать не решился: «кто знает, что он тогда обо мне подумает?»

А следует ли считать взятками подарки врачам? Вот попал я в середине 70-х в Институт травматологии со сложным (близость подключичной артерии) ложным суставом ключицы (после травмы). Необычный по образу мышления, изобретательный А. А. Крылов (родной брат профессора ветеринарного института Н. А. Крыловой — моего оппонента при защите докторской диссертации), сделав нужные замеры, изготовил где-то на заводе из особой нержавеющей стали индивидуальную (для меня) пластину своей конструкции. И скрепил ею во время операции болтающиеся остатки ключицы. Мне было рекомендовано «нажимать» на дичь! (Это — при отсутствии любого мяса в магазинах). Через год пластина была извлечена. Полное заживление наросшей под пластиной ключицы и восстановление функции плече-лопаточного комплекса.

Должен был я как-то отблагодарить этого даровитого врача, по чертежам которого лично для меня изготовили пластину (и, уверен, не за спасибо)? Принёс ему — охотнику — питьевой коровий рог с чеканкой и подарочный набор охотничьей водки. Не хотел брать: «врач — врачу?». Объяснил, что это не от меня, а от моей жены в благодарность за то, что теперь, наконец, снова могу её крепко обнять. Уговорил.

А те же американские сигареты — М. З. Сигалу. Он сделал всё, что можно было для моей жены. Продлил её жизнь на годы, которые были крайне необходимы и ей, и всей нашей семье. Она не дожила только несколько месяцев до окончания школы дочерью. А сын был уже женат.

Постоянно покупались подарки для сотрудников Института онкологии им. Герцена в Москве, где жена часто и подолгу лечилась (облучалась). Правда, жена считала наши подарки недостаточно дорогими, но на другие просто не было денег. Там, в поликлинике Института им. Герцена, в ОДНОМ кабинете одновременно принимали ДВА врача. И за стулом обоих, в углу громоздились горы презентов от пациентов со всей страны. Сам видел.

На этом фоне те редкие бутылки коньяка, которые оставляли мне мои амбулаторные пациенты, выглядели маленькими шоколадками для детей. Коньяки я исправно доносил до дома, где жена расплачивалась ими за ремонты любого сорта (перестилание полов, побелка, починка сантехники, изготовление на балконе откидной «крыши» для велосипедов, пр.). Не разбираясь в сортах коньяков, она за небольшую работу одаривала дорогими и редкими напитками рабочих, которым как до, так и после «халявы» в нашей квартире, «потреблять» подобное более, уверен, не выпал случай нигде и никогда.
Но я был освобождён от дел, до которых у меня просто руки не доходили.

Вот я писал о «взятке» - пристраивании меня в бассейн «Химик». О железнодорожных билетах. О, чуть не забыл, подаренном негатоскопе (я его с собой в Тернополь не забрал — остался на кафедре). Ещё вспомнил: выточили мне на, не помню уже каком, заводе из особой нержавеющей стали фистулы желудка для собак. Фистулы из обычной нержавейки разъедались очень агрессивным желудочным соком собак. Старинные фистулы из серебра, которые А. А. Агафонов занял на кафедре нормальной физиологии, оказались очень тяжёлыми: ободок, остававшийся в полости желудка, сдавливал слизистую оболочку и рана после наложения фистулы заживала плохо, гноилась. Сделанные же по моему заказу фистулы были лёгкие, с очень тонким ободком (с закруглёнными, не острыми краями) и никакая кислота их не брала.

Вообще, с заработками «на стороне» мне не везло. От платных консультаций где-либо, я писал уже, отказывался. От приёма в платной поликлинике — тоже. Приходил главный врач в больницу — упорно приглашал. Сообщил, сколько можно в час заработать. Я спросил, сколько минут даётся на одного больного. Сказал, что двадцать. Объяснил ему, что у обычных «блатных», направленных ко мне больных столько времени уходит на собирание анамнеза. А в платной поликлинике, куда приходят часто, обойдя все возможные бесплатные инстанции, с последней надеждой, у больного на руках ворох справок, анализов, рентгеновских снимков. Не понял главный врач меня.

Пару раз «подпольно» консультировал в спецбольнице, куда не имел допуска 4-го Главного управления Минздрава СССР. К чему и не стремился. Начмед спецбольницы Галина Михайловна Кипенская позвонила, сказала, что пришлют машину. Отказался, сразу понизив этим свой статус. Но всё-таки все разы добирался до спецбольницы на своих двух. Больных смотрел в кабинете начмеда. Ничего не записывал, будто меня там не было. Только раз (больной был лежачий) осмелилась Г. М. провести меня в палату.
Об оплате «подпольных» консультаций не могло быть и речи.

Один раз О. С. всё-таки меня уломал — и я согласился консультировать в инфекционной больнице. Началась эпидемия гриппа — была команда превратить инфекционную больницу в гриппозный лазарет. Требовалось срочно выписать максимально большее число больных. Эту сортировку должен был провести я. Два дня после занятий занимался этим.
Через несколько дней получил почтовый перевод. Сумму не помню, но на неё дальше 774-го километра, откуда вёл не очень-то короткий путь на дачу А. А., было не доехать. Отправил перевод главному врачу М. И. Кавалерчик с припиской: «санитарка за такое количество часов зарабатывает больше». Ответа не получил. И О. С. молчал. А у него с этой дамой были особые отношения. Что-то они вместе публиковали, он там числился консультантом. Тарифная ставка у него была иная, разумеется.

*

Пора уже переходить к обещанному «выстрелу ружья», к моим встречам с КГБ тех лет.

Когда я приехал в Казань, город был полностью закрыт для иностранцев. Слишком много было в столице Татарии предприятий только или большей частью работавших по заказам военного ведомства. Авиационный (22-й), моторостроительный (16-й), штепсельных разъёмов (7-й), вертолётный, пороховой, предприятия пошива одежды и обуви для военнослужащих... А ещё

— конструкторские бюро в городе и около него. Даже одного Генерального конструктора помню (по авиационным моторам?). Тот жил один в доме с огромной прилегающей территорией, окружённой сплошным высоким забором. Недалеко от Дома культуры им. Урицкого.

Потом иностранцы (с туристических теплоходов) появились в городе: их возили в автобусах для знакомства с центром Казанью. Как положено, неотрывно в сопровождении сотрудников КГБ (иностранцев на некоторое время выпускали из автобусов)…
Казанские предприятия стали закупать иностранное оборудование — и появились специалисты-консультанты по его монтажу и запуску в производство. Их селили в специальных помещениях в центре города (была такая закрытая гостиница недалеко от железнодорожного вокзала) и возили в «милитаризованные» районы города на работу в особых автобусах. В центре города, где ничего «секретного» не было, они передвигались относительно свободно, посещали театр оперы и балета, но — не далее.

У одного из таких иностранцев — немца средних лет из ФРГ — возник приступ острого аппендицита. Его надо было срочно госпитализировать и прооперировать.
Где? Ни республиканская, ни любая из городских больниц не имели достойный вид. Опозориться перед капиталистом? Никак нельзя!
Привезли немца в более менее приличную, в железнодорожную больницу. В сопровождении, как положено, кагэбиста и жены немца. Последняя настолько много ужасного наслышалась об СССР, что постоянно ожидала какого-нибудь подвоха. Забегая несколько вперёд, отмечу, что из-за страха она не позволяла мужу ничего есть из приготовленного для него (лично для него!) на больничной кухне. И ел он только принесенное женой и непосредственно из её рук.

Немца уже готовили к операции, как в больнице появились дополнительные сотрудники межведомственного (то есть, проникшего во все ведомства) комитета. Как допустили такое?! Забыли что ли, что из окон больницы просматривается (в дымке, так как это, как я сейчас определил по карте, километров 8-9 по воздушной линии) аэродром 22-го завода, откуда поднимают в воздух изготовленные военные варианты «ТУ»?! Немедленно очистить больницу от, не исключено, иностранного шпиона!

А КУ-ДА «очистить», уточните, пожалуйста? Последняя больница, которая оставалась — обкомовская, так называемая спецбольница. «Но не для

иностранных же спецов!» - возмутились там. «Нечего классовым врагам осквернять наши помещения!» Подключили обком партии — и немец был оставлен в отдельной палате с окном в противоположную, по отношению к военному аэродрому, сторону. И, как дополнительное оправдание «в отсутствии бдительности», подчёркивали, что хирургическое отделение располагается на 4-м этаже, а аэродром более-менее сносно виден только с шестого этажа.
Не помню, кому поручили оперировать немца. Но из персонала с немцем общался, причём на немецком языке (какого качества языке — не знаю), только заведующий хирургическим отделением Алексей Семёнович Книрик. Говорили, что он в войну побывал в немецком плену. Так что это была встреча со «старыми знакомыми» — пациентом и его женой.

Первый раз непосредственно я общался с кагэбэшником в больнице завода им. Куйбышева. На заводе монтировали новую технологическую линию итальянцы. Один из них — молодой парень — заболел. Простудился, что ли. Положили его к нам. Ни он — ни слова по-русски, ни его девушка (успел познакомиться сам, не сосватало КГБ, что тоже бывало) — ни слова по-итальянски. У меня — остатки латыни и карманный русско-итальянский словарик. Всё (расспрос, осмотр) только под присмотром кагэбиста. Кроме спагетти, парень ничего не пожелал есть. Спагетти, приготовленные поваром из наших макарон, попробовав, есть отказался. Фактически — объявил голодную забастовку. Кагэбист по-итальянски не понимал, через приходившую переводчицу общение тоже не складывалось. Я сказал кагэбисту, что снимаю с себя ответственность за исход — и итальянца отправили самолётом в тёплую Италию.

Летом 1978-го года я получил записку с требованием явиться в спецотдел (форпост КГБ в институте), где мне было сообщено, что меня тогда-то в столько-то часов ожидает на Чёрном озере (резиденция охранки ещё с царских времён) майор Якубов. В театре оперы и балета в то время ведущим тенором был Камиль Якубов, так что у меня сразу же в голове возник вопрос: «Какую арию пропоёт мне майор?». Репертуар солистов из КГБ был, правда, весьма ограничен, но всё-таки — какую именно?

*

Перед этим — небольшое отклонение. Во времена брежневского застоя постоянно говорилось и писалось в средствах массовой информации о тех или иных вспышках противостояния партийно-советскому режиму. Это были годы так называемого самиздата не соответствующей идеологии Кремля литературы, разгона митингов протеста, невозвращения из зарубежных гастролей деятелей культуры, пр. Времена Сахарова, Солженицына, Растроповича, и других. Удивительно, но на институтских собраниях анти-антисоветской пропагандой не очень-то занимались, а если — то не в прямую. Присылали какого-нибудь более-менее грамотного лектора обкома партии и тот пересказывал нам то, что прочитал в доступных тогда очень немногим «Аргументах и фактах». Это был тогда ещё еженедельный «Бюллетень ордена Ленина Всесоюзного общества «Знание» - лекторам, пропагандистам, политинформаторам, агитаторам», публикующий факты, не приводимые в обычной прессе. Полузакрытое издание. Массовой газетой «Аргументы и факты» станут позднее.

А тут собрали доцентов и ассистентов — и сразу же им представили куратора ГИДУВа из КГБ. Молодой человек, ничем особо не выделяющийся, начал с рассказа о происках иностранных психологов по расшатыванию коммунистической идеологии. Мол, анекдоты про Чапаева сочиняют в Лондоне, чтобы наша молодёжь потеряла уважение к Герою гражданской войны и всему, что с этой войной против буржуев связано. Сообщил, что недавно в КГБ пришлось проводить профилактическую беседу (так они - санитары наших душ - «промывание мозгов» называли) с преподавателем авиационного института. Тот на занятиях со студентами пересказывал последние сообщения из передач Би-Би-Си на русском языке. И ещё подобные «ужасные» факты. Аргументов (доводов) того, что всё это расшатывает советский строй не приводил. Словом, глубоко не копал. Боялся, наверное, что сам выберется на поверхность в западном полушарии.

После перерыва нас должны было инструктировать институтское начальство по учебным вопросам.
Перекуриваем (меньшинство), прислушиваемся, о чём болтают (большинство). А первым слово взял заядлый куряка Толик Агеев: «Ребята, есть новый анекдот!».

Анатолий Фёдорович Агеев, на несколько лет старший меня, был ассистентом на кафедре хирургии, расположенной также на базе железнодорожной больницы. Крупный, весёлый, общительный. Никогда не ставящий себя выше собеседника — даже в бытность деканом хирургического факультета, даже получив звание доцента. Любил пародировать, насмехаться, но не зло.

Когда умер его учитель профессор П. В. Кравченко, Анатолий Фёдорович взял на себя основные заботы по организации похорон. Ни жене, ни сыну П. В., приехавшему из Москвы, это оказалось не под силу. П. В. был (временно) похоронен в Казани, хотя родственники желали, чтобы он был захоронен в Москве. Быстро получить разрешение на это не удалось, но через пару месяцев брат жены П. В. - высокий генерал - добился такого разрешения — и гроб с телом П. В. перевезли в Москву. Из всего коллектива кафедры лишь Толик принимал участие в этой мало привлекательной процедуре.

Толик вы'ходил большого нефтяного начальника, страдающего свищом толстой кишки, за что получил от нефтяников отличную квартиру. А до того жил скромно в тесноте с женой и детьми, но никому не жаловался. Жена его Тамара работала урологом в железнодорожной больнице, была удивительно милой женщиной, о которой никто никогда и полслова плохого не уронил с губ.

С Толиком у нас были отличные отношения. Когда у меня по дороге на работу возникли боли в животе и я, приехав в больницу, сразу же пошёл показаться хирургам, Толика ещё не было. Все, смотревшие меня, сошлись на мнении, что это — НЕ аппендицит. Только я сомневался. Пришёл профессор П. В. Кравченко, с которым во время его первого инфаркта мы часто и долго беседовали в развёрнутой для него одноместной палате (тогда с инфарктом лежали в больнице подолгу, а я дежурил часто). П. В. пощупал мой живот. Дал команду подошедшему Анатолию Фёдоровичу немедленно меня оперировать. Оказался флегмонозный аппендицит. Вскоре после операции (я был ещё на больничном листе) скоропостижно, от второго инфаркта умер П. В. Кравченко. При прощании с ним и я стоял в почётном карауле.

Так вот, этот хохотун Толик Агеев, через несколько минут после «воспитательного часа», проведенного с нами кагэбистом, рассказывает следующий анекдот. Передаю его краткое содержание.
На заседании Политбюро Брежнев возмущается. Безобразие: только мы что-то тут решим — через несколько часов об этом уже вещают «Голос Америки», «Радио «Свобода»», «Немецкая волна» и прочие вражие голоса! Всё: я не знаю, кто выносит информацию отсюда, но сегодня никто во время заседания из моего кабинета не выйдет! До конца совещания. Баста!
Прошло около часа. Суслов просится в туалет. Брежнев повторяет свой запрет. И так — несколько раз. Вдруг заседание прерывает вошедший в кабинет помощник Брежнева и, склонясь к генсеку, произносит вынужденно громко (генсек глуховат): «Леонид Ильич! Только что радио Би-би-Си передало, что Суслов обоссался.»

*

Появляюсь на Чёрном озере. Докладываю дежурному. Является майор Якубов. И ведёт меня лабиринтом коридоров в свою келью.
Майор невысок, приятен лицом, вежлив. Келья странной формы, завалена бумагами, заставлена звукозаписывающими аппаратами.
Майор находит нужную ему стопку листов и перебирает их. Узнаю листы с почерком Р. И. Хамидуллина. [Ему в этом году переизбираться на новое пятилетие. А до завершения его диссертации — долгие годы (Р. И. - на десять лет старше меня - защитил докторскую диссертацию в 1984 г., через 11 лет после моей защиты)].

«Вот Вы на лекциях порочите нашу космонавтику, превозносите американцев.» Сразу понимаю, о чём идёт речь. Я уже писал, что регулярно просматривал-прочитывал примерно тридцать медицинских журналов. Среди них - «Космическую биологию и авиакосмическую медицину». Обратил внимание на статью, подробно описывающую расстройства желудочного-кишечного тракта у американских астронавтов. Рассказал на лекции врачам-курсантам о причинах этого (невесомость, необычная диета, изменённые условия для опорожнения кишечника), о том, как предупреждают и лечат такие нарушения. Заметил, что у наших космонавтов всегда, судя по сообщениям прессы и отсутствию подобных американским публикаций, «Самочувствие отличное. Вздутия живота нет. Стул регулярный.»

Кроме того, на Школах в Калуге, на конференции в Андижане я много общался с Константином Владимировичем Смирновым, а, живя в Москве, даже был у него - уже ставшего профессором - дома на Новой Басманной улице. К. В. Смирнов заведовал гастроэнтерологическим отделом в Центре космических исследований. И немало сообщил мне о трудностях с пищеварением во время космических полётов. Понимаю, что об этом в газетах писать было не обязательно, но умалчивать в специальной литературе — тоже не следовало.

Как мне позднее рассказывал доцент Владимир Иванович Таняшин - проректор по учебной работе, всегда ко мне хорошо относившийся, одной из врачей-курсанток, слушавшей мою лекцию, была жена кагэбиста из Тулы (Орла, другого города Средней России?). И заявила о моей не патриотической позиции (или — того хуже!) заведующему кафедрой. И вот в два пера настрочили они «телегу» на меня в КГБ. Так ли это было или — по-иному, не могу утверждать. Майор читать мне эти доносы не дал.

Кстати, что касается В. И. Таняшина. Этот рано поседевший доцент кафедры микробиологии - проректор почему-то мне (гарантировано — и другим тоже) постоянно приводил доказательство своей близости к высшим закрытым кругам Казани. Например, он показывал «почти никому другому не попавший в руки», напечатанный в Финляндии альбом в честь (ошибочной!) даты 1000-летия Казани (празднования были отменены). Или хвалился мне, что у него имеется «досье» на всю профессуру института. Тому же, видимо, и должно было послужить сообщение об истоках моего контакта с КГБ. Был ли он сам «неофициальным информатором» - кто теперь скажет?

Потом — я же отмечал бедность репертуара кагэбистов — мягко возмутился майор Якубов тем, что я уже много лет («у нас есть данные») пересказываю курсантам лживые сообщения из-за бугра (Би-Би-Си, и пр.). Можно сказать, что К СЧАСТЬЮ у меня не было радиоприёмника и купил я таковой буквально за пару месяцев до свидания с майором. «Показать квитанцию?» - спросил я. Майор прервал арию, перебрал в уме оставшийся у него типичный набор обвинений — ничего не оставалось. «Но я должен что-то доложить и показать генералу» - он просил моей помощи. «Что я должен написать?» - спросил я его. «Что Вы не диссидент и им не будете» - резюмирую я его совет. «А то я могу тут же написать письмо ректору и...». Написал я. «Могу идти?».
«У нас принято провожать посетителей до выхода. Да и Вы дорогу сами не найдёте.»

Пошли. Я — ВПЕРЕДИ, майор, который был ниже меня ростом, едва поспевает за мной. "Шире шаг, маэстро!" (помните такой рассказ Василия Шукшина?), - мысленно подаёт команду старший лейтенант медицинской службы (запаса 3-го разряда) майору КГБ. Тот следует ей неукоснительно.
Мне дана была в генах способность хорошо ориентироваться в малознакомой обстановке — и Я ВЫВЕЛ майора к выходу. На его непроницаемое лицо стража государственной безопасности пробилась таки мина удивления...

Больше в Казани с майором и КГБ я не встречался. И всем рассказывал, что у американских астронавтов в невесомости распирает животы до взрывоопасного состояния. А нашим космонавтам удаётся сбрасывать давление в кишечнике: они без особого труда испускают кишечные газы с такой силой, что космическим кораблям даже угрожает переход на незапланированные орбиты. Однако Центр управления полётами, как и КГБ, всегда начеку и направляет вся и всех, сбившихся с верного пути, на путь истинный.

В заключение этого пёстрого воспоминания о КГБ две строфы из стихотворения Евг. Евтушенко «Карьера», которые я уже приводил в «Моей Виннице»:

«Ученый, сверстник Галилея,
был Галилея не глупее.
Он знал, что вертится земля,
но у него была семья.

И он, садясь с женой в карету,
свершив предательство свое,
считал, что делает карьеру,
а между тем губил ее.»

Карьеру делали майор Якубов и кандидат наук Хамидуллин. Не знаю, до какого звания дослужился майор, а вот кандидат наук стал «академиком» (о чём подробней я расскажу ниже). Мне не пришлось предать никого, кроме себя: так хотелось послать их всех на три буквы! Но у меня была жена, которая по 2-3 раза в году вынуждена была проводить курсы лечения в Москве...

*

На сайте бывшего ГИДУВа им. Ленина — Казанской государственной медицинской академии о Р. И. Хамидуллине сказано:
«В апреле 1998 г. он был избран членом-корреспондентом, а в мае 2001 г. действительным членом (академиком) Российской Академии Естественных Наук.» Какая точность! Только дни забыты: апрель, май — и всё. Наверное, юбилейные празднества по случаю этих дат длятся по месяцу каждое.
Вы не отмечали в апреле с. г. целый месяц 15-летие избрания Р. И. член-корром? А ещё ранее, в мае 2011-го — тридцать один день 10-летие избрания АКАДЕМИКОМ?! Вам нет прощения!

Из ВикипедиИ (ru.wikipedia.org/wiki/Российская_академия_естественных_наук):
«Общественная организация «Российская академия естественных наук» не имеет отношения к Российской академии наук, и критикуется рядом академиков и сотрудников РАН за то, что некоторые ее члены— лица, далёкие от науки, не имеющие должного образования и признанных научных работ.»
Читайте эту статью в ВикипедиИ полностью — и вы поймёте, что' это за «общественная организация». Как под прикрытием настоящих больших учёных, которые по собственному недоразумению, из-за неконтролируемого честолюбия,

за вознаграждение или ещё за что-то любезно согласились, чтобы ими украсили это пёстрое собрание почти четырёх тысяч членов сей «академии».

А теперь другие факты «Из истории академии» (http://kgma.info/academy/history/). Академии Казанской ГОСУДАРСТВЕННОЙ медицинской, вернее, тогда ещё ГИДУВа.
Когда О. С. после многократных попыток всё-таки получил место в Москве и об этом узнали в институте, то поздравляли не его (он ведь мечтал о кафедре, об отделении в Институте питания, а не в каком-то НИИ медицинской и медико-технической информации) — поздравляли меня. С кафедрой.

Избрание Р. И. Хамидуллина для непосвящённых (а ими было большинство) оставалось загадкой. Для меня, честно говоря, тоже. Были же лучшие кандидаты, правда, не в ГИДУВе. Р. И. не подходил ни с какой стороны для этой должности. Низкое общее образование, невысокая врачебная квалификация, не ахти какие педагогические способности, косноязычность, да и докторской диссертации, о которой он всё время говорит, не видно (напоминаю: защищена в 1984 г., а мы — в году 1973-м).

Я находил один ответ: О. С. желает сохранить патронаж над кафедрой, приезжать в Казань для чтения лекций, консультаций больных (профессор ИЗ МОСКВЫ!), для милых бесед в купленной им кооперативной квартире. И всё — за деньги его приглашающих.
Он понимал, что как консультант он мне не понадобится, а вот мало пригодному для заведования кафедрой патрон из Москвы будет не лишним.

И ещё, предполагал я, действует О. С. по принципу: «чем хуже, тем лучше». В сравнении с Р. И. все увидят, КОГО они потеряли. А поскупились ведь представить его к званию «заслуженного деятеля науки РСФСР».
Все и до того знали, что «потолок» Р. И. ниже такового в его бывшей малогабаритной квартире, что «перестраиваться» ему уже поздновато. Но, ничего: переизбирали и переизбирали его. И заведовал он кафедрой ДВАДЦАТЬ ТРИ года!

Это было следствием служебной халатности, если не сказать больше, как ректора И. М. Рахматуллина (положим, он ещё не разобрался и поверил О. С.), так и ректора М. К. Михайлова (который, хотя бы со слов своей жены, знал полное отсутствие необходимых для заведования клинической кафедрой качеств у будущего «академика»).

И речь идёт совсем не о том, что меня не позвали обратно, а о том, что в Казани было кем заменить Р. И. Хамидуллина. У меня-то имелись совсем иные планы, которым, увы, не пришлось осуществиться, о чём *теперь* жалеть не приходится. Скорее, наоборот.

Оправдывает обоих ректоров, возможно, только то, что таковые примеры были и в столице нашей родины городе-Герое Москве. Руководителем КЛИНИЧЕСКОЙ кафедры питания Центрального института усовершенствования врачей в 1989 г. стал (он держал это место по 2002 г.) М. Н. Волгарёв, всю свою научную жизнь проведший в патоморфологической лаборатории с крысами. Если добавить к тому, что пробную лекцию у член-корреспондента АМН СССР и директора Института питания АМН СССР (первое — следствие второго, а не особых заслуг перед наукой) М. Н. Волгарёва я ВЫИГРАЛ, хотя ему во время лекции на его территории (!) помогал весь институт, то станет понятной тотальная коррумпированность режима того времени. Врачи-курсанты, к удивлению представителей ЦОЛИУв, проголосовали, в большинстве, за меня, выступавшего без слайдов, гордого упоминания стран, где на научных конференциях докладчик побывал (я-то был, кроме прочего, невыездным), пр. шелухи, ничего общего с темой лекции не имеющей.

А о предшественнике будущего «академика» — высокообразованном, речистом, знатоке нескольких иностранных языков, умельце «коснуться до всего слегка, с ученым видом знатока...» — быстро позабыли.
Просчитался О. С. во всём!

Меня потом удивляло, что после отъезда О. С. всякий контакт его с Р. И. оборвался. В разговорах со мной ни О. С. о Р. И., ни Р. И. об О. С. даже не заикались. О. С. не показался на кафедре во время скорого, после отъезда, визита в Казань. Интересно, правда?

И, вот — приблизительно через год! — я узнаю сущность сделки между бывшим и новым заведующими кафедрой. Больная, чья мать (тоже была у меня на приёме) это всё проворачивала (она работала в какой-то конторе, занимавшейся жильём), наконец, решилась — по собственной инициативе — мне всё рассказать.

А дело было в следующем. Я уже писал, что у О. С. была великолепная, по меркам того времени, трёхкомнатная квартира. Р. И. с женой и двумя детьми жили в панельном доме, в двухкомнатной...

Кто первый из двух завкафедрой начал этот разговор — не знаю. Или Р. И. — как бы нам, с обоюдной выгодой, обменяться квартирами (я, мол, заплачу')? Или О. С. — обменяемся, но одновременно должны заплатить и за кафедру (мол, понимаете, что это будет стоить дороже).

Помните, я писал об обмене квартир О. С. и его родителей на общую плюс гараж. А гараж потом не отдали, что вызвало у О. С. гнев, распространившийся на друзей не выполнившего обещание.
Мне кажется, что деньги за кафедру О. С. получил в конце концов не сполна или совсем не получил: выплату Р. И. отложил до избрания, а оно состоялось через пару месяцев после отъезда О. С. Конечно, О. С. не совсем задаром везде хулил меня и превозносил Р. И., но такая деятельность «руководителя предвыборной кампании», по его мнению, стоила большего вознаграждения.

Это, частично, мой домысел. А о том, что потом двухкомнатная квартира Р. И. была обменена О. С. на однокомнатную (думаете, что за спасибо?), есть документальные свидетельства. Со справкой о сдаче казанской квартиры О. С. получил преимущества при вступлении в жилищный кооператив в Москве.

Да, в «хвалёное советское время», при наличии профкомов и парткомов, уголовного кодекса и прокуратуры торговали многим ГОСУДАРСТВЕННЫМ, в частности, квартирами и кафедрами в институтах. Не ведали, что ли, мои юные читатели?

Может быть, теперь будет понятно моё отношение к бывшему научному руководителю, которое многим кажется кощунственным. Не буду оспаривать их мнение — они не побывали в моей шкуре...

Что осталось для меня загадкой в этой сделке, так это тайность, которую удалось обеим сторонам сохранить. О. С. нередко проговаривался по разным поводам, но глухо молчал о своей московской семье. И никто от него об этом ничего не узнал. Правда, информация поступала, но, повторяю, никогда — от него самого.
Р. И. был временами выраженным экстравертом — и тогда его заносило.
Рассказывает: был я вчера у давнего моего пациента с описторхозом, смотрел его мать. Выхожу на улицу, засовываю руки в карманы, а там две шкурки... На днях был у меня министр сельского хозяйства Марийской республики: у него раздутый желчный пузырь. Привёз мне министр... Еду на днях в Москву — ещё не для всех подарки припас... (так и «академиком» он стал).
Такой обмен квартирами — явный криминал, может быть, поэтому даже

подозрения ни у кого не возникли. Не могут же такие люди... Смогли — и ещё как одурачили всех!

5. ПРОЩАЙ, КАЗАНЬ!

Я покидал Казань не только «повзрослевшим», не только доктором медицинских наук, не только весьма опытным в некоторых разделах внутренних болезней специалистом, не только исследователем системы пищеварения с, не сочтите нескромным, всесоюзной известностью. Я покидал Казань как «видавший виды» будущий заведующий кафедрой. Наблюдая двух заведующих кафедрой, на которой пришлось прослужить шестнадцать лет аспирантом и ассистентом, я ХОРОШО ЗНАЛ, КАК НЕ НАДО РУКОВОДИТЬ АСПИРАНТАМИ и КАФЕДРОЙ. Поэтому в последующие девять моих тернопольских лет учебная, врачебная и научная деятельность возглавляемой мною кафедры была весьма успешной и кафедра не знала потрясений. Не верите — справьтесь по этому поводу в Тернополе. Зато были научные разработки, публикации, изобретения и многое другое, включая учебный процесс, которые кафедре терапии №2 под руководством «академика» и не снились.

[Нет, не зря мне выдали в ГИДУВе бессрочную (без даты!) характеристику высшего качества (коллаж 30.)!]

А ведь работать мне пришлось с коллективом, который набирали без меня, в специфических условиях бывшей польской Галиции. Казанский профессор-ортопед Анвар Латыпович Латыпов, узнав место моей будущей работы, смог, в нашей с ним беседе, мне только посочувствовать. Он-то сам продержался заведующим курсом ортопедии и травматологии Тернопольского медицинского института очень короткое время и, бросив всё, возвратился в Казань. Мне же, и это тоже имело значение, возвращаться в Казань, в связи с отсутствием перспектив, было бы бессмысленно. Правда, перед А. Л. у меня было одно преимущество: я свободно владел украинским языком, хотя западно-украинский диалект был и для меня некоторой сложностью.

Я покидал Казань — и никто меня не провожал. Ни из обкома, ни из Совета министров, ни из Президиума Верховного совета Республики. Не расставался со мной ни один генерал, не было даже майора из занимавшихся такой важной персоной, как я, органов государственной безопасности. Но майор —

единственный, кто обо мне не забыл! — послал депешу в Тернополь. Там уже заправлял диктофон новой батарейкой мой следующий куратор, правда, только лишь старший лейтенант. И не преминул вскоре ко мне позвонить, предлагая встречу. В ресторан я его не повёл. Назначил свидание в клинике, после работы. Там тише, чем в ресторане: и старлей мог спокойно, заводя руку в боковой внутренний карман пиджака, включать и выключать диктофон, записывая на плёнку мои мудрые мысли. О причинах уезда сотен тысяч советских граждан за рубеж, о ЛЕНИНСКОЙ национальной политике партии и правительства, о кадровых расстановках в науке... Всё равно ему плёнки не хватило: я имел что' ему разъяснить.

Наверное, в награду за эту «школу жизни», которую получил у меня молодой «страж завоеваний революции», мне был позже дозволен допуск к телу самого главного «стража» по Тернопольской области — генерала. Консультировал я и его, и его дочь. Правда, не один-на-один. Полной надёжности я и в Тернополе не удостоился.

*

И — самое, самое последнее. Обо всём ли я написал, что случалось со мной и моим окружением в эти шестнадцать казанских лет? Конечно, - нет! И ещё раз — нет!

Во-первых, начало описываемого периода моей жизни отдалено от времени его описания на половину столетия. А у меня, как и у каждого, существуют естественные провалы памяти даже о намного более позднем времени. Да и самые последние из описываемых событий отделяет от нас тоже немалый промежуток времени — треть столетия. Среди тех, кто родился уже *после* этого, много сотрудников заведения, которое именовалось ГИДУВом им. В. И. Ленина, а ныне является Казанской государственной медицинской академией. Представляете, какая это для них «история древнего мира»?

Во-вторых, немало всё-таки застрявших в памяти событий (несмотря на то, что они отстоят от наших дней на большой срок) я сознательно, преднамеренно «провалил» в памяти, когда писал эти воспоминания. Слишком много в них са'мого что ни есть интимного, подоплёку которого сторонним (в этих случаях, таковым был я) узнать почти невозможно. Великий мудрец М. Е. Салтыков-Щедрин писал: «Мы боимся даже невзначай обнаружить ту сокровенную подоплёку, которая составляла основу всей нашей жизни». Основу жизни других, добавлю от себя — тем более.

В-третьих, я поведал, о столь многом, о чём в то время (да, и по мнению некоторых, даже сейчас) следовало бы «молчать в тряпочку». Я писал в самом начале этих воспоминаний и повторяю это в конце: знаю, что на меня обрушится гнев ряда читателей. Но как и с историей «Моей Винницы», доброжелательных отзывов, надеюсь, будет всё-таки несравненно больше.

«Моя Винница» с её первой публикации в течение ТРЁХ ЛЕТ уточнялась, исправлялась, дописывалась, в ней появились новые иллюстрации. По всей вероятности, этот текст тоже не останется неизменным. Благодаря вам, мои читатели. Так что, будьте внимательны, о малейших неточностях, даже о предположениях таковых — сообщайте. Если имеете дополнения — сделайте их общим достоянием. Чтобы эти воспоминания приблизились к тому, что понимается под «отражением времени».

Где потом можно будет прочитать о том, каковы были веяния в медицинских кругах, да и не только в них, в Казани того времени? Нигде.

Написал я предвзято? Конечно.

Неправду? Ну, это ещё требуется доказать.

Есть такие доказательства у вас? Нет?

Тогда, как говорят в Одессе, «не кидайте брови на лоб и замолчите свой рот!». Мой папа был всё-таки одессит...

Впервые опубликовано на сайте Проза.ру:
http://www.proza.ru/2013/07/20/1541

Коллаж 01

На всех фотографиях: слева — направо, сверху — вниз.
1963: Ф. Р. Нугманова, Р. И. Хамидуллин, А. З. Давлеткильдеева, О. С. Радбиль, Н. И. Ионова.
1966: Р. И. Хамидуллин, Ф. Р. Нугманова, О. С. Радбиль, А. З. Давлеткильдеева, С. Г. Вайнштейн.
1968: С. Г. Вайнштейн, Р. И. Хамидуллин (остальные — врачи-курсанты).
1969: С. Г. Вайнштейн, А. З. Давлеткильдеева, О. С. Радбиль, Ф. Р. Нугманова, Л. В. Дановский.
1969: Р. И. Хамидуллин, А. З. Давлеткильдеева, О. С. Радбиль, Ф. Р. Нугманова, Л. В. Дановский.
1969: в центре — проф. Л. М. Рахлин.

Коллаж 02

На всех фотографиях: слева — направо, сверху — вниз.
1971: см. подписи под фотографиями.
1972: Ф. Р. Нугманова, А. З. Давлеткильдеева, О. С. Радбиль, С. Г. Вайнштейн.
1972: Л. В. Дановский, Н. А. Климова, С. Г. Вайнштейн, А. З. Давлеткильдеева, О. С. Радбиль, Ф. Р. Нугманова.
1973: С. Г. Вайнштейн, Ф. Р. Нугманова, Р. И. Хамидуллин, Н. А. Климова.
1973: С. Г. Вайнштейн, Н. А. Климова, А. З. Давлеткильдеева, О. С. Радбиль, Ф. Р. Нугманова, Л. В. Дановский.

Коллаж 03

На всех фотографиях: слева — направо, сверху — вниз.
1974: см. подписи под фотографиями.
1975: С. Г. Вайнштейн, Ф. Р. Нугманова, Р. И. Хамидуллин, Н. А. Климова, А. М. Бродская.
1975: А. Х. Михайлова, Ф. Р. Нугманова, Р. И. Хамидуллин, Н. А. Климова, А. М. Бродская, С. Г. Вайнштейн.
1976: Ф. Р. Нугманова, Р. И. Хамидуллин, А. Х. Михайлова, С. Г. Вайнштейн, Н. А. Климова, Л. В. Дановский, лаборант кафедры Л. С. Каргина.
1977: Ф. Р. Нугманова, С. Г. Вайнштейн, А. Х. Михайлова, А. М. Бродская, Л. В. Дановский.

Коллаж 04

На всех фотографиях: слева — направо, сверху — вниз.
1977: Л. В. Дановский, Ф. Р. Нугманова, Р. И. Хамидуллин, А. Х. Михайлова, С. Г. Вайнштейн, Н. А. Климова.
1978: Л. И. Анчикова, Ф. Р. Нугманова, Р. И. Хамидуллин, А. Х. Михайлова, С. Г. Вайнштейн, А. М. Бродская.
1978: Л. И. Анчикова, С. Г. Вайнштейн, А. Х. Михайлова, Ф. Р. Нугманова, Р. И. Хамидуллин, А. М. Бродская.
1978: С. Г. Вайнштейн, Л. И. Анчикова, Н. А. Климова, Р. И. Хамидуллин, Ф. Р. Нугманова, А. Х. Михайлова, А. М. Бродская.
1979: патолог В. П. Нефёдов, Н. А. Климова, Р. И. Хамидуллин, А. Х. Михайлова, С. Г. Вайнштейн.

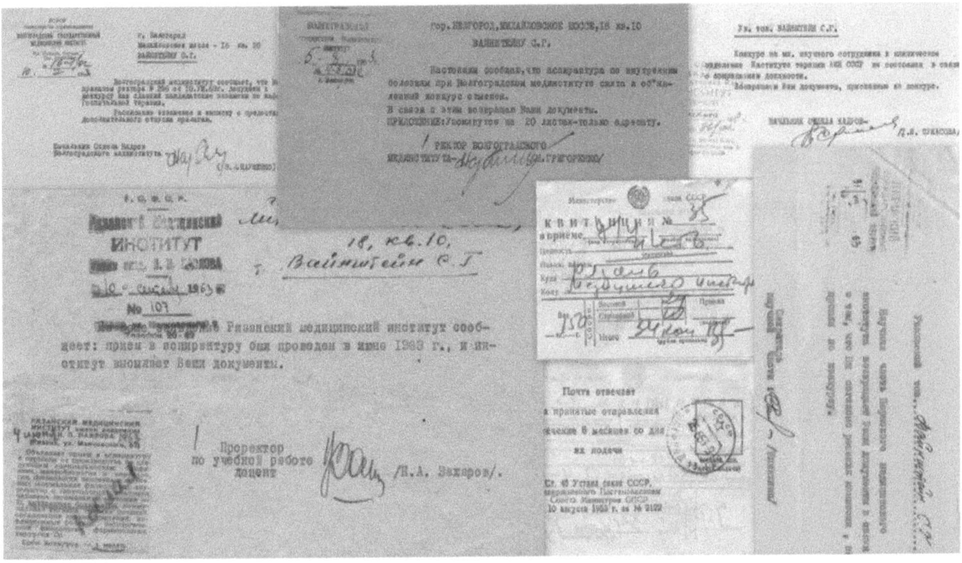

Коллаж 05

Вот таким образом меня не принимали в аспирантуру.
Всмотритесь в дату объявления конкурса (4-го июня), дату отправки мною документов на конкурс (26-го июня) и ответ (на мой запрос: где документы?!) от 10-го сентября из Рязанского медицинского института. А также на сообщения о внезапной отмене конкурса в Волгоградском медицинском институте, сокращении должности в Институте терапии АМН СССР...

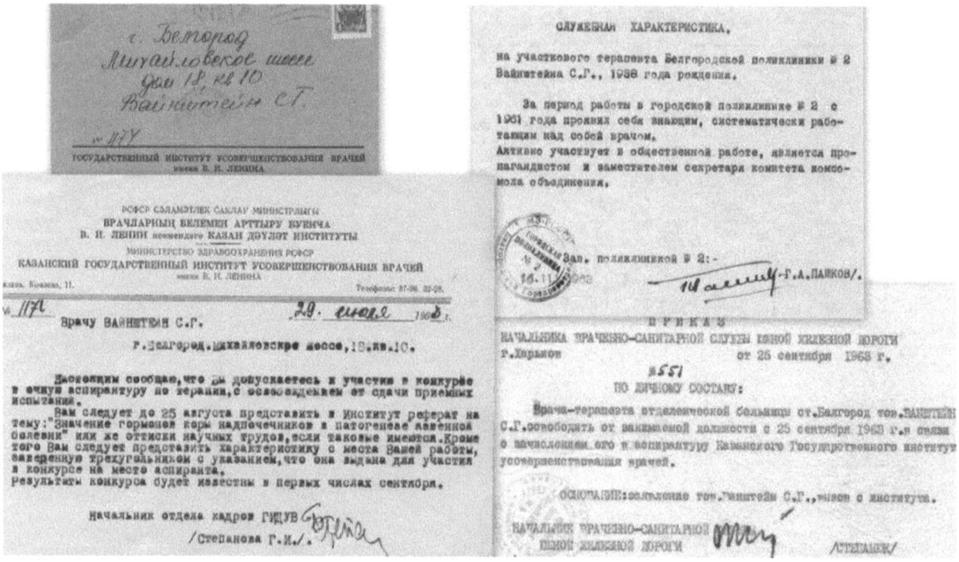

ГОСУДАРСТВЕННЫЙ ИНСТИТУТ УСОВЕРШЕНСТВОВАНИЯ ВРАЧЕЙ имени В. И. ЛЕНИНА

РСФСР СӘЛАМӘТЛЕК САКЛАУ МИНИСТРЛЫГЫ
ВРАЧЛАРНЫҢ БЕЛЕМЕН АРТТЫРУ БУЕНЧА
В. И. ЛЕНИН исемендәге КАЗАН ДӘҮЛӘТ ИНСТИТУТЫ
МИНИСТЕРСТВО ЗДРАВООХРАНЕНИЯ РСФСР
КАЗАНСКИЙ ГОСУДАРСТВЕННЫЙ ИНСТИТУТ УСОВЕРШЕНСТВОВАНИЯ ВРАЧЕЙ
имени В. И. ЛЕНИНА
Казань, Коротова, 11. Телефоны: 87-96, 32-28.

№ 1174 29. июля 1963 г.

Врачу ВАЙНШТЕЙН С.Г.

г.Белгород.Михайловское шоссе,18.кв.10.

Настоящим сообщаю,что Вы допускаетесь к участию в конкурсе в очную аспирантуру по терапии,с освобождением от сдачи приемных испытаний.

Вам следует до 25 августа представить в Институт реферат на тему:"Значение гормонов коры надпочечников в патогенезе язвенной болезни" или же оттиски научных трудов,если таковые имеются.Кроме того Вам следует представить характеристику с места Вашей работы, заверенную треугольником с указанием,что она выдана для участия в конкурсе на место аспиранта.
Результаты конкурса будут известны в первых числах сентября.

Начальник отдела кадров ГИДУВ
/Степанова Г.И./.

СЛУЖЕБНАЯ ХАРАКТЕРИСТИКА.

на участкового терапевта Белгородской поликлиники № 2 Вайнштейна С.Г., 1938 года рождения.

За период работы в городской поликлинике № 2 с 1961 года проявил себя знающим, систематически работающим над собой врачом.
Активно участвует в общественной работе, является пропагандистом и заместителем секретаря комитета комсомола объединения.

Зав. поликлиникой № 2:- /Г.А.ПАЙКОВ/.

ПРИКАЗ
НАЧАЛЬНИКА ВРАЧЕБНО-САНИТАРНОЙ СЛУЖБЫ ЮЖНОЙ ЖЕЛЕЗНОЙ ДОРОГИ
г.Харьков от 25 сентября 1963 г.
№551
ПО ЛИЧНОМУ СОСТАВУ:

Врача-терапевта отделенческой больницы ст.Белгород тов.ВАЙНШТЕЙН С.Г. свободить от занимаемой должности с 25 сентября 1963 г. в связи с зачислением его в аспирантуру Казанского Государственного института усовершенствования врачей.

ОСНОВАНИЕ: заявление тов.Вайнштейн С.Г., вызов с института.

НАЧАЛЬНИК ВРАЧЕБНО-САНИТАРНОЙ
ЮЖНОЙ ЖЕЛЕЗНОЙ ДОРОГИ /СТЕПАНОВ/

Коллаж 06

ОСНОВОПОЛАГАЮЩИЕ ДОКУМЕНТЫ: с них всё начиналось.

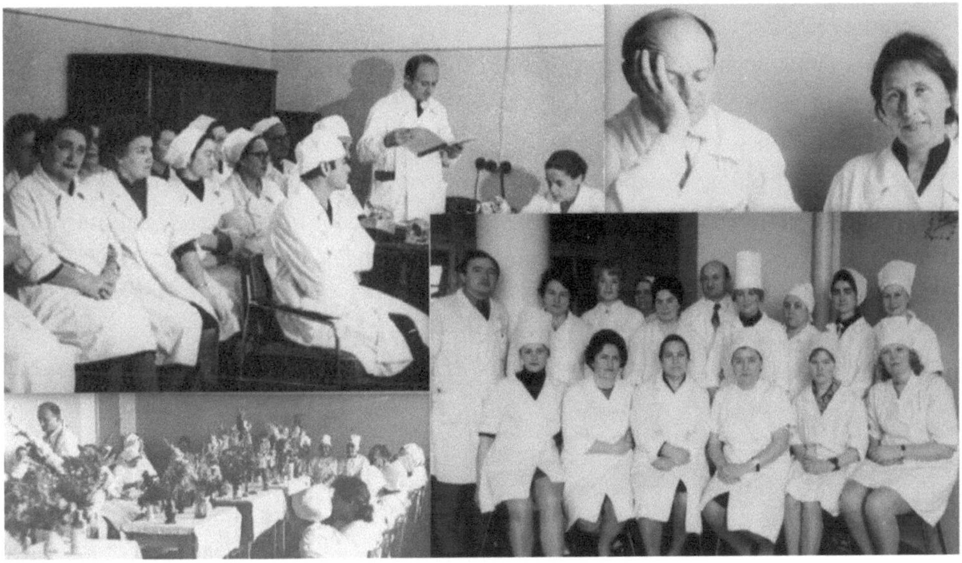

Коллаж 07

1. Докладываю в конце 1964 г. о прошедшем дежурстве на утренней планёрке, которую проводит начмед железнодорожной больницы Кира Владимировна Соколова.
Впереди (в кресле) - заведующий урологическим отделением Султан Мухамедович Муталибов,
сидят (слева направо): заведующая больничной лабораторией (жена профессора-инфекциониста А. Е. Резника), заведующая радиологическим отделением, заведующая 1-м терапевтическим отделением Галина Максимовна Нагель, заведующая приёмным покоем Файзуллина, за ней (в очках) — заведующий прозектурой Василий Петрович Маслов.
2. С врачом Таисией Ивановной Шангиной в августе 1964 г. (поддерживал с ней телефонный контакт до 2012 г., когда телефон её, перешагнувшей на несколько лет своё 85-летие, перестал отвечать).

3. Предстоит кого-то чествовать (сентябрь 1965 г.).
4. Работники 1-го и 2-го терапевтических отделений Казанской дорожной

больницы №2 (март 1975 г.):
сидят: м/с Галя, врач Ирина Андреевна Анисимова, зав. 2-м терапевтическим отделением Сания Миргалеевна Каримова, процедурная м/с Майя Жановна, м/с Эльвира, м/с Таня
стоят: врач Карл Закирзянович Закирзянов, врач Наталья Андреевна Строгова, врач Юлия Фёдоровна (фамилию — не вспомнил), работник рентген-кабинета Евдокия Алексеевна, врач Ася Исаевна Аблова, ЕДИНСТВЕННЫЙ ПРИГЛАШЁННЫЙ ДЛЯ СОВМЕСТНОГО ФОТО СОТРУДНИК КАФЕДРЫ ТЕРАПИИ №2, м/с Гульфира, сестра-хозяйка Ольга Николаевна, старшая м/с 2-го отделения Заужан, м/с Валя.

Коллаж 08

Я ещё не успел защитить докторскую диссертацию, поэтому на 1-м Всесоюзном съезде гастроэнтерологов занимаю весьма скромное место. Чтобы вы меня долго не искали — справа в самом верху. Снимок сделан 29.01.1973. Съезд проходил в Онкологическом центре АМН СССР.

А. А. Агафонов к тому времени был уже защитившийся. Поэтому его фотография — крупным планом, хотя сделана она ещё до защиты.

Коллаж 09

Две фотографии (с хирургами Олегом Сергеевичем Кочневым и Самуилом Яковлевичем Кнубовцом) сделаны в Елабуге, где мы читали лекции врачам.

Прочие — во время выездного цикла в Калуге. На двух фотографиях, где нет Р. И. Хамидуллина, мы (А. З. Давлеткильдеева, Ф. Р. Нугманова и я) - в поездке по маршруту Калуга - Таруса - Поленово - Калуга. Остальные участники поездки — калужане.

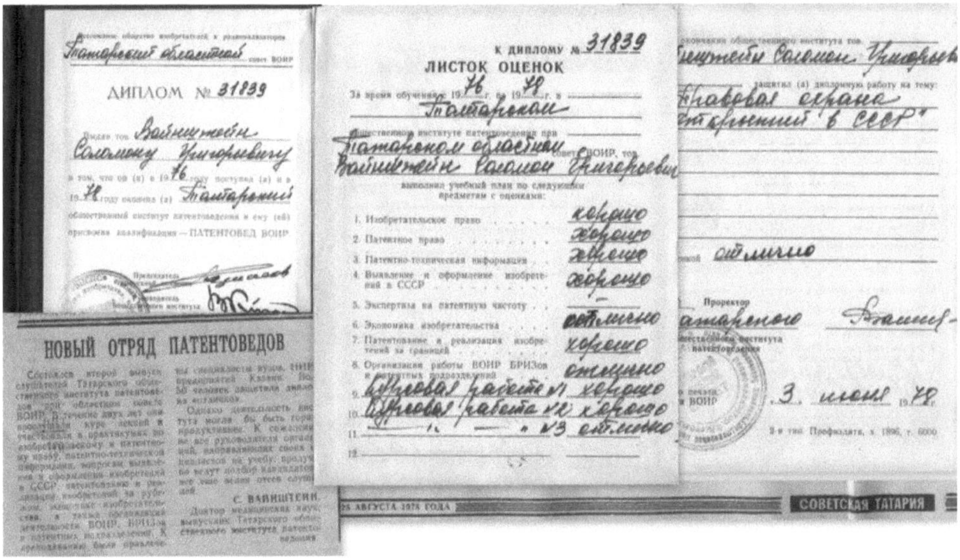

Коллаж 10

Доказательства моей «пАтентности».

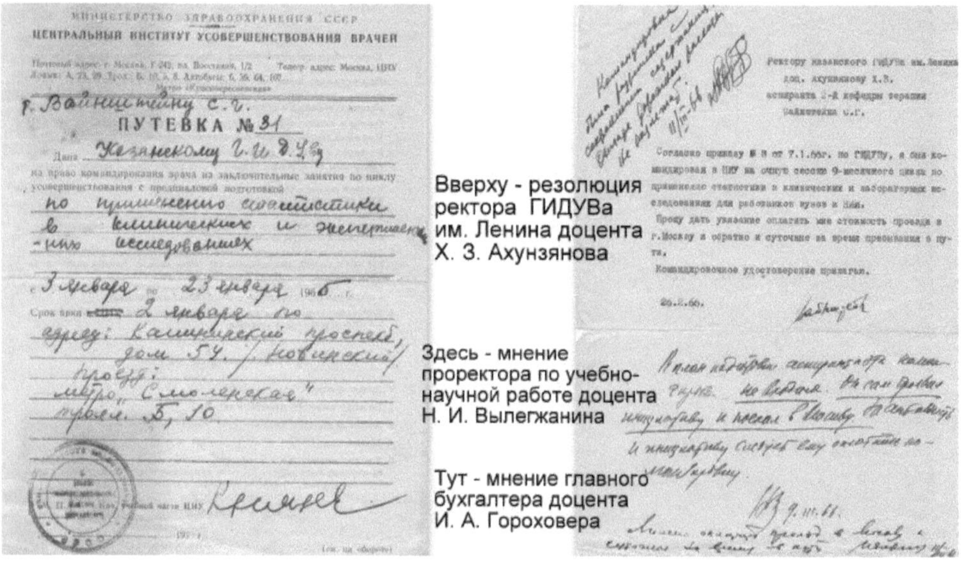

Коллаж 11

История с (не)оплатой поездки на усовершенствование в ЦОЛИУв по применению статистики в медицинских исследованиях. Путёвку туда организовал я сам, потому что никому, кроме меня, это не было нужно. В 1966 г. методиками статистической обработки материала научных исследований владели ещё только единицы. Почему я должен быть среди них, если ни ректор, ни мой шеф об этих методах понятия не имеют? Только Николай Иванович Вылегжанин понимал, что я не только для себя это сделал, но и чтобы другим мог подсказать. Таких других было много, на нашей кафедре, например — все!

И то, что этот цикл был с так называемой предцикловой подготовкой, никто и внимания не обратил. Надо было выполнить письменные задания, присланные кафедрой. А я одновременно был занят подготовкой диссертации. И Николай Иванович сие оценил. Но решал не он.

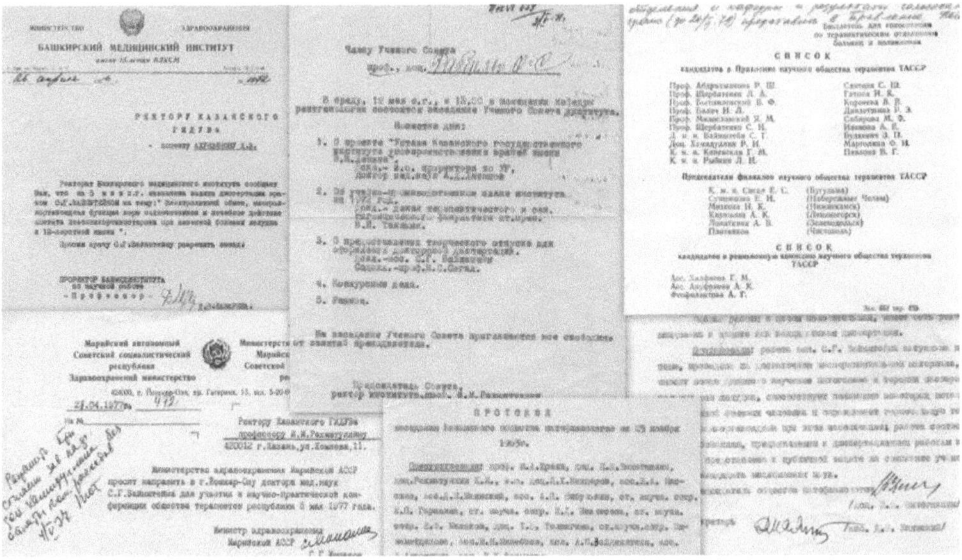

Коллаж 12

Некоторые документы (для истории ГИДУВа).

Коллаж 13

Фото не требует пояснений. Видно — где, когда (только уточню - 11.12.74) и кто — «в первых рядах созидателей передовой советской терапевтической науки и практики».

Коллаж 14

Фотографии слева — направо, сверху — вниз.
Со смотровой площадке на горе Ахун О. С. Радбиль показывает мне с сыном огромное тёмное пятно на лазурной поверхности Чёрного моря. Он уже тут был и ему объясняли, что это — место выброса сочинской канализации. * Место нашего проживания в Сочи - гостиница «Ленинград». * Во время обзорной поездки по Сочи: Ф. Р. Нугманова, я, О. С., дочь Л. В. Дановского и мой сын, А. З. Давлеткильдеева, шофёр автомашины. * В ресторане «Кавказский аул»: дочь Л. В., О. С. , Л. В., А. З. - Единственный выход О. С. к морю. * Фото ниже – О. С., Ф. Р., дочь, сын, я, А. З. * Шофёр и дочь Л. В. у машины вождя марки «Завод им. Сталина - Made in USA». * В Сухумском ботаническом саду: мой сын, А. З., её племянница Неля, Ф. Р. * А. З., дочь Л. В., Ф. Р., Л. В., О. С. * Дагомыс, фабрика по расфасовке чая, дегустационная комната: О. С., Ф. Р., мой сын.

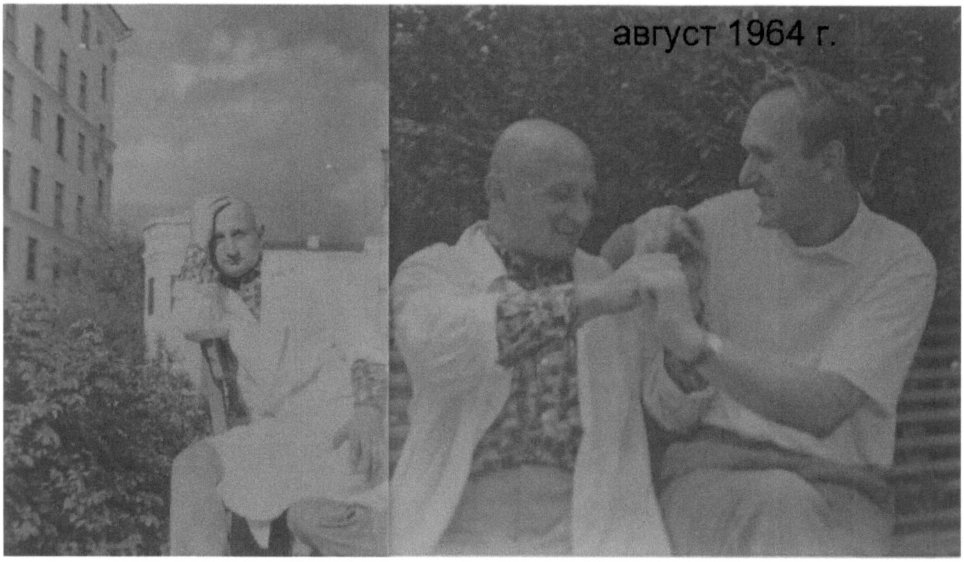

Коллаж 15

У здания железнодорожной больницы с земляком Виталькой-радистом (Михалевичем Виталием Николаевичем) в августе 1964 г.

Коллаж 16

Профессор О. С. Радбиль выступает на Первом всесоюзном съезде гастроэнтерологов (Москва, 1973).
За столом Президиума - Герой Соцтруда Академик АМН СССР проф. В. Х. Василенко.

Коллаж 17

Поездки с врачами-курсантами на Волгу, в Ульяновск, на Голубое озеро... Сын есть только на первой фотографии (1969), в остальных случаях (кроме Ульяновска) он фотографировал, но дочка на этих снимках видна.

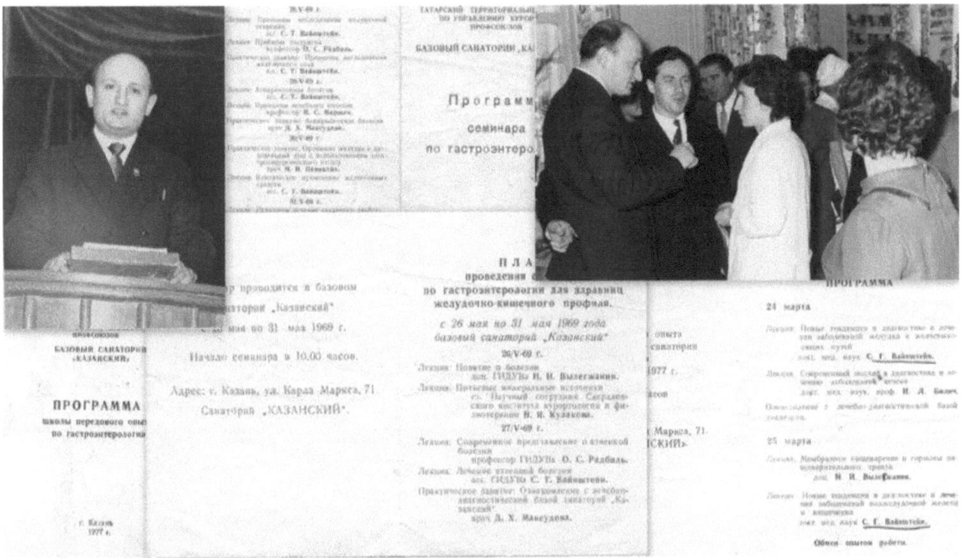

Коллаж 18

Работа в санатории «Казанский»:

Выступление (1966).

Беседа в перерыве с М. И. Пивиковой - заместителем главного врача. Рядом — аспирант кафедры И. И. Трийгер.

Некоторые программки конференций в санатории.

ВРАЧ В. ОРЛОВСКИЙ

История Кавказских Минеральных Вод — это во многом и история отечественной медицинской науки. Начиная с конца XIX века и по сегодняшний день в развитии лечебной и научной работы на курортах немалая роль принадлежит видным ученым Ленинграда (Петербурга), Москвы и других городов нашей страны. Об этом рассказывают материалы музеев Пятигорска, Ессентуков, Кисловодска. Однако экспозиция, например, ессентукского музея не отражает существенного вклада в развитие города и курорта, сделанного выдающимся польским терапевтом Витольдом Францевичем Орловским, работавшим около четверти века в России.

В. Ф. Орловский (1874—1966) — уроженец Норвиляя (Борисовского уезда Минской губернии) — в 1898 году окончил с отличием Петербургскую военно-медицинскую академию, где продолжал работать до 1907 года. С 1907 по 1919 годы В. Ф. Орловский — профессор Казанского университета, с 1919 года — профессор Ягеллонского университета в Кракове, а с 1925 по 1949 годы — заведует клиникой внутренних болезней Варшавского университета.

С 1897 года В. Ф. Орловский состоял действительным членом Русского бальнеологического общества в Пятигорске, ежегодно приезжал и в Ессентуки. Совместно с петербургским профессором В. А. Штанге, врачом В. В. Гомзинским и другими В. Ф. Орловский занимался на курорте не только лечебной, но и организаторской деятельностью. Еще в 1903 году в журнале «Русский врач» (№ 17—20 и 22—24) упомянутые врачи подробнейшим образом описали грязевые отделения Ессентуков, а в 1906 году в 37-м номере того же журнала В. Ф. Орловский опубликовал статью «К постройке в Ессентуках новой грязелечебницы». В этой работе детально обсуждается место строительства, количество кабин для грязевых ванн, обмывочных ванн, необходимый инвентарь и пр. В. Ф. Орловский считал необходимым увеличить пропускную способность новой грязелечебницы не менее чем втрое по сравнению с имеющейся в то время, предвидя большое будущее курорта.

В 1907 году в журнале «Русский врач» (№ 40) появился «Отчет о деятельности общих собраний Ессентукской групповой администрации в лечебном сезоне 1906 года», подписанный В. Ф. Орловским. На этой работе следует остановиться подробней, так как она ярко характеризует роль В. Ф. Орловского в становлении Ессентукского курорта. Предыстория этого «Отчета» такова.

В 1896 году произошла коренная перемена в управлении групп курортов Кавминвод. Прежние должности главных или, как тогда называли, групповых врачей, которым была подчинена и бальнеологическая, и хозяйственная часть в группе, были упразднены, а во главе их поставлены чиновники, которые стали полными хозяевами на курортах. С того времени Управление вод приглашало врачей только на сезон. Таким образом, во главе «большого лечебного дела», по словам В. Ф. Орловского, стояли совершенно неподготовленные к нему лица (это были то начальник железнодорожной станции, то военнослужащий и т. п.).

Получив от директора вод Д. Л. Иванова приглашение занять должность старшего группового врача в Ессентуках, В. Ф. Орловский потребовал предоставить врачам если не юридически, то фактически руководящую роль на курорте. Соглашение было получено, и В. Ф. Орловский принял на себя обязанности старшего группового врача. Деятельность его на этом посту была многогранной, он занимался буквально со всеми сторонами жизни курорта.

В. Ф. Орловский был не только видным организатором курортного дела, но и известным ученым. Одна из его работ «К лечению желчно-каменной болезни ессентукскими минеральными водами» («Русский врач», № 51, 1914) — это результат десятилетних наблюдений. Названный труд является едва ли не самым крупным исследованием по этому вопросу в мировой литературе тех лет. Он является автором восьмитомного «Учения о внутренних болезнях», написанного им одним. Тяга к знаниям у Орловского была беспредельная. Он владел несколькими иностранными языками, но не знал английского. В. Ф. Орловский в семидесятилетнем возрасте начал изучать этот язык, чтобы лучше следить за новейшей литературой.

В. Ф. Орловский умер в возрасте 92 лет, будучи действительным членом Польской Академии знаний и Польской Академии наук.

С. ВАНШТЕЙН,
кандидат медицинских наук.

КАВКАЗСКАЯ ЗДРАВНИЦА, 14-XI-1975 г., стр. 3, № 225 (4079)

Коллаж 19

Что об этой статье к написанному в тексте воспоминаний добавить?
Лишь то, что и в этот раз невнимательные наборщики текста и его корректоры с моей фамилией не справились (см. также удостоверение «Победителя социалистического...», пр.).

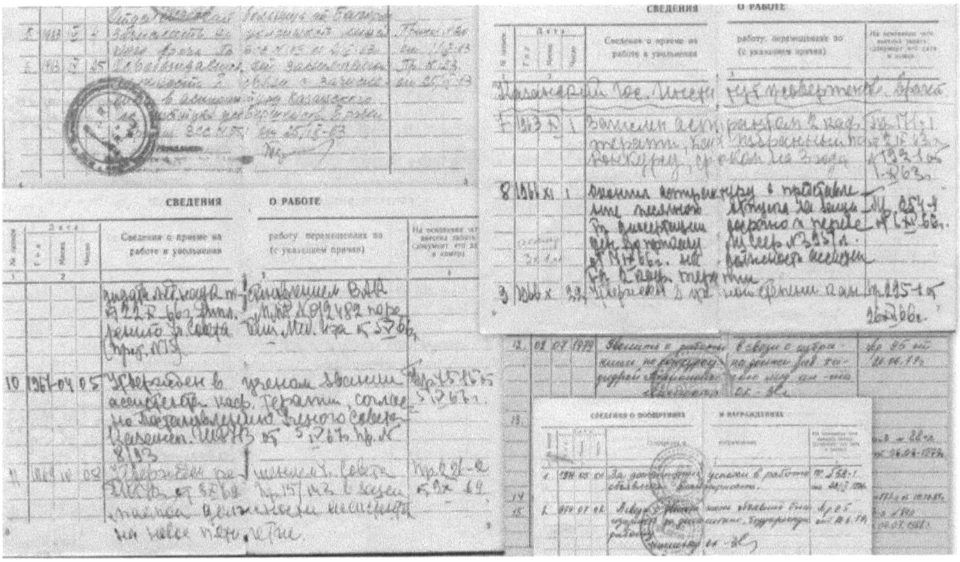

Коллаж 20

Моя трудовая книжка. Видны записи о моём увольнении из Белгорода (1963), записи рукой Г. И. Степановой в 1963-1966 г. г., записи об увольнении из ГИДУВа (1979) и о двух благодарностях (1971, 1979).

Коллаж 21

Комсомолец, ударник, победитель — чего же более?

Увидев это удостоверение «Ударника КОММУНИСТИЧЕСКОГО труда», мой сын, которому и не исполнилось семи лет (но уже — ученик 1-го класса, умеющий читать!), обрадовался до невозможности: «Ведь это больше, чем «Герой СОЦИАЛИСТИЧЕСКОГО труда»!

P. S. Только сейчас заметил, что не доплатил комсомолу два месячных взноса (до выбытия из членов ВЛКСМ по возрасту). Не отсюда ли такое недоверие ко мне в течение почти четверти века после этого?

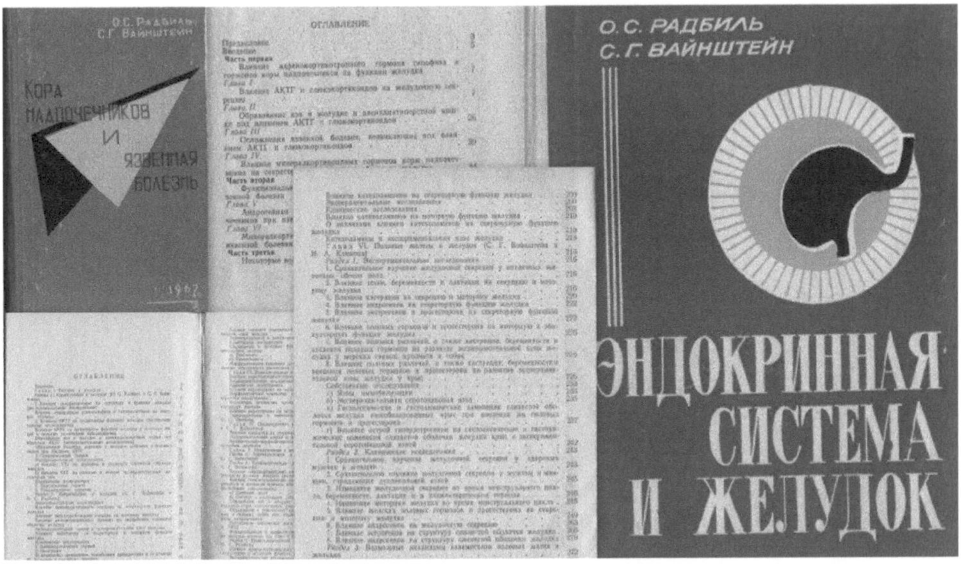

Коллаж 22

Обложка первой нашей с О. С. книги мне не нравилась, поэтому я предложил издательству собственный вариант обложки книги. Смастерил я обложку, с помощью А. А. Агафонова, из вырезок рекламы в журнале «Венгерская фармакология», который тысячи врачей в СССР получали из Будапешта бесплатно. Обложка редакции понравилась, но меня предупредили, что в выходных данных будет значиться художник издательства, а не я. Моё согласие на это было получено.

Но когда я увидел, наконец, готовую книгу, мне стало плохо: контуры желудка были нарисованы вверх тормашками! Вероятно, таким представлялся художнику издательства Э. Я. Зарипову желудок. Отрезок двенадцатиперстной кишки, направленный — в его интерпретации моего эскиза — вертикально вверх (?!), напоминал хобот победно трубящего мамонта. «Трубит давно злоречие, что будто я дурак», - писал когда-то Н. А. Некрасов. Поистине обо мне, поленившемуся ещё раз проверить, что' же за обложка печатается.

Обратите внимание, что одна глава написана вместе с Н. А. Климовой, в других я стою первым автором, а О. С. – вторым. В книге — 325 страниц, 35 из которых приходятся на литературный указатель (примерно 1250 источников).

Коллаж 23

В санатории «Казанский»

В президиуме конференции (май 1978 г.):
С. Г. Вайнштейн, Фарида Хусаиновна Янгуразова - зам. председателя курортного Совета, Маргарита Ивановна Пивикова - зам. главврача санатория.

После какого-то совещания (25 февраля 1970 г.):
стоят — Диляра Хафизовна Максудова - зам. главврача санатория, М. И. Пивикова, С. Г. Вайнштейн, врач Тамара Гавриловна Кандалина (бывший клинический ординатор нашей кафедры), врач Накия Исхаковна Ахметвалеева; сидят — врач Григорий Ильич Юдин, Ф. Х. Янгуразова, председатель курортного

Совета З. Б. Булатов, главный врач Галина Трофимовна Биевченко, врач Ольга Михайловна Соколова.
После конференции (конец 1965 г.):
С. Г. Вайнштейн, ассистент кафедры Фарида Рашидовна Нугманова, Д. Х. Максудова, профессор Оскар Самойлович Радбиль, химик курортного Совета Фаина Николаевна Чикарина, М. И. Пивикова, аспирант Изя Израилевич Трийгер.

Провожу какой-то семинар (март 1979 г.) в научно-методическом кабинете: справа вторая — Ф. Н. Чикарина, третья — гл. врач Г. Т. Биевченко, в центре (облокотившись на стол) — Д. Х. Максудова, по её левую руку - врач Людмила Александровна Мартынова, между ними (сзади) — М. И. Пивикова, вторая слева - врач Дебердеева. На стенах — стенды с нашими достижениями (зонды для pH-метрии желудка, пр.), публикации.

ВРАЧЛАРНЫҢ БЕЛЕМЕН АРТТЫРУ БУЕНЧА
В. И. ЛЕНИН исемендәге КАЗАН ДӘҮЛӘТ ИНСТИТУТЫ

МИНИСТЕРСТВО ЗДРАВООХРАНЕНИЯ СССР
КАЗАНСКИЙ ГОСУДАРСТВЕННЫЙ ИНСТИТУТ УСОВЕРШЕНСТВОВАНИЯ ВРАЧЕЙ
им. В. И. ЛЕНИНА

№ 107   «27» марта 1995 г.

Глубокоуважаемый(ая) ПРОФЕССОР С.Г. ВАЙНШТЕЙН

31 мая - 1 июня 1995 года планируется проведение расширенного заседания Ученого Совета и научной конференции, посвященных 75-летию со дня организации института.

Мы были бы рады видеть Вас, бывших сотрудников института, многие годы отдавших подготовке врачей высокой квалификации.

Программа конференции будет вручена по прибытии.

С наилучшими пожеланиями
и с надеждой на встречу

Ректор Казанского
ГИДУВа, академик АНТ   М.К.Михайлов

Коллаж 24

Последний вечер.

Прощаюсь нынче с вами я, цыгане,
И к новой жизни ухожу от вас.
Не вспоминайте меня, цыгане!
Прощай, мой табор, пою
в последний раз!
(слова В. Маковского)

30.12.1978 г. Молодёжный центр. Температура воздуха на улице — ниже -30 градусов по Цельсию.

Моё последнее выступление на ГИДУВском празднестве. Помню, что пел, аккомпанируя себе на гитаре, самодельные куплеты на мотив «Бабьего лета» В. Высоцкого. С осени — в институте новый ректор
М. Ш. Билялов. Посему и пелось:

Клены выкрасили город колдовским каким-то цветом,
в институте, в институте — новый ректор, новый ректор.

Больше вспомнить не могу. Помню только, что долго не удалось гитару, побывавшую на таком морозе, настроить.

Но я смотрел уже дальше — и подсел за стол, за которым находился будущий ректор с женой...

А вот этим приглашением мне не пришлось воспользоваться. 75-летие отмечали через 16 лет после окончания моего 16-летнего служения ГИДУВу...

Коллаж 25

Слева вверху и внизу: веду конкурс медсестёр ГИДУВских клиник (27-го декабря 1974 г.). За столом на сцене — зав. кадрами ГИДУВа Галина Владимировна Золотухина. Справа внизу: подсчёт очков членами жюри конкурса.

Справа вверху: защита диплома в Институте патентоведения, 2-го июля 1978 г.

Коллаж 26

Плывём в Набережные Челны 27-го мая 1978 г.:

С. Г. Вайнштейн, Тамара Ивановна Карпова — ст. преподаватель (химик) кафедры гигиены, народный артист СССР дирижёр Натан Григорьевич Рахлин, Екатерина Спиридоновна Аннушко — учебная часть, Таисия Семёновна..., Галина Владимировна Золотухина — зав. отделом кадров ГИДУВа, Раиса Константиновна — секретарь ректора, Наджия Исхаковна — зав. аптекой ГИДУВа, Тамара Васильевна Орлова — зав. отделением акушерско-гинекологической клиники.

На маленькой фотографии — я с ребятами из неврологической клиники.

Коллаж 27

Симпозиум «Инкреция ферментов пищеварительными железами».

В первом ряду в центре (в тёмном костюме) — ректор Андижанского медицинского института. По правую руку от него — профессор Х. С. Хамитов - ректор Казанского медицинского института, по левую - академик АН СССР А. М. Уголёв. Далее — профессор-терапевт Я. С. Циммерман (Пермь), профессор-физиолог Г. Ф. Коротько (организатор конференции). Между ними (несколько сзади) — доктор мед. наук
С. М. Липовский (Ленинград).
Ну, а я — выше ректоров (в светлом костюме).

Коллаж 28

Снято у нашего дома.

1967: уже привыкли к морозам — я в лёгком пальтишке и кепочке. Жена тоже не в очень тёплой шубке из искусственного каракуля.
1971: шубку сына уже носит появившаяся дочь, а я в курточке и вязаной шапке собственного покроя.
1974: перед поездкой на Лебяжье. Сын фотографирует, его лыжи — на фото.

Коллаж 29

На фотографии представлен цвет отечественной гастроэнтерологии во главе с Героем Социалистического Труда академиком АМН СССР Владимиром Харитоновичем Василенко.

В центре — автор воспоминаний, которого В. Х., представьте себе, знал и которого лично пригласил для этой групповой фотографии во время Пленума Всесоюзного общества гастроэнтерологов. Доказательства моей принадлежности к обществу — справа.

А слева — единственный ответ на разосланные мною около 30-ти экземпляров нашей с О. С. второй книги. Слово «сборник» на совести писавшего ответ по указанию В. Х. секретаря.

Интересно и другое. Программа этого Пленума намечалась в кабинете В. Х., куда я попал вместе с маститыми людьми (академик А. М. Уголёв, московские профессора, др.) несколько случайно. Но В. Х. запомнил меня, видимо, по выступлениям на конференциях с его участием — и не удивился моему присутствию. После дискуссии В. Х. разлил сам по маленьким стопочкам коньяк и угостил всех присутствовавших.

В то время за Героями Социалистического Труда кафедру оставляли до конца жизни — и В. Х. заведовал кафедрой пропедевтики внутренних болезней Первого Московского медицинского института им. И. М. Сеченова с 1948 г. по 1987 г., когда на 91-м году жизни умер.

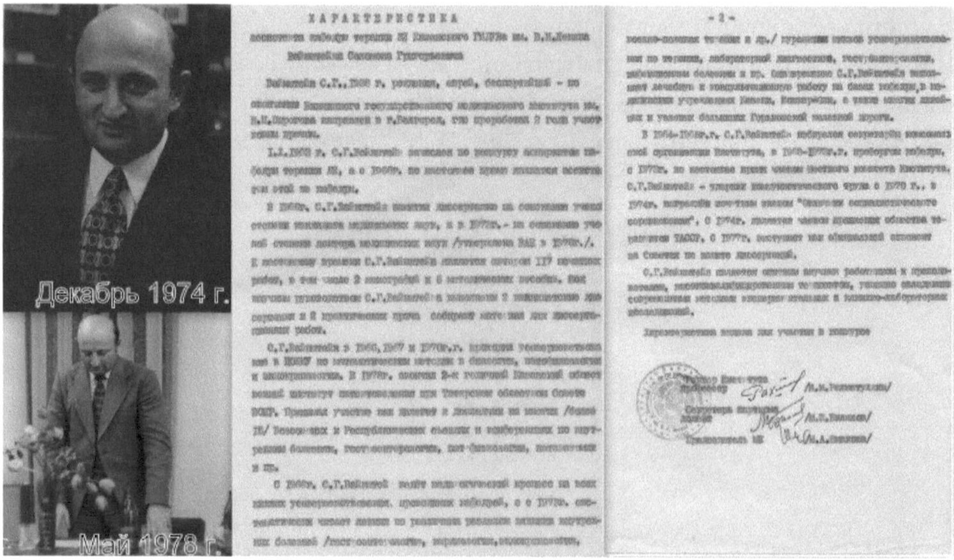

Коллаж 30

С этой ВЕЧНО АКТУАЛЬНОЙ (без даты!) характеристикой ГИДУВ им. Ленина готов был отдать меня кому угодно. Желание взять возникло только у Тернополя. А ведь — вчитайтесь — ни единого недостатка, только —достоинства! И — КАКИЕ!!

Так продают на базаре ненужную вещь, расхваливая её со всех сторон и на все стороны...

Коллаж 31

После одной из конференций (11-го октября 1972 г.):
в центре — главный врач санатория Г. Т. Биевченко, по её левую руку — председатель курортного Совета З. Б. Валитов, зам. главврача М. И. Пивикова, С. Г. Вайнштейн, врач Т. Г. Кандалина, шеф-повар санатория, над ней (в платке) — врач Дибердеева, по её левую руку — врач Накия Исхаковна Ахметвалеева, зам. главврача Д. Х. Максудова, сзади неё (в белой шляпке) — биохимик-лаборант Ю. В. Афанасьева.
Других — не помню, не знал, так как это сотрудники санаториев из других мест.

Коллаж 32

Эта фотография (осень 1964 г.) была подложена под стекло письменного стола в кабинете О. С. На ней изображена клинический ординатор кафедры Гузель Измайловна — подружка Н. А. Климовой. О. С. и виду не показал, что обратил внимание. А ведь понимал толк в фотоискусстве… Через месяц я фотографию забрал, чтобы почти через полвека выставить её в интернете.

На другой фотографии: отдых во время выездного цикла в Лениногорске (Татария) - бывшем месте работы Л. В. Дановского, который стоит, улыбаясь, между мной и Н. А. Климовой. На нас с некоторым удивлением смотрит доцент А. З. Давлеткильдеева.
Что я задумал, почему уже topless и босоногий —?

Коллаж 33

Без бумажки ты — БУКАШКА...

Только лишь с этими бумажками - ??! Покажи-ка сначала «Листок по учёту кадров»…

Коллаж 34

Посмотрите, как красиво выглядели удостоверения ГИДУВа им. В. И. Ленина. Почти как диплом доктора наук. Не чета им — удостоверения, выдаваемые в ЦОЛИУв (см. предыдущий коллаж).

Это Решение № 275 от 9 апреля 1979 г. Исполнительного комитета Ленинского районного совета народных депутатов г. Казани носило, как показали последующие события, временный характер. Теперь у дочери третья фамилия — арабская, начинающаяся не с пахнущего перегаром «Вайн» и не имеющая — что, без сомнения, тогда было лучше — тюркских корней.

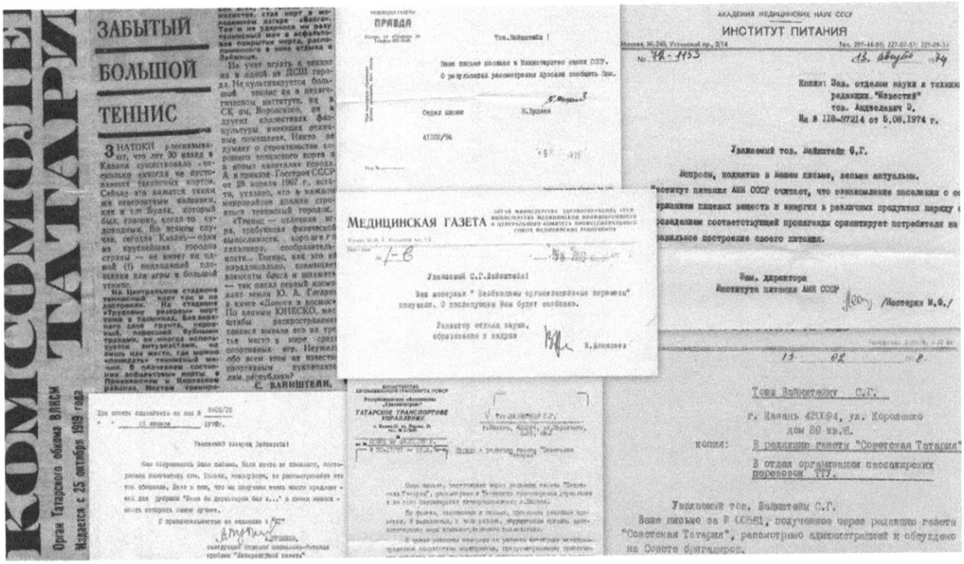

Коллаж 35

Здесь представлена моя «активная жизненная позиция» - борьба за порядок, причём на самых разных фронтах. Занимаюсь этой малоэффективной деятельностью до настоящего времени, отчего и публиковался в немецкой прессе. Привёл бы примеры (копии), но это очень далеко выходит за временные рамки «1963-1979».

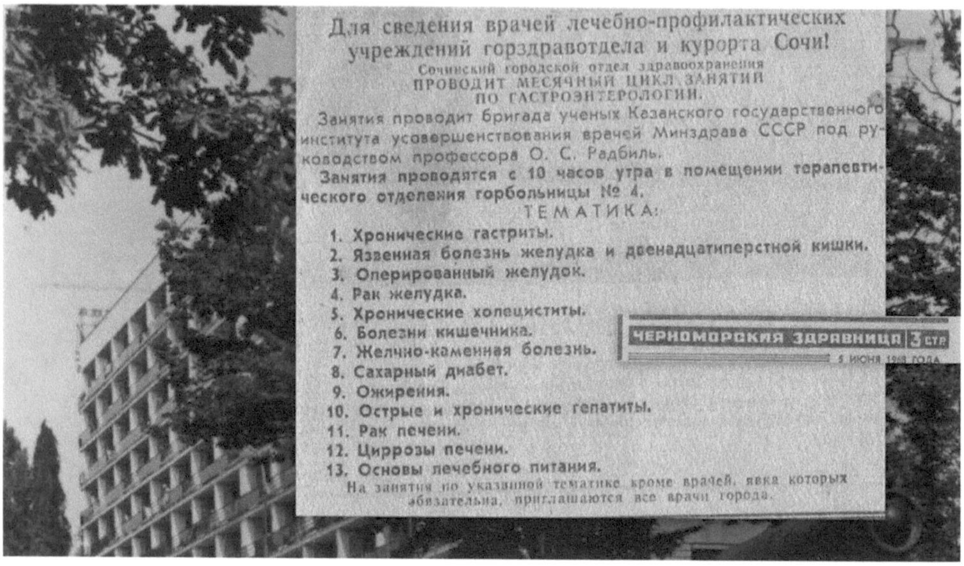

Коллаж 36

Почему это объявление появилось в газете, а не было разослано по больницам и поликлиникам? Чтобы горожане и отдыхающие в Сочи могли прослушать лекции? Или чтобы искали возможность получить консультацию профессора? Чья эта была идея?

Коллаж 37

Фото из фотоальбома «Кафедра терапии и семейной медицины» (интернет). Терапевтическая клиника ГИДУВа им В. И. Ленина, 31.05. 1958 г.

Справа — налево:
начальник отдела кадров ГИДУВа Галина Измайлова Степанова,
доцент Максудов Батдетдин Саляхович,
доцент Радбиль Оскар Самойлович,
профессор Рахлин Леопольд Матвеевич,
доцент Давлеткильдеева Ашраф Закировна,
доцент Вылегжанин Николай Иванович,
доцент Смирнов Вениамин Николаевич.